2017年度教育部人文社会科学青年基金项目
"电子数据的相关性问题研究（17YJCZH172）"阶段性研究成果
电子取证及可信应用湖北省协同创新中心研究成果

可信电子数据取证及规则运用研究

刘志军　著

武汉大学出版社

图书在版编目(CIP)数据

可信电子数据取证及规则运用研究/刘志军著. —武汉：武汉大学出版社,2020.7(2022.4 重印)
ISBN 978-7-307-21609-9

Ⅰ.可… Ⅱ.刘… Ⅲ.计算机犯罪—证据—数据收集—研究 Ⅳ.D918

中国版本图书馆 CIP 数据核字(2020)第 112207 号

责任编辑：林　莉　沈继侠　　责任校对：汪欣怡　　版式设计：马　佳

出版发行：武汉大学出版社　　(430072　武昌　珞珈山)
（电子邮箱：cbs22@whu.edu.cn　网址：www.wdp.whu.edu.cn）
印刷：武汉邮科印务有限公司
开本：720×1000　1/16　印张：15　字数：269 千字　插页：1
版次：2020 年 7 月第 1 版　　2022 年 4 月第 2 次印刷
ISBN 978-7-307-21609-9　　定价：48.00 元

版权所有，不得翻印；凡购我社的图书，如有质量问题，请与当地图书销售部门联系调换。

前 言

随着社会信息化的加速发展,以及电子政务、电子商务等的普及,一些社会问题也逐渐开始和电子信息联系在了一起,利用电子数据解决纠纷和争议也成为了大众焦点。由于电子数据及其依附系统环境容易受到攻击、篡改且不易被发觉,现有的取证很大程度是手工、经验式的操作,这使得电子数据面临着被诉讼的问题,电子数据的可信性也变成了当前法院、侦查机关和被告极为关注的重要问题。

电子数据虽已是我国诉讼法明确规定的证据形式,但电子数据的运用是法学和技术学科的交叉领域研究问题。随着高新技术的高速发展及网络犯罪手段的越来越先进,当前急需提高打击涉网犯罪的能力和改善电子数据的应用状况,一方面需要研究的电子数据可信性问题多、范围广,另一方面理论研究与实践的结合点不好找,导致一些学者在研究上存在很大的难度,这也是目前国内外学术界对电子数据可信性研究不多的原因。

电子数据取证是应用电子数据来认定案件事实的必要前提和先置程序,没有进行合乎法律和技术双重要求的电子数据取证工作,无从谈及后续举证、质证、认证,电子数据取证效果和水平直接影响案件的质量和电子数据的法庭采信。开展电子数据取证及规则运用的研究,无疑可以为当前电子数据司法实践应用中的电子数据审查、判断提供评价依据,并推动可信电子数据理论创新研究。

影响电子数据取证工作的因素很多,包括取证主体、取证程序、取证标准和技术规范、取证技术方法、取证工具等,也因此导致了电子数据取证可信判断的复杂性。可信的电子数据取证需要适格的取证主体,遵循法定的取证程序,选择合适的标准和技术规范,对涉案的电子数据根据案件的不同选择适用的取证工具,并以科学的技术方法予以发现、固定、提取、传输、分析电子数据,才能保障获得的电子数据为法庭采纳和采信。

在上述思想的主导下,本书主体内容安排如下:

第一章,在梳理学界中电子证据和现行立法中电子数据与电子证据概念演

前言

化发展的基础上，本章提出了在司法实务中需把握理论上概念的等同性和实践上运用的区别性，把握电子数据的电子、数据、证据要素，提出电子数据司法实务中电子数据应用规则。

第二章，剖析法官的自由心证制度，分析电子数据取证规则的缺失对电子数据可信判断的影响，本章提出了电子数据可信性概念，分析电子数据可信性的属性，与真实性、可靠性等之间的关系，以及可信电子数据取证的主体研究内容。

第三章，电子数据的技术性特征影响着司法实务中取证主体适格性、资格性等的判断，结合学理上提出的多元化的取证主体类型，本章从学理上探讨了刑事司法领域中可信电子数据取证主体的规则。

第四章，归纳电子数据取证技术模型的技术要点后，结合司法实践取证过程，本章提出了满足司法实践需要的电子数据取证程序，以及相应的电子数据取证程序规则。

第五章，针对电子数据标准和技术规范制定的不足，阐述电子数据取证标准和技术规范的选用原则，以取证步骤为线，本章归纳总结了电子数据取证标准和技术规范的应用规则。

第六章，在梳理归纳取证技术类别，分析当前取证实践中取证技术应用的挑战后，本章提出了取证技术的选用原则和可信电子数据取证技术的应用规则。

第七章，梳理电子数据取证工具的发展分类，分析司法实践中取证工具的评估需求后，本章提出了电子数据取证工具的选择原则和可信电子数据取证工具的应用规则。

刘志军
2020 年 3 月

目　　录

第一章　电子数据的概念演化 ································· 1
第一节　学界中电子证据概念的演化发展 ····················· 2
一、电子证据概念的引入 ····································· 2
二、电子证据及相关概念 ····································· 3
三、电子证据概念的演化发展 ································· 6
第二节　现行立法中电子数据与电子证据概念的演化发展 ······· 8
一、电子数据概念引入 ······································· 8
二、电子数据与电子证据概念并存 ···························· 10
三、电子数据概念的稳定发展 ································ 12
第三节　司法实务中电子数据的运用 ························ 14
一、电子证据概念的把握 ···································· 15
二、电子数据三要素分析 ···································· 17
三、司法实践中电子数据运用规则 ···························· 20

第二章　可信电子数据 ······································ 22
第一节　司法实践中电子数据的应用 ························ 22
一、案件侦查活动中电子数据的应用 ·························· 22
二、法庭活动中电子数据的应用 ······························ 25
第二节　电子数据的可信性 ································ 27
一、可信性问题的提出 ······································ 27
二、电子数据可信性的相关理论研究 ·························· 32
三、电子数据可信性与其他属性关系 ·························· 35
第三节　可信电子数据取证研究 ···························· 38
一、可信电子数据取证研究内容 ······························ 38
二、可信电子数据取证规则 ·································· 42

第三章　电子数据取证主体 ·········· 44

第一节　取证主体分析 ·········· 44
一、法律规定的取证主体 ·········· 44
二、学理上电子数据的取证主体 ·········· 49

第二节　电子数据取证主体的若干法律规定 ·········· 52
一、《刑事诉讼法》规定下电子数据取证主体的若干规定 ·········· 52
二、电子数据规定下电子数据主体的若干规定 ·········· 55

第三节　电子数据取证主体可信性规则 ·········· 58
一、电子数据取证主体可信判断的问题 ·········· 58
二、刑事司法领域中可信电子数据取证主体规则 ·········· 63

第四章　电子数据取证程序 ·········· 67

第一节　法律视角下的取证程序及功能 ·········· 67
一、取证程序的有关法律规定 ·········· 67
二、侦查取证程序的功能分析 ·········· 73

第二节　电子数据取证模型和程序 ·········· 76
一、电子数据取证模型 ·········· 76
二、电子数据取证程序的研究 ·········· 79

第三节　电子数据取证程序可信性分析 ·········· 82
一、电子数据取证程序的可信性问题 ·········· 82
二、可信电子数据取证程序流程和规则 ·········· 84

第五章　电子数据取证标准和技术规范 ·········· 93

第一节　标准和技术规范的发展 ·········· 93
一、互联网及行业环境的发展和变化 ·········· 93
二、法律法规立法的发展 ·········· 96

第二节　国外电子数据取证标准和技术规范 ·········· 98
一、国际标准 ·········· 98
二、国家标准和技术规范 ·········· 100

第三节　国内电子数据取证标准和技术规范 ·········· 103

  一、我国取证标准及技术规范……103
  二、取证标准和技术规范的现状分析……111
 第四节 可信电子数据取证标准和技术规范……114
  一、取证标准和技术规范的选用因素分析……114
  二、可信取证标准和技术规范的选择原则和规则……116

第六章 电子数据取证技术……122
 第一节 电子数据取证技术概述……122
  一、取证技术之于电子数据取证……122
  二、电子数据取证技术的发展……125
 第二节 数字取证技术……127
  一、计算机取证技术……127
  二、移动数字设备取证技术……132
 第三节 网络取证及云取证技术……135
  一、网络取证技术……135
  二、云取证技术……137
  三、电子数据保全常用技术……139
 第四节 电子数据取证技术选择……141
  一、电子数据取证技术选择的可信性问题……141
  二、可信电子数据取证技术的选择规则……143

第七章 电子数据取证工具……146
 第一节 电子数据取证工具的发展及分类……146
  一、电子数据取证工具的发展……146
  二、电子数据取证工具的分类……148
 第二节 电子数据取证工具的评估……155
  一、电子数据取证工具评估需求……155
  二、国内电子数据取证工具及评估方法的提出……156
  三、国外电子数据取证工具的评估方法……158
 第三节 可信电子数据取证工具……160

一、取证工具的可信性问题……………………………………160
二、可信电子数据取证工具的选择规则…………………………162

参考文献………………………………………………………183

附录……………………………………………………………192

后记……………………………………………………………233

第一章　电子数据的概念演化

2002年，我国证据法学家何家弘教授说过，"就司法证明方式的历史而言，人类曾从'神证'时代走入'人证'时代，又从'人证'时代走入'物证'时代。也许，我们将走入另一个新的司法证明时代，即电子证据时代。"① 就电子证据而言，我国的证据法学界学者一直没有中断对其的研究，针对电子证据的属性，过去在法学界中一直有"书证说""视听资料说""鉴定结论说""物证说""混合证据说""独立证据说"等多种观点。在学术理论研究中也出现诸多与电子证据类似的术语，影响较大的有电子数据证据、计算机证据、数字证据等概念。

在立法方面，2013年版《刑事诉讼法》首次将"电子数据"规定为一种独立的证据形态，在一定程度上填补了我国相关立法的空白，2013年1月1日起正式施行的新《民事诉讼法》以及2014年11月1日修订的《行政诉讼法》相继承认了这一证据类型，但对于何为电子数据，其体现形式为何，三部诉讼法律并无明确界定。直到2016年9月，最高人民法院、最高人民检察院、公安部发布了《关于办理刑事案件收集提取和审查判断电子数据若干问题的规定》，该规定用明确的语言对电子数据本质特征进行了定义，并通过正面和反面列举的方式诠释了电子数据。

我国诉讼法明确规定了"电子数据"这一证据种类，那么"电子证据"这一学术理论上概念与"电子数据"这一法定概念之间该如何区分？厘清学界中电子证据概念、现行法中电子数据与电子证据概念的演化发展历程，"电子证据"的内涵和外延，对于当前司法实务中电子数据的司法实践应用不无裨益。

---

① 何家弘著：《电子证据立法研究》，法律出版社2002年版，第4页。

第一节　学界中电子证据概念的演化发展

一、电子证据概念的引入

(一)"电子数据"概念的引入

相较而言，"电子数据"一词先于"电子证据"一词进入我国的学术视野，率先开始使用"电子数据"一词的领域是计算机科学，在该领域内，电子数据用于描述计算机系统尤其是数据库系统内的数据信息。随着计算机技术的发展和广泛应用，计算机存储和处理的对象不断丰富，需要分析和采集的计算机数据信息不断增多，在计算机应用领域，电子数据术语与"计算机数据"一起被学界混用。①

在法学研究领域，"电子数据"一词最早出现在民商法领域。我国学者在研究国际贸易中的 EDI② 问题时，开始使用电子数据这一概念，EDI 第一次将电子数据带入证据法的视野。由于 EDI 利用计算机网络进行商务处理，在贸易中改变了传统纸张文件的交换，用 EDI 来传送文件，当事人如何对文件的签字认可涉及这类电子数据的原件问题，电子纸痕的审计和确认涉及这类电子数据的真实性等问题在我国当时的法律中未有明确涉及，我国学者冯大同教授从证据法方面、书面形式要求、签字与认证的要求、EDI 订立合同有效性等法律方面问题对该类电子数据进行了一些有益的探索和讨论。③ 其后一些学者超越电子商务领域，从宏观的高度进行研究这类电子数据，我国学者刘立满采用了"数据电文"这一称谓，把"数据电文"这种材料定性为证据。④ 与此同时，1999 年制定的《中华人民共和国合同法》（以下简称《合同法》）采纳"数据电文"一词并将其作为订立合同的方式之一，在该《合同法》第 11 条明确规定，"书面形式是指合同书、信件和数据电文（包括电报、电传、传

---

① 赵长江、李翠：《电子数据概念之重述》，载《重庆邮电大学学报（社会科学版）》2015 年第 6 期。
② EDI（Electronic Data Interchange），也称电子数据交换。
③ 冯大同：《国际贸易中应用电子数据交换所遇到的法律问题》，载《中国法学》1993 年第 5 期。
④ 刘满达：《论数据电文的证据价值》，载《法学》1999 年第 8 期。

真、电子数据交换和电子邮件)"①，而2005年4月施行的《中华人民共和国电子签名法》第4条亦采用类似表述②，规定了数据电文作为证据应具备的因素。

(二)"电子证据"概念的引入

电子证据及相关概念研究兴起于20世纪80年代，由于早期电子信息或数据的生成、存储、处理核心设备是计算机，学术研究中多以计算机证据、计算机数据证据、计算机数据对电子证据进行表述。③ 进入21世纪以后，随着电子终端设备的不断多元化，"计算机"一词已难以一一将电子证据的内容予以涵盖，同时，国际上一些先进电子立法经验的相关工作由一些学者翻译，引入到国内，如对《加拿大统电子证据法》的翻译介绍。④ 许多作者直接援引"Electric Evidence"一词，或将其直译为"电子证据"，于是"电子证据"一词开始获得更多人的知悉与关注。事实上在学理研究中，"电子证据"一词获得了比早期"电子商务证据""计算机证据"等概念更加普遍的使用率。

2000年后，虽然出现了"电子证据"这一全新提法，但其内涵并不统一。有人认为"电子数据"就是"电子证据"，也有人认为"电子证据"是"计算机电子证据"的简称，还有人认为"计算机犯罪证据"就是"电子证据"，更有人依然主张"电子证据"其实就是"电子商务证据"。此外，部分学者主张在"电子证据"之下建立"电子书证""电子物证"概念，并提出了电子数据是物证⑤、是鉴定意见⑥的主张，这些观点各成一家之言。在此阶段，国内电子证据的研究刚刚起步，上述的各种说法对于推动我国电子证据理论研究分别具有不同的启发意义。

二、电子证据及相关概念

中国证据法学界对于电子证据及相关概念的研究一直没有中断，学术上的

---

① 《中华人民共和国合同法(1999年修订)》第11条规定："书面形式是指合同书、信件和数据电文(包括电报、电传、传真、电子数据交换和电子邮件)。"
② 《中华人民共和国电子签名法》第2条规定："本法所称数据电文，是指以电子、光学、磁或者类似手段生成、发送、接收或者存储的信息。"
③ 刘品新著：《中国电子证据立法研究》，中国人民大学出版社2005年版，第5页。
④ 韩波：《论加拿大〈统一电子证据法〉的立法价值》，载《政治与法律》2001年第5期。
⑤ 汪建成、刘广三著：《刑事证据学》，群众出版社2000年版，第204页。
⑥ 徐立根著：《物证技术学》，中国人民大学出版社1999年版，第770~771页。

研究也经历了从计算机证据到电子证据再到电子数据的转换过程。到目前为止，学术研究中相继出现了三个核心概念：计算机证据、电子证据和电子数据证据。

（一）计算机证据

20世纪80年代，网络并未普及，电子产品、存储介质等不是很多，计算机犯罪行为的实施多是利用计算机而进行的，利用计算机实施入侵或利用计算机实施相关的犯罪。为打击计算机犯罪则需要对计算机犯罪行为进行分析，进行证据获取、保存、分析和出示。由于计算机系统在运行过程中会产生若干记录，通过固定、收集、分析这些记录内容，可以用来证明案件的真实情况，所以"计算机证据"一词被当时的学术界广泛运用。关于计算机证据的概念和定义，国内比较典型的代表观点有徐静村教授提出的"在网络犯罪行为实施过程中，计算机或计算机系统运行时产生的，以其记录的内容来证明案件事实的信息数据"。[1] 毕玉谦教授提出的"在计算机或者计算机系统运行过程中存储的能够证明案件事实的数据和资料"。[2] 韩鹰律师提出的"以数字的形式保存在计算机存储器或外部存储介质中、能够证明案件真实情况的数据或信息"。[3]

计算机、互联网的发展，以及多样化智能设备的出现，如智能手机、数码相机、优盘、移动硬盘等，这些电子设备中多以数据形式存储信息，而计算机仅是一种电子设备及其产物，因而计算机证据这一表述逐渐淡出了学术视野。

（二）电子证据

什么是电子证据呢？何家弘教授认为"电子证据是以电子形式存在的、用作证据使用的一切材料及其派生物；或者说，借助电子技术或电子设备而形成的一切证据"。[4] 刘品新博士也认为电子证据是指以电子形式存在、能够作为证据使用的一切材料及其派生物。[5] 这种观点可以被认为是电子材料说，该

---

[1] 徐静村：《电子证据：证据学的一个新领域》，载《重庆邮电学院学报》2003年第1期。

[2] 毕玉谦著：《证据法要义》，法律出版社2003年版，第16页。

[3] 韩鹰著：《对电子证据的法律研究》，法律出版社2001年版，第192页。

[4] 何家弘著：《电子证据立法研究》，法律出版社2002年版，第5页。

[5] 刘品新：《论电子证据的定位：基于现行法律的思辨》，载《法商研究》2002年第4期。

电子材料说对电子证据的界定可以从三个方面来理解：一是电子证据必须以电子的形式存在；二是电子证据的形成必须是借助一定的电子设备，为电子设备所识别和处理；三是用作证据使用的电子信息才能称电子证据。

上述对电子证据的定义是从广义的角度来界定的，国内持这种观点的还有一些学者。关于对电子证据的定义，比较代表性的有皮勇教授认为"电子证据是借助于现代数字化电子信息技术及其设备存储、处理、传输、输出的一切证据"。① 麦永浩教授认为电子证据是一切由信息技术形成的数据信息，可以用来证明案件事实。② 这些定义均强调了电子证据共性中的两点，即一个是电子证据技术性特征，电子证据的产生和形成离不开电子信息技术的支持，另一个是电子证据的功能性特征，证明案件的真实情况是电子证据的功能所在。

（三）电子数据证据

就电子数据证据概念而言，河南警察学院（原河南公安高等专科学校）邹荣合老师指出电子数据证据是指保存在计算机存储器或外部存储介质中，以数字形式存在的数据或信息，用以证明案件的真实情况，它的外在物质形式为存储有可以证明案件真实情况的电子物品或者电子记录设备，电子数据最终表现为文字、图形、图像、声音等形式③，同时也将电子数据证据称之为数字证据、计算机证据。

我国青年学者李鹏将电子数据证据定义为：电子数据证据是以电子形式存在的一切材料及其派生物，可以作为证据使用，可以用来证明案件的真实情况。所谓电子形式，依照印度《1999年信息技术法》第2条第1款第18项的规定，可将其概括为"由介质、磁性物、光学设备、计算机内存或类似设备生成、发送、接收、存储的任一信息的存在形式"。④⑤

比较电子数据证据与电子证据的概念定义，虽两者的取名不同，但两者定

---

① 皮勇著：《刑事诉讼中的电子证据规则研究》，中国人民公安大学出版社2004年版，第4页。

② 麦永浩、孙国梓、许榕生、戴士剑著：《计算机取证与司法鉴定》，清华大学出版社2009年版，第26页。

③ 邹荣合：《电子数据证据及其在刑事侦查中的运用》，载《铁道警官高等专科学校学报》2005年第4期。

④ 李鹏、金达峰：《电子数据证据之重铸》，载《广东青年干部学院学报》2004年第55期。

⑤ 李鹏：《电子数据证据及其司法运用》，载《江苏警官学院学报》2004年第1期。

义和内涵类似，一是强调了电子数据的电子形式，二是也强调了电子数据作为证据使用以证明案件的功能。

三、电子证据概念的演化发展

（一）电子数据的概念

在电子数据被写入2013年版《刑事诉讼法》之前，对于电子数据能否作为证据这一问题，国内学术界基本上持肯定态度。就电子数据的定位问题，樊崇义教授认为，电子数据，即电子形式的数据信息，所强调的是记录数据的方式而非内容。[①] 电子数据信息虽然分为"模拟数据信息"和"数字数据信息"，但从技术的角度看，两类电子数据信息具有许多的相同点，一是都是以近现代电子技术为依托，两类电子数据信息的产生和形成需要借助一定的介质或电子设备，二是两类电子数据信息不能为人所直接感知，必须借助一定的媒介或载体来展示，才能为人所识别和认知，具有抽象性。戴莹博士也认为"电子数据是各类电子证据的本质，是各种外在表现形式的内在属性和共同特征"。[②]

我国青年学者李扬参照《电子签名法》中关于"数据电文"的概念[③]阐述了电子数据的概念。电子商务领域中适用的法律《电子签名法》关于数据电文的界定，概括了事物的内在属性，那么对电子数据的界定也一样仅是概括了事物的内在属性。由此，电子数据是电子证据的本质属性，是各种电子证据的外在表现形式的内在特征。[④] 这些定义认为电子数据与电子证据是两个既有联系又有区别的概念，电子数据是"内容"，电子证据是"形式"。

在修改《刑事诉讼法》前，学术理论研究中"电子证据"一词的使用频率远大于"电子数据"一词，学界关于电子证据与电子数据的定义并没有太大的分歧，对于这一证据形态均强调两点：一是以电子形态而存在；二是为电子设备所识别和处理。

---

① 樊崇义、戴莹：《电子证据及其在刑事诉讼中的运用》，载《检察日报》2012年5月18日。

② 戴莹：《电子证据及其相关概念辨析》，载《中国刑事法杂志》2012年第3期。

③ 《中华人民共和国电子签名法》第2条规定："本法所称数据电文，是指以电子、光学、磁或者类似手段生成、发送、接收或者储存的信息。"

④ 李扬：《论电子证据在我国新修〈民事诉讼法〉中的法律地位》，载《重庆邮电大学学报（社会科学版）》2012年第6期。

（二）电子证据演化发展

2013年1月1日实施的《刑事诉讼法》在立法层面明确电子数据的法律地位，在立法上将电子数据确认为法定术语，其后，《民事诉讼法》《行政诉讼法》[①] 都以专门条款明确了电子数据作为新的证据类型，同时通过立法的形式将电子数据的表述方式法定化，但是没有对电子数据进行内涵和外延的抽象概括。由于学界对电子数据的内涵及外延缺乏统一认识，目前依然存在关于该词内涵与外延各成一家的差异性讨论。

事实上，2013年版《刑事诉讼法》实施后，在学界中多数学者使用"电子证据"一词的频率仍然远大于"电子数据"。我国学者刘文斌分析了"电子证据"之所以获得广泛的使用，是因为"电子证据"对其他类似的概念进行了一定程度的整合，用于描述任何凭借电子信息技术生成并存储与外化的、能够起到证明待证实作用的"证据"。我国诉讼法使用"电子数据"，而非"电子证据"的选择，一是"电子数据"是一个概念相对统一，源自计算机行业内部的高科技移植术语，其内涵和外延比较明确。其次，"电子数据"这一概念具备一定优势，符合我国现行形式化证据分类体系的逻辑协调性。但由于"电子证据"存在着自身长远发展的"短视"因素，例如在证据分类问题上，固守"形式化"倾向，会引发一系列逻辑分类矛盾和实务困惑。[②]

在学术理论研究中，有学者和实务理论工作者认为："电子证据实际上就是电子数据的代名词，区别在于同一种物质从不同角度的不同表述。"[③] 有学者认为，电子证据是外延最为广泛的一种，它将一切以电子形式存在或派生的证据材料，以及一切以技术或电子设备为载体的证据材料都包含其中。立法虽然从技术上考虑"电子数据"一词，却未直接使用"电子证据"一词，但"电子证据概念"其实承认了电子证据的全部属性。[④]

[①] 2012年3月14日颁布的《中华人民共和国刑事诉讼法》，以下统称为"《中华人民共和国刑事诉讼法（2013年版）》"、2012年8月31日颁布的《中华人民共和国民事诉讼法》，以下统称为"《中华人民共和国民事诉讼法（2013年版）》"、2014年11月1日颁布的《中华人民共和国行政诉讼法》。

[②] 刘文斌：《"电子证据"与"电子数据"考辨——以2012版刑事诉讼法对证据制度的调整为背景》，载《天津法学》2015年第1期。

[③] 姜宇航：《电子证据基本问题初探》，载《法制与社会》2013年第4期。

[④] 刘哲伟：《民事电子证据：从法条独立到实质独立》，载《证据科学》2015年第6期。

第二节　现行立法中电子数据与电子证据概念的演化发展

一、电子数据概念引入

（一）计算机犯罪发展

计算机犯罪始于20世纪60年代，70年代迅速增长，80年代形成威胁。美国因计算机犯罪造成的损失截至2000年年底已在千亿美元以上，年损失达几十亿美元，甚至上百亿美元，英、德的年损失也达几十亿美元。我国从1986年开始每年出现至少几起或者几十起针对、利用计算机进行的犯罪案件。在1993年就发生了上百起，平均每起金额都在几十万元以上，单起犯罪案件的最大金额达到了1400多万元，每年造成的直接经济损失近亿元，给国家、企业和个人造成了严重的危害。[①]

从首例计算机犯罪被发现起，涉及计算机的犯罪类型逐年递增，发案率更是成倍增长。而在世界范围内计算机犯罪已经成为危害社会安全的主要犯罪活动之一，而且计算机犯罪活动类型也逐渐由以计算机为犯罪工具的犯罪模式向以数据欺骗、异步攻击、陷阱术、香肠术、特洛伊木马术、线路接收等方式的以攻击信息系统为犯罪的方向发展，其犯罪的社会危害性、犯罪后果的严重性都远远大于早期的计算机犯罪。

计算机犯罪作为一种新的犯罪形态出现以后，呈高速增长态势而日益泛滥和猖獗，严重地影响到国家安全、社会稳定、公民的个人隐私和财产安全。计算机犯罪本身特点和涉及计算机证据的取证过程都有别于传统证据，这对当时的司法实践和计算机科学领域都提出了新的挑战。

（二）"电子数据"概念的引入

1983年公安部成立计算机管理和监察局，1998年公安部成立公共信息网络安全监察局，并在公安机关建立了相应的机构，即"网上警察"队伍，承担着计算机信息系统的安全管理和计算机犯罪侦查的职能。与此同时，有关打击计算机犯罪方面的法律法规也相继出台。1991年10月1日实施《计算机软件保护条例》，1994年2月18日发布实施《计算机信息系统安全保护条例》，

[①] 赵廷光：《信息时代的电脑犯罪与刑法立法》，载《法商研究》1997年第2期。

1995年2月28日全国人大通过《中华人民共和国人民警察法》。① 1997年3月全国人大修订通过的《中华人民共和国刑法（1997年修订）》首次规定了计算机犯罪，将计算机犯罪写进刑事实体法，增加了3条有关计算机犯罪的条款。在《刑法》第285条对侵入计算机信息系统的犯罪进行了法律条款的规定②，《刑法》第286条对计算机信息系统功能进行破坏的犯罪进行了法律条款的规定③，《刑法》第287条对利用计算机实施的犯罪进行了法律条款的规定。④

证据是认定案件的基础和关键，证据在整个刑事诉讼过程中起着举足轻重的作用，要定罪，就要收集证据。为贯彻落实当时的刑事诉讼法，公安部在1998年5月颁布了《公安机关办理刑事案件程序规定》，在该程序规定中的第197条、第218条首次提及"电子数据"一词。⑤

该程序规定的第197条指出在计算机犯罪案件的勘验现场中，需要复制电子数据。第218条规定中指出可以作为证据使用的证据材料包括电子数据、录音、录像带和存储介质，同时该程序规定也指出在收集这些证据材料时应当清

---

① 《中华人民共和国人民警察法（1995年修订）》第6条第12项规定，公安机关的人民警察按照职责分工，依法履行监督管理计算机信息系统安全保护工作职责。

② 《中华人民共和国刑法（1997年修订）》第285条规定："违反国家规定，侵入国家事务、国防建设、尖端科学技术领域的计算机信息系统的，处三年以下有期徒刑或者拘役。

违反国家规定，侵入前款规定以外的计算机信息系统或者采用其他技术手段，获取该计算机信息系统中存储、处理或者传输的数据，或者对该计算机信息系统实施非法控制，情节严重的，处三年以下有期徒刑或者拘役，并处或者单处罚金；情节特别严重的，处三年以上七年以下有期徒刑，并处罚金。

提供专门用于侵入、非法控制计算机信息系统的程序、工具，或者明知他人实施侵入、非法控制计算机信息系统的违法犯罪行为而为其提供程序、工具，情节严重的，依照前款的规定处罚。"

③ 《中华人民共和国刑法（1997年修订）》第286条规定："违反国家规定，对计算机信息系统功能进行删除、修改、增加、干扰，造成计算机信息系统不能正常运行，后果严重的，处五年以下有期徒刑或者拘役；后果特别严重的，处五年以上有期徒刑。违反国家规定，对计算机信息系统中存储、处理或者传输的数据和应用程序进行删除、修改、增加的操作，后果严重的，依照前款的规定处罚。故意制作、传播计算机病毒等破坏性程序，影响计算机系统正常运行，后果严重的，依照第一款的规定处罚。"

④ 《中华人民共和国刑法（1997年修订）》第287条规定："利用计算机实施金融诈骗、盗窃、贪污、挪用公款、窃取国家秘密或者其他犯罪的，依照本法有关规定定罪处罚。"

⑤ 《公安机关办理刑事案件程序规定（1998年5月14日公安部令第35号发布）》第197条规定："勘查现场，应当按照现场勘查规则的要求拍摄现场照片，制作《现场勘查笔录》和现场图。对重大、特别重大案件的现场，应当录像。计算机犯罪案件的现场勘查，应当立即停止应用，保护计算机及相关设备，并复制电子数据。"

晰标明案件发生的理由、收集的对象和内容、录取和复制的时间、地点等。①

虽然电子数据作为法律术语首次被写进刑事成文法中，但如果我们从计算机取证技术角度分析该程序规定的第 197 条规定，不难发现该条规定中提出的复制电子数据指的是复制载体上的数据内容，可以理解为通过取证技术加以解析后的数据内容。在第 218 条规定的描述中提及的电子数据，是与录像带、存储介质等处于并列的关系，其提及的电子数据可以被看作载体设备功能的一种证据材料。

二、电子数据与电子证据概念并存

（一）电子数据与电子证据概念的界定

为规范计算机犯罪现场勘验工作，公安部在 2005 年颁布了《计算机犯罪现场勘验与电子证据检查规则》②，该部规则提出了电子证据的概念，在该部规则的第 2 条采用列举的方式指出电子证据包括电子数据、存储媒介和电子设备。与此同时，2005 年公安部颁布的《公安机关电子数据鉴定规则》第 2 条通过下定义的形式指出电子数据是指以数字化形式存储、处理、传输的数据。③ 但在 2006 年 8 月，公安部发布的《公安机关办理行政案件程序规定》④第 23 条中又使用了"电子证据"这一术语，该规定指出公安机关办理行政案件的证据种类有电子证据，电子证据是作为一种与视听资料并列关系的证据类型。

2009 年 4 月最高人民检察院发布的《电子证据鉴定程序规则（试行）》

---

① 《公安机关办理刑事案件程序规定（1998 年 5 月 14 日公安部令第 35 号发布）》第 218 条规定："对不能随案移送的物证，应当拍成照片；容易损坏，变质的物证、书证，应当用笔录、绘图、拍照、录像、制作模型等方法加以保全。对于可以作为证据使用的录音、录像带、电子数据、存储介质，应当记明案由、对象、内容，录取、复制的时间、地点、规格、类别、应用长度、文件格式及长度等，并妥为保管。"

② 《计算机犯罪现场勘验与电子证据检查规则（公信安〔2005〕161 号）》第 2 条规定："在本规则中，电子证据包括电子数据、存储媒介和电子设备。"

③ 《公安机关电子数据鉴定规则（公信安〔2005〕281 号）》第 2 条规定："本规则所称的电子数据，是指以数字化形式存储、处理、传输的数据。本规则所称的电子数据鉴定，是指公安机关电子数据鉴定机构的鉴定人按照技术规程，运用专业知识、仪器设备和技术方法，对受理委托鉴定的检材进行检查、验证、鉴别、判定，并出具鉴定结论的过程。"

④ 《公安机关办理行政案件程序规定（2006 年修订）》第 23 条规定："公安机关办理行政案件的证据种类主要有：（一）书证；（二）物证；（三）视听资料、电子证据；（四）被侵害人陈述和其他证人证言；（五）违法嫌疑人的陈述和申辩；（六）鉴定意见；（七）检测结论；（八）勘验、检查笔录，现场笔录。证据必须经过查证属实，才能作为定案的根据。"

第 2 条规定指出电子证据是由电子信息技术应用而出现的各种能够证明案件真实情况的材料及其派生物。① 2012 年 12 月最高人民法院颁布的《关于适用〈中华人民共和国刑事诉讼法〉的解释》中采用列举的方式界定电子数据概念，其第 93 条指出"对电子邮件、电子数据交换、网上聊天记录、博客、微博客、手机短信、电子签名、域名等电子数据，应当着重审查以下内容：（一）是否随原始存储介质移送……"②

（二）电子数据的法律地位确定

2013 年 1 月 1 日实施的新《刑事诉讼法》首次将"电子数据"规定为一种独立证据形态，其后我国《民事诉讼法》和《行政诉讼法》先后对现有证据规则体系进行了修改。除在证据概念的界定上，从证据"事实说"转向证据"材料说"外，还对法定的证据种类进行了扩张，在保留原有证据种类的前提下，增加了"电子数据"这一全新形态的证据，如表 1-1 所示。

表 1-1　　　　中国三大诉讼法对电子数据的法律规定

《刑事诉讼法》第五章　证据	《民事诉讼法》第六章　证据	《行政诉讼法》第五章　证据
第四十八条　可以用于证明案件事实的材料，都是证据。 证据包括： （一）物证； （二）书证； （三）证人证言； （四）被害人陈述； （五）犯罪嫌疑人、被告人供述和辩解； （六）鉴定意见； （七）勘验、检查、辨认、侦查实验等笔录； （八）视听资料、电子数据。 证据必须经过查证属实，才能作为定案的根据。③	第六十三条　证据包括： （一）当事人陈述； （二）书证； （三）物证； （四）视听资料； （五）电子数据； （六）证人证言； （七）鉴定意见； （八）勘验笔录。 证据必须经过查证属实，才能作为认定事实的根据。④	第三十三条　证据包括： （一）书证； （二）物证； （三）视听资料； （四）电子数据； （五）证人证言； （六）当事人陈述； （七）鉴定意见； （八）勘验笔录、现场笔录。 以上证据经法庭审查属实，才能作为认定案件事实的根据。⑤

---

① 《电子证据鉴定程序规则（试行）》第 2 条规定："电子证据是指由电子信息技术应用而出现的各种能够证明案件真实情况的材料及其派生物。"

② 《最高人民法院关于适用〈中华人民共和国刑事诉讼法〉的解释》第 93 条规定，对电子邮件、电子数据交换、网上聊天记录、博客、微博客、手机短信、电子签名、域名等电子数据，应当着重审查内容。

③ 《中华人民共和国刑事诉讼法（2013 年版）》第 48 条规定。

④ 《中华人民共和国民事诉讼法（2013 年版）》第 63 条规定。

⑤ 2014 年 11 月 1 日颁布的《中华人民共和国行政诉讼法》第 33 条规定。

2014年最高人民法院、最高人民检察院、公安部结合侦查、起诉、审判实践，就办理网络犯罪案件适用刑事诉讼程序问题发布的《关于办理网络犯罪案件适用刑事诉讼程序若干问题的意见》中给出了有犯罪事实的电子数据等证据材料的取证与审查指导。① 2016年7月公安部印发了《公安机关执法细则（第三版）》，作为最为直接指导多年公安机关计算机取证司法实践的《公安机关执法细则》，在该细则的第7章对电子证据的固定和封存进行了规定。细则第7章指出"固定和封存电子证据的目的是保护电子证据的完整性、真实性和原始性。作为证据使用的存储媒介、电子设备和电子数据应当在现场固定或封存"。② 该细则中同时提出了"电子证据"和"电子数据"一词，细则中的电子数据是作为取证过程中存在于某个载体的电子形式的数据信息。

三、电子数据概念的稳定发展

（一）"两高一部"出台的电子数据规定（2016年）

近些年来，新技术，如云计算、物联网等互联网的不断涌现和广泛运用，犯罪形式由传统的犯罪形式向互联网发展迁移和变化，犯罪的手段也越来越智能化和多样化，在刑事司法实践领域，几乎各类刑事案件都涉及电子数据。在民事司法实践领域，由于大量的利用互联网、智能设备进行的民事侵权的现象都涉及电子数据，一旦发生刑事犯罪或民事纠纷，电子数据就成了不可或缺的证据，在证明案件事实，还原案件真相的过程中，电子数据发挥着极其重要的作用。

虽2013年修订的《刑事诉讼法》明确了电子数据作为证据的法律地位，后续出台的相关司法解释对电子数据司法实践应用作了一些阐述，但无论是诉讼法还是相关的司法解释和程序规定，皆缺少具体的电子数据应用规则。基层司法实践中对"电子数据"也有不同的认识，例如，数字化形式记载的嫌疑人供述和被告人辩解的言词证据是纳入"言词证据"，还是"电子数据"范畴

---

① 参见《关于办理网络犯罪案件适用刑事诉讼程序若干问题的意见（公通字〔2014〕10号）》。
② 《公安机关执法细则（第三版）》第7章第3节电子证据的固定与封存规定："1.固定和封存的目的。固定和封存电子证据的目的是保护电子证据的完整性、真实性和原始性。作为证据使用的存储媒介、电子设备和电子数据应当在现场固定或封存。"

等。为规范电子数据的收集提取和审查判断，提高刑事案件办理的质量，根据《中华人民共和国刑事诉讼法（2013版）》等有关法律规定，结合司法实际，2016年9月最高人民法院、最高人民检察院、公安部出台了《关于办理刑事案件收集提取和审查判断电子数据若干问题的规定》。

《关于办理刑事案件收集提取和审查判断电子数据若干问题的规定》的第1条第1款中界定了电子数据是在案件发生过程中形成，以数字化形式存储、处理、传输的，能够证明案件事实的数据，并将电子数据限定为"案件发生过程中"。[1] 第1条第2款通过正面列举方式，对典型的电子数据形式进行了列举，包括：（1）网络平台发布的信息，例如网页、博客、微博客、朋友圈、贴吧、网盘等。（2）网络应用服务的通信信息，例如手机短信、电子邮件、即时通信、通信群组等。（3）用户注册信息、身份认证信息、电子交易记录、通信记录、登录日志等信息。（4）文档、图片、音视频、数字证书、计算机程序等电子文件。其中音视频指的是二进制形式编码存储的数字数据，属于电子数据，而不是视听资料。[2] 在第1条第3款中通过反面列举的方式也规定以数字化形式记载的证人证言、被害人陈述以及犯罪嫌疑人、被告人供述和辩解等数据需排除在电子数据范畴之外。[3]

（二）公安部出台的电子数据取证规则（2019年）

2019年1月公安部正式出台了《公安机关办理刑事案件电子数据取证规则》，该部规则是在2016年9月最高人民法院、最高人民检察院、公安部出台的《关于办理刑事案件收集提取和审查判断电子数据若干问题的规定》的基

---

[1] 2016年9月9日《关于办理刑事案件收集提取和审查判断电子数据若干问题的规定》第1条第1款规定："电子数据是案件发生过程中形成的，以数字化形式存储、处理、传输的，能够证明案件事实的数据。"

[2] 2016年9月9日《关于办理刑事案件收集提取和审查判断电子数据若干问题的规定》第1条第2款规定："电子数据包括但不限于下列信息、电子文件：
（一）网页、博客、微博客、朋友圈、贴吧、网盘等网络平台发布的信息；
（二）手机短信、电子邮件、即时通信、通讯群组等网络应用服务的通信信息；
（三）用户注册信息、身份认证信息、电子交易记录、通信记录、登录日志等信息；
（四）文档、图片、音视频、数字证书、计算机程序等电子文件。"

[3] 2016年9月9日《关于办理刑事案件收集提取和审查判断电子数据若干问题的规定》第1条第3款规定："以数字化形式记载的证人证言、被害人陈述以及犯罪嫌疑人、被告人供述和辩解等证据，不属于电子数据。确有必要的，对相关证据的收集、提取、移送、审查，可以参照适用本规定。"

础上，进一步明确和细化了公安机关数字取证的相关程序、条件、范围等事项，并对《关于办理刑事案件收集提取和审查判断电子数据若干问题的规定》的未尽事项和争议问题进行了补充和回应。

公安部发布的《公安机关办理刑事案件电子数据取证规则》中详细规定了电子数据的收集提取、电子数据的检查和侦查实验、电子数据委托检验与鉴定等方面的实施规则，为公安机关办理刑事案件的数据取证工作提供明确的指导，也为司法鉴定机构参与刑事案件的数字取证与司法鉴定工作提供指导。

该部规定中统一使用"电子数据"这一术语，一方面是保持与立法上使用"电子数据"一词的一致性，另一方面也是公安机关开展数字取证时统一和规范书面用语和交流用语的需要。规定中指出的电子数据收集、提取、检查、侦查实验、委托检验、鉴定指的是对以数字化形式存储、处理和传输的数据行为操作，这里的电子数据指的是具备电子形式特征的电子数据信息。该规定第5条①指出公安机关接受或者依法收集、提取的电子数据可以作为刑事案件的证据使用，这里的电子数据指的是具有功能性特征的电子数据，电子数据是作为证明案件功能的证据材料。

第三节　司法实务中电子数据的运用

电子数据与电子证据两个概念有何不同？是否指向同一含义？学界中趋向使用"电子证据"一词，立法中两者概念在不同时期有过混用，但法律上最终采纳的是"电子数据"一词。笔者认为电子数据与电子证据的区分更多的是理论问题，在司法实务中没有实践意义。② 在司法实务中过于计较两者的概念、定义、内涵和外延的不同，容易对司法实务部门造成理论逻辑上的混乱。

在司法实务中，如何理解和运用电子数据，笔者认为一是要把握理论上概念的等同性和司法实践上运用的区别性，二是要正确把握电子数据作为证据类型的本质属性。

---

① 《公安机关办理刑事案件电子数据取证规则》第5条规定："公安机关接受或者依法调取的其他国家机关在行政执法和查办案件过程中依法收集、提取的电子数据可以作为刑事案件的证据使用。"

② 在我国法律学界和立法中，"电子证据"和"电子数据"2个概念基本同义。本书遵从立法上的称呼，统一使用"电子数据"一词，引文中遵从原文表述的除外。

一、电子证据概念的把握

(一) 理论上概念的等同性

我国学者龙宗智指出虽然我国证据种类多,证据分类的方法存在着多标准划分现象,与两大法系通行的证据分类方法不是很符合,容易造成证据的种类交叉,也容易出现划分不清产生的逻辑混乱等问题,但是我国证据分类的立足点是基于司法实践的,我国司法实践中实务部门可以采用立法方式的证据分类方法针对不同类型的证据,采取不同的证据取证方式进行证据的分析。①

虽然三大诉讼法依次把"电子数据"作为独立的证据形态②在法律上进行了规定,其后"两高一部"发布的《关于办理刑事案件收集提取和审查判断电子数据若干问题的规定》③对电子数据的内涵和外延进行了界定和阐释,笔者认为其实质上不是区分电子数据与电子证据的异同,而是在司法实践中区分两者之间易造成的混乱。对电子证据与电子数据进行理论的区别和概念的讨论,在司法实务中并无意义。在司法实务中对电子证据的理解和运用,笔者认为首要的是要正确理解法定术语上的电子数据与学术理论上的电子证据概念的等同性。

1. 主要的司法解释与规范性文件中两者的概念具有等同性

在主要的司法解释与规范性文件中,如《电子证据鉴定程序规则(试行)》第2条规定指出:"电子证据指的是以电子形式存在的,用作证据使用的一切材料及其派生物。"④ 在外延上我们可以认为具备电子形态的证据如电子邮件、微博客、微信、QQ聊天记录、手机短信,以及电子数据交换、电子签名等皆可以成为证据材料。在《公安机关执法细则(第三版)》第七章指出:"固定和封存电子证据的目的是保护电子证据的完整性、真实性和原始

---

① 龙宗智:《证据分类制度及其改革》,载《法学研究》2005年第5期。
② 《中华人民共和国刑事诉讼法(2013年版)》《中华人民共和国民事诉讼法(2013年版)》、2014年11月1日《中华人民共和国行政诉讼法》。
③ 参见最高人民法院、最高人民检察院、公安部颁发的《关于办理刑事案件收集提取和审查判断电子数据若干问题的规定》。
④ 《电子证据鉴定程序规则(试行)》第2条规定:"电子证据是指由电子信息技术应用而出现的各种能够证明案件真实情况的材料及其派生物。"

性。作为证据使用的存储媒介、电子设备和电子数据应当在现场固定或封存。"① 隐含着"电子证据"就是由作为内核的"电子数据"与作为基础的"载体"组成。再次，从立法技术上看，2013年版《刑事诉讼法》修订前后电子数据与电子证据所指内容并无区别，虽然法律上对"电子证据"一词没有采纳，诉讼法及其相关的司法解释使用的是"电子数据"一词，但在对电子数据概念的描述中其实承认了学理上提出的电子证据的全部属性，电子数据就是电子证据。

从遵循既有司法实践惯例看，现行法上的电子数据概念与学界中电子证据概念若从等同性角度认识，将有利于延续既有的电子数据司法实践工作，也符合当前我国国内电子数据司法实践的现状。

2. 过于区分两者的概念易造成司法实践中应用的混乱

例如，涉嫌犯罪的微信截图存在电脑中，因为存在电脑中的这个东西是电子形式的东西，是电子数据，那么它就是证据，如果打印出来，就是物证。那么该微信截图究竟是电子数据，还是物证呢？再如，在一个涉嫌利用即时通信工具微信（Web Chat）传播不当言行的案例中，涉案的微信聊天记录与案件事实相关的内容属于"证据内容"，但是在这个案件中，嫌疑人为阅读方便或其他原因，同时也将这些微信内容打印出来了，侦查机关又获取了打印的微信内容，则这些书面材料一般就成为了与微信相独立的书证。证据要求证据的内容和证据形式是统一的②，该案中涉案的微信聊天记录内容是"证据内容"，在网络传输过程中获得的记录微信的创建、传输等二进制数据是"证据形式"，归属于电子数据，只有记录微信内容的证据内容和证据形式统一，两者才共同构成证据。该案中，如果过于区分两者的概念、内涵等问题，则会导致证据的"形式"和"内容"的割裂。因此笔者认为，在司法实践上过于区分现行法上电子数据概念与学界中电子证据概念，将会导致司法实务中造成不必要的逻辑错误与理论混乱，导致在具体的司法实务中不能有效地应用电子数据。

（二）实践上运用的区别性

电子数据在民事诉讼和刑事诉讼中被大量使用已是不争的事实，但电子数

---

① 参见《公安机关执法细则（第三版）》第7章中第3项关于电子证据的固定与封存的规定。

② 赵长江、李翠：《电子数据概念之重述》，载《重庆邮电大学学报（社会科学版）》2015年第6期。

据在民事诉讼中由于电子证据的载体危机，以及民事诉讼中的书证化，使得民事案件中电子数据得到采信和使用处于不发达的状况。电子数据在刑事诉讼中得到了广泛应用，成为控方的重要武器。在刑事诉讼中，应对电子数据原件的挑战，通过对原件的扩张解释，先后融合以联合国《电子商务示范法》模式的"功能等同法"①、扩大原件范围的"抑制原件说"、上述两者结合起来的"混合标准法""复制原件说"等理论，解决了电子数据在刑事司法领域中面临原件的难题。② 在刑事诉讼司法实践中，公安部门负责电子数据的取证实践工作，检察院审查电子数据取证的法定性，对于检察院提交的各类电子数据，法院只需审查其取证过程的合法性，认定电子数据的证明力，确定是否采信电子证据。

笔者认为在司法实践中未进入诉讼阶段的电子数据，从技术上讲，是对某项数据的物理形态的描述和概括，包括存储介质上或网络中二进制电磁信号，以及加以解析出来的数据和信息。只有进入诉讼阶段的电子数据，经过取证、举证、质证和认证阶段后，才能成为电子证据。电子证据应该包含实体性属性，其指向电子数据本身，同时也应该包括程序性属性，涉及电子数据的收集、提取、固定、保全、认证等一系列相关程序。

如何理解电子数据司法实践上运用的区别性，我们可以借鉴"证据"与"证据材料"的关系来理解，证据材料需要经过查证、核实之后才能成为证据，证据材料是证据的来源和前提，证据离不开证据材料的收集和提取。因此，在司法实践中电子数据可以被认为是证据材料，电子证据是对电子数据经过查证、核实后形成的与案件事实相关的证据。

二、电子数据三要素分析

作为证据类型的电子数据，一是其产生和存在的形式是电子形式的材料及其派生物，二是其功能是用作证据使用，或者理解为电子数据以电子形式存在存储或传输的，用以证明案件事实的数据或信息。③ 对电子数据的理解和运用，笔者认为在司法实践中还需把握电子数据的三个要素：电子、数

---

① 刘品新：《论电子证据的原件理论》，载《法律科学（西北政法大学学报）》2009年第5期。

② 刘哲伟：《民事电子证据：从发条独立到实质独立》，载《证据科学》2015年第6期。

③ 陈光中著：《刑事诉讼法》，北京大学出版社2013年版，第215页。

据、证据。

(一) 电子要素

电子数据是以电子形式存在存储或传输的数据或信息。"电子"可以看作数字技术形成的二进制代码或其他序列代码,"电子形式存在"可以看作其原始数据形态是电子的,存在的是拟作为证据材料的数据信息。根据对电子要素的分析,不难发现,人需要借助相应的电子设备或载体去感知和识别拟作为证据的电子数据。在司法实践中,原始数据形态的数据信息对电子设备有依赖性,在电子数据的收集和提取中,要注意电子数据与其依附载体的统一性。因为这种依赖性和依附性体现在整个证据处理活动中,首先原始数据形态的数据信息是基于电子设备产生和形成的,其次需要使用电子设备或载体去处理和传输原始数据形态的数据信息,再次需要利用电子设备存储原始数据形态的数据信息以及这些信息内容。

例如,随着互联网的发展,QQ用户的增长,利用QQ平台作为犯罪工具或犯罪对象的案件增多,典型的利用QQ涉及的犯罪案件类型有传播计算机病毒、网络诈骗、QQ敲诈勒索、利用QQ非法控制计算机系统程序等。在司法实践对QQ电子数据取证的过程中,则需要弄清QQ数据信息的发送接收过程所涉及的电子设备,QQ数据信息依赖的电子设备如图1-1所示。①

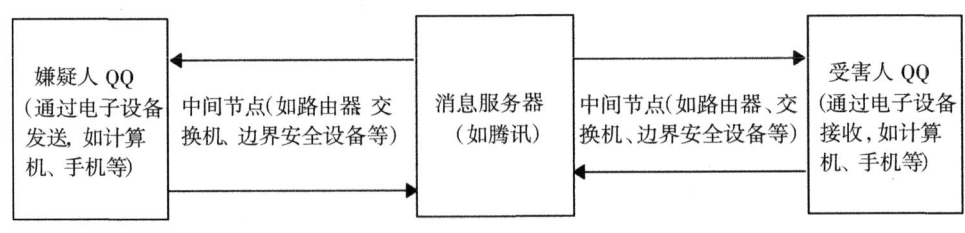

图1-1 QQ数据信息依赖的电子设备

电子设备或载体这一要素也决定了原始数据形态的数据信息具有脆弱性和稳定性这一对相互矛盾的特性。一方面,脆弱性意味着这些原始电磁信号易于篡改和伪造而不易为人所感知,而且这些电磁信号一旦被更改、补充或灭失,将很难恢复和重现。在司法实践中,司法实务人员则要在"取"证据阶段把

---

① 王宁、黄凤林:《QQ电子证据的认证规则构建》,载《计算机科学》2015年第B10期。

握及时性原则、全面取证原则与合法性原则等。① 另一方面，稳定性表现为这些原始电磁信号能长期无损保存，不易彻底销毁，而且可以借助电子设备随时反复重现，其次这些原始电磁信号尽管易于篡改和伪造，只要有足够的技术和设备，仍然能够找到篡改、伪造的痕迹。

（二）数据要素

如何有效地区分电子数据与书证的问题，曾经是困扰基层办案人员的一个问题。法定的证据形态书证存在于现实物理空间，是可见、可感知的物质形态，一般形成或存在于案发现场。如果在案件的发生过程中或者发生之后，由于案件办理的需要，办案人员把数据打印出来了，那么这些材料是属于发生在案发现场环境下的书证还是属于电子数据的打印输出展示方式？

因此在司法实践中需要对电子数据的数据要素有正确的了解，对数据存在状态、电子数据的证据形态的分析有助于区别电子证据与其他证据的不同。从数据的生成方式看，电子数据来源一般有如下几种：一是电子设备或电子载体自动运行时自动生成的数据，如系统开机时，生成的系统日志 log 文件；二是存储在电子设备或电子载体中的数据，如存储在移动硬盘或 U 盘中的数据文件；三是在人与计算机系统的交互中获得的运行数据。

数据存在虚拟空间内，数据一定要依附于一定的电子设备（如计算机、网络、手机等），"数据"可以认为是信息在电子设备中进行传播时的内容和形态。数据本质上只是一种脉冲信号、数字信号，只有通过一定的电子技术手段将这些数字信号转换为人所能感知的数据形态，因此，对数据的解读必须借助信息技术的转换，或者借助相应的电子设备载体才能为人所感知。在司法实践中，取证人员要通过一定的技术手段将电子设备或载体上的信息转换为人所能感受和识别的形态，收集和提取的数据在法庭上才能作为证据展示。

（三）证据要素

从技术的角度看，电子数据仅仅是对某项数据的物理形态的概括和描述。司法实践中，不是所有的电子数据都能成为证据，电子数据要成为证据，需要有一个对电子数据赋予"证据功能"的过程，如图1-2所示。

电子数据到证据的过程，是一个案件事实的证明过程，学理上这个过程指

---

① 刘品新著：《电子取证的法律规制》，中国法制出版社2010年版，第18页。

图 1-2 电子数据到证据

的是电子数据证明能力和证据力的审查和认证过程。① 证明能力指的是某项证据材料是否具有证据资格，其审查内容一般包括主体是否合法，收集程序是否合法等，从而来判断证据证明能力的有无。证明力则关涉证据材料证明效果的大小，解决的是证据能在多大程度上对案件事实起证明作用的问题，证明力的判断是属于法官自由心证的范畴，基本上是由法官根据个案的具体情况自由判断，在案件事实的客观、内在联系及联系的紧密程度的基础上进行认证。

三、司法实践中电子数据运用规则

电子数据作为表现现代电子信息科技与司法制度的结晶已经被广泛应用于诉讼过程中，其内容和形式也是与时俱进的，在司法实践中发挥着越来越重要的作用。2013 年版《刑事诉讼法》及其后的《民事诉讼法》和《行政诉讼法》依次正式将电子数据规定为证据种类之一，但学界关于电子证据与立法界中的电子数据概念、内涵和外延之争此起彼伏，也易引起司法实务部门造成理论逻辑上的混乱。在司法实务中，如何理解和运用电子数据，笔者认为应该把握如下运用规则。

第一条 司法实践中，现行法规定的电子数据与学界中的电子证据，两者在概念上具等同性。

第二条 司法实践中，电子设备或载体以及依附其的电子数据组成学界中的电子证据，证据内容是电子数据，电子设备或载体是证据形式。

---

① 刘显鹏：《电子证据的证明能力与证明力之关系辨析》，载《北京交通大学学报（社会科学版）》2013 年第 2 期。

第三条 司法实践中，必要的电子设备或载体的扣押和获取是不可缺的，其主要用于审查电子数据的真实性，不能以作为证据材料的电子设备或载体的物理属性去证明案件的事实。

第四条 司法实践中，不是所有的电子数据能成为证据，用以证明案件事实的电子数据能成为证据，但需要一个证明的过程。

第五条 电子数据需要证据资格的审查和证明力的审查认证过程，才能成为证据。证明资格关乎的是电子数据真实性和合法性的审查，证明力指的是电子数据关联性的认定。

第六条 司法实践中，从犯罪行为发生过程中看，可以作为证据的电子数据有：

（1）犯罪行为发生过程中借助电子设备或载体产生的数据，这部分数据依赖于行为人的主观意志。例如行为人电子设备上的电子文档信息、行为人对电子设备的操作信息等。（2）犯罪行为发生过程中电子设备或载体自动生成的数据，其形成与行为人的主观意志无关，存在于行为人所持的电子设备的系统环境信息。如软件安装信息和版本信息，系统日志信息等。

第二章　可信电子数据

无论是在新型的涉网犯罪案件查处中，还是在传统案件的调查活动中，电子数据在当今的司法实践中被大量应用已是不争的事实。根据公安部物证鉴定中心统计，85%的电子数据检验结果都为案件提供了有力的侦查线索①，当前电子数据已经成为案件侦破新的增长点和突破口。

三大诉讼法修订前，司法实务部门已意识到电子数据的独特属性，三大诉讼法修订后，司法实务部门也乐于承认电子数据的独立证据地位，但电子数据在法庭中被采纳的频率并不高，究其原因是电子数据应用规则的不完备，法官内心对因技术产生的电子数据的质疑，如数据来源是否可信，分析方法是否科学，证据推理过程是否可靠等一系列关乎电子数据可信性的问题，这些问题主要集中于电子数据的取证阶段。

事实上，电子数据取证作为举证、质证、认证的重要前提，取证的好坏关乎到后续举证、质证、认证的成败。电子数据取证的可信性是司法实务中可信电子数据应用的重要保障和可信电子数据理论研究的核心问题。可信电子数据取证的研究内容包括取证主体可信、取证程序可信、取证标准和技术规范可信、取证技术方法可信、取证工具可信。

第一节　司法实践中电子数据的应用

一、案件侦查活动中电子数据的应用

（一）作为案件侦查的线索

为便于理解和描述，我们将犯罪分为高科技型的犯罪和传统型的犯罪，高

---

① 王震、张伟：《关于刑侦部门电子物证检验工作的探索》，载《黑龙江科技信息》2016年第25期。

科技型犯罪包括网络赌博、网络传销、电信诈骗等犯罪,传统犯罪包括盗窃、杀人、爆炸、恐怖等犯罪。在高科技犯罪案件中,其犯罪的资金流、信息流都依托于一定的电子设备而存在,电子设备中存储着电子数据痕迹。例如,网络传销案件的涉案人数、涉案金额、组织结构、报酬计算等网络传销的犯罪行为及其体现的证据形式均以电子物证的形式存在于网络中。在传统犯罪案件中,由于手机等数字设备已经成为人们日常生活的必需品,嫌疑人涉案的智能手机等终端设备上存储的 QQ、微信等有关涉案关联人的信息、存储的上网记录、GPS 痕迹信息等记录着犯罪嫌疑人的日常行为,这些数据可以成为犯罪侦查重要的线索和证据来源。有学者指出前几年美国 FBI 侦办的案件中至少有一半以上的案件涉及电子数据。①

马加爵杀人案是一起引发国人广泛关注的名案。作案人的作案手段是传统类型的,而侦查机关开展缉捕却依赖的是电子数据。2004 年 2 月 23 日下午 1 时 20 分,昆明公安局接报,称在云南大学学生公寓宿舍发现一具男性尸体,经现场勘查和访问,同宿舍的学生马加爵失踪了。种种迹象表明马加爵有重大嫌疑,公安部在当年 3 月 1 日发布 A 级通缉令,重金悬赏通缉马加爵。与此同时公安部专门派了电子数据专家,对马加爵已经格式化的个人电脑进行硬盘数据恢复,恢复出的电子数据表明他在出逃前三天都在访问海南省的信息,尤其是有关三亚的很多交通、旅游、房地产等信息。根据这一线索,公安部虽然说全国通缉马加爵,但实际上调整了通缉重点,专门派人赴海南指导对马加爵的抓捕工作。就在这个部署作出 20 多个小时以后,3 月 15 日马加爵在三亚落网。②

电子数据承载着丰富的案件信息,可以真实、准确、客观地反映涉及违法犯罪的作案活动情况。在案件侦查活动中,电子数据作为案件侦查的线索主要应用但不限于以下方面。

(1) 明确发案时间。如利用系统日志、文件时间属性等,结合其他信息,可以对案发时间进行判定。

(2) 明确发案地点。如利用手机 GPS 痕迹信息等对案发地点进行判定。

(3) 确定嫌疑人。如以煽动颠覆国家政权罪为例,对行为人的 IP 地址和注册信息的查询,用于确定嫌疑人。

---

① 参见《人民公安大学教授谈大数据如何改变现代侦查》,载搜狐网,http://www.sohu.com/a/134919772_743147,2019 年 4 月 17 日访问。

② 刘品新著:《电子取证的法律规制》,中国法制出版社 2010 年版,第 1~2 页。

(4) 确定案件过程。如在邮件勒索案中利用日志信息、IP 地址等信息的分析明确案（事）件过程。

(5) 判明案件性质。如在一些案件中利用手机短信、聊天记录、照片等电子数据为案件定性和法庭诉讼提供有力的证据。

（二）生成电子数据鉴定意见书

由于电子数据具有虚拟性、易删改性和不易察觉性，与传统证据相比，肉眼看不出电子数据是否属实，电子数据本质上是由"0"和"1"组成的二进制字符。从电子数据的特征中不难看出，电子数据是无形的且易被破坏的，因此这也加大了法官认定电子数据的难度。在诉讼过程中，大部分法官对技术的可靠性持怀疑的态度，对电子数据真实性的判断，对侦查程中收集到的多源、分散的电子数据进行拼接、推理并形成案件结论的科学性判断等问题有时需要借助司法鉴定。刑事诉讼法及相关的司法解释也对司法鉴定进行了专门的规定。例如，《中华人民共和国刑事诉讼法（2013 年版）》第 2 章侦查部分的第 144 条[①]指出"为了查明案情，需要解决案件中某些专门性问题的时候，应当指派、聘请有专门知识的人进行鉴定"。《最高人民法院关于适用〈中华人民共和国刑事诉讼法〉的解释》第 84 条[②]给出了司法鉴定意见的若干规定。

在司法实践方面，层出不穷的高科技犯罪的手段和方法给案件的侦破和审判增加了难度，也使得电子数据司法鉴定成为案件侦查中重要的一环。案件侦查阶段的电子数据鉴定意见书也成为电子数据的审查与认定的重要甚至关键性的参考因素。例如，在一起涉嫌网络诈骗案中，嫌疑人郑某、阳某在网络上制作钓鱼网站，冒充全国各大杂志社工作人员，以杂志社的名义非法组稿，骗取投稿人员的"审稿费""版面费"。2017 年 6 月，湖北某县公安局对"郑某、阳某等人涉嫌网络诈骗案"立案侦查。2017 年 8 月，该局民警对两个窝点进行搜查，抓获郑某、阳某及员工等 11 人。在窝点处查扣保存涉案资料的 U 盘 2 个、电脑、银行卡、作案手机、网络座机及相关纸质资料若干，其后将该案网站数据下载到 U 盘保存。该案在移送检察院的过程中，虽然随案移交的有已收集的被害人陈述、经查证属实的银行账户交易记录、第三方支付结算账户

[①]《中华人民共和国刑事诉讼法（2013 年版）》第 144 条规定："为了查明案情，需要解决案件中某些专门性问题的时候，应当指派、聘请有专门知识的人进行鉴定。"

[②]《最高人民法院关于适用〈中华人民共和国刑事诉讼法〉的解释》第 84 条规定："对鉴定意见应当着重审查以下内容：（一）鉴定机构和鉴定人是否具有法定资质……"

交易记录、通话记录、U 盘内涉案电子数据等证据材料，但被检察院退回，缘由是起诉书中对案件的定性认定等方面缺乏足够的支撑材料说明，要求进行电子数据的鉴定。

笔者作为电子数据国家司法鉴定人，参与了该案件的电子数据司法鉴定。在该司法鉴定中，搭建本地运行网站，运行该网站上投放的广告网页，提取该投稿系统网页的来源地址指向，结合该网站网页对应的 PHP 源程序代码，对该投稿系统网站功能和网站运行过程进行了电子数据分析，并进一步对网站后台的数据库若干表中的数据统计分析出涉案金额和涉案人数，从而形成了该案件的电子数据司法鉴定意见书。

二、法庭活动中电子数据的应用

（一）应用现状

我国青年学者李主峰，刚继斌分析了 2009 年至 2011 年我国刑事诉讼案件中的电子数据形式，并通过"中国审判法律应用支持系统"中的"中国法院裁判文书库"① 进行了数据的分析和统计。通过在全文关键词栏中输入"网页""QQ""手机短信"关键词，检索的统计结果如表 2-1 所示。

表 2-1　　2009—2011 年刑事诉讼中认证的电子数据统计

输入关键词	检索篇数	认 证 理 由
网页	命中 48 篇（有效命中 41 篇）	网页打印件（或截图）等证据证实，足以认定（23 篇）
		网页打印件（或截图）证明……事实（4 篇）
		按"勘验检查笔录，书证，证人证言，被告人供述，被害人陈述"等转化型证据来认定（14 篇）
QQ	命中 231 篇（有效命中 103 篇）	QQ 聊天记录等证据证实，足以认定（50 篇）
		按"勘验检查笔录，书证，证人证言，被告人陈述，被害人陈述"等转化型证据来认定（53 篇）

---

① 李主峰、刚继斌：《从立法到司法：刑事诉讼中电子证据之认证》，载《学术交流》2013 年第 7 期。

续表

输入关键词	检索篇数	认 证 理 由
手机短信	命中274篇（有效命中243篇）	手机短信等证据证实，足以认定（139篇）
		手机短信证实……事实（59篇）
		按"勘验检查笔录"，书证，证人证言，被告人供述，被害人陈述"等转化型证据来认定（45篇）

针对三大诉讼法修订三年以来，我国刑事诉讼和民事案件中电子证据在司法实务中的应用情况，北京大学法学院刘哲玮通过北大法宝案例库进行全样本检索，以"电子数据"作为内容关键词，收集到刑事裁判文书3603篇，民事裁判文书3266篇；以"电子证据"为内容关键词，收集到的刑事裁判文书有1496篇，而民事裁判文书就只有558篇。①

在司法实践的民事诉讼领域中，该文作者指出电子数据若想取得法院的采信，一般都要经过公证或电子数据的司法鉴定。大量的民事诉讼案件中电子数据未被采信，法院多数以电子数据没有经过公证，电子数据的真实性无法证明等理由进行解释。

整体来说，三大诉讼法修订后，在民事诉讼领域的司法实务中电子数据应用情况不是很好，电子数据在民事诉讼中依旧处于一种较为尴尬的地位。相比民事诉讼，作为独立的证据类型的电子数据在刑事诉讼中获得了一定的应用，在许多刑事诉讼案件中，电子数据已经成为控方的重要证据支撑。

（二）刑事司法领域电子数据应用分析

虽然电子数据在刑事诉讼中获得了一定的应用，但当前在刑事司法领域内的电子数据在法庭庭审认证时普遍存在如下情况。

1. 被认证的电子数据形式比较单一

电子数据形式有网页、博客、微博客、朋友圈、贴吧、网盘、手机短信、电子邮件、即时通信、通信群组、用户注册信息、身份认证信息、电子交易记

---

① 刘哲玮：《民事电子证据：从法条独立到实质独立》，载《证据科学》2015年第6期。

录、通信记录、登录日志等信息、文档、图片、音视频、数字证书、计算机程序等电子文件。法庭中法官认定的电子数据形式多是网页、QQ、手机短信、微信等聊天记录或网页截图。

2. 认证过程比较简单化

在刑事诉讼中，法官对电子数据进行认证时对电子数据与待证案件事实之间的相关性是什么，为什么采信该电子数据，其证明力多大，证据证明了哪些事实等问题往往语焉不详。认证过程较为简单，往往一般只是在判决书中笼统地说，"上述事实，有……网页截图（QQ 聊天记录、手机短信）等证据证实，足以认定"。[①]

3. 将电子数据转化为其他载体形式

出现这个现象的原因一方面目前基层法院法官虽具备较强的实践能力，但对电子数据的技术性缺乏一定的熟知，对电子数据的理论知识稍微欠缺。另一方面在基层司法实务中，当位列证据体系"优先座次"的物证、口供等传统证据资源已经可以基本形成一个完整证据监管链时，同时由于时效、经费、装备等破案成本限制，办案人员往往就降低了对包括电子数据在内的其他"现代型"证据资源的"有效需求"。[②]

总的来说，虽三大诉讼法已将电子数据作为独立的证据类型，电子数据在刑事司法领域有一定的应用，但整体上其应用并不理想。法庭采纳的电子数据类型较为单一，电子数据的认证过程较为简单，司法实务中也易于根据载体形式的不同将电子数据转换为物证形态、证人证言、视听资料。

第二节 电子数据的可信性

一、可信性问题的提出

电子数据是信息时代的产物，其价值和作用在司法实践中是得到认可的。司法实务部门认识到了电子数据的独特价值，也乐见电子数据被诉讼法确定为

---

① 李主峰、刚继斌：《从立法到司法：刑事诉讼中电子证据之认证》，载《学术交流》2013 年第 7 期。

② 刘文斌：《"电子证据"与"电子数据"考辨——以 2012 版刑事诉讼法对证据制度的调整为背景》，载《天津法学》2015 年第 3 期。

独立的证据类型,但法庭中采纳的电子数据并不多。不同背景的学者从不同的角度对此进行了原因的找寻、分析和对策的研究,笔者以司法实务的角度从电子数据的可信性方面对此进行分析。

(一) 电子数据规则的缺乏

证据的问题是诉讼的核心问题,能够证明案件事实,还原案件真实情况的依据是证据。学术理论界对电子数据的证据能力和证明力进行了许多有益的探讨,提出电子数据的证据能力和证明力共同构成电子数据的认证规则。[1][2][3] 证据能力指的是证据资格性问题,收集和提取的证据材料是否具备证据资格,而证明力指的是这些证据材料对待证事实的关联如何,证据材料能在多大程度上提供证明效果的大小。证据能力的有无,也即证据资格的审核,一般通过判断证据的合法性进行。证据的合法性包括来源的合法性、形式的合法性和主体的合法性,也就是说提供能依法查证、核实和判断的作为定案依据的证据必须合法,证据能力主要从证据的收集主体、收集程序及形式的完备性等方面是否合法进行判断,而证明力的强弱判断主要考虑证据材料同案件事实的客观、内在联系及联系的紧密程度。

司法实践中,我国《刑事诉讼法》和《民事诉讼法》皆提出了证据必须查证属实,才能作为认定事实的依据的规定。[4] 对于电子数据而言,2010年最高人民法院、最高人民检察院、公安部、国家安全部、司法部联合出台的《关于办理死刑案件审查判断证据若干问题的规定》第29条给出了电子数据

---

[1] 刘显鹏:《电子证据的证明能力与证明力之关系探析》,载《北京交通大学学报(社会科学版)》2013年第2期。

[2] 徐海林、邓洋:《职务犯罪侦查中电子证据的可采性》,载《山西省政法管理干部学院学报》2015年第2期。

[3] 朱健:《从新〈民事诉讼法〉看电子证据的科学定位》,载《法律适用》2013年第12期。

[4] 《中华人民共和国刑事诉讼法(2013年版)》第48条第2款规定:"证据必须经过查证属实,才能作为定案的根据。"第53条第2款规定:"定罪量刑的事实都有证据证明;据以定案的证据均经法定程序查证属实;综合全案证据,对所认定事实已排除合理怀疑。"《中华人民共和国民事诉讼法(2013年版)》第63条第2款规定:"证据必须查证属实,才能作为认定事实的根据。"第64条第2款规定"人民法院应当按照法定程序,全面地、客观地审查核实证据。"

审查内容的规定①，涉及来源审查、取证主体、形成过程等合法性审查的规定，也提出了较为抽象的电子数据真实性、关联性的审查要求。

后续出台的若干司法解释和程序规定也仅是较为原则性地提及电子数据真实性是需要审查判断的要求，但鲜有关于电子数据真实性的可操作性审查判断规则的描述。② 电子数据的关联性问题涉及电子数据证明力的强弱判断，刘品新博士指出当前我国关于电子数据司法鉴定标准和技术规范方面有4项国家标准、22项公共安全行业标准、9项司法部标准、8项高检院标准③，其中绝大多数技术规范都没有电子数据关联性审查和判断的规定和描述，只有极少数技术规范只言片语地涉及了电子数据内容的关联性。

（二）自由心证与电子证据技术性矛盾

自由心证指的是法官利用自己的法律知识和审判经验，合理判断证据的证明价值。自由心证制度起源于1791年法国制宪会议通过的自由心证的草案，

---

① 《关于办理死刑案件审查判断证据若干问题的规定（法发〔2010〕20号）》第29条规定："对于电子邮件、电子数据交换、网上聊天记录、网络博客、手机短信、电子签名、域名等电子证据，应当主要审查以下内容：

（一）该电子证据存储磁盘、存储光盘等可移动存储介质是否与打印件一并提交；

（二）是否载明该电子证据形成的时间、地点、对象、制作人、制作过程及设备情况等；

（三）制作、储存、传递、获得、收集、出示等程序和环节是否合法，取证人、制作人、持有人、见证人等是否签名或者盖章；

（四）内容是否真实，有无剪裁、拼凑、篡改、添加等伪造、变造情形；

（五）该电子证据与案件事实有无关联性。

对电子证据有疑问的，应当进行鉴定。

对电子证据，应当结合案件其他证据，审查其真实性和关联性。"

② 学界有学者提出了电子数据真实性判断的几种规则：第一种是自认的方式，例如在刑事诉讼中对某一电子证据，如果控辩双方都认可，则法庭审理中一般予以认定电子证据具真实性；第二种是推定的方式，如果有其他的证据能够说明某一电子证据的真实性或完整性，则法庭审理中一般予以认定电子证据具真实性；第三种是辨认的方式，如果电子证据经过见证人、证据提取者、保管人，以及其他知悉该电子证据制作过程的人的辨别和鉴真，则法庭审理中一般予以认定电子证据具真实性；第四种是电子证据的司法鉴定，电子证据是否遭篡改等问题，由有资质的专家进行司法鉴定后，建议一般予以认定电子证据具真实性。参见李主峰、刚继斌：《从立法到司法：刑事诉讼中电子证据之认证》，载《学术交流》2013年第7期。

③ 刘品新：《电子证据的关联性》，载《法学研究》2016年第6期。

法国《刑事诉讼法典》在1808年对自由心证作了进一步规定。后来，自由心证原则在欧洲各资产阶级国家的立法中也相继得到规定，并发展为大陆法系国家判断证据的重要原则。[①]

自由心证制度已成为大多数国家采取的普遍的证据原则，在我国的法律中是没有法律条款对自由心证制度有所规定的，但在我国司法实践中存在着自由心证的痕迹。例如，2001年我国《关于民事诉讼证据的若干规定》第64条的规定就有了自由心证的痕迹。[②] 我国《民事诉讼法》第71条的规定[③]，以及刑诉法及其司法解释中的大量条款都有"情节严重的""造成严重后果的"等酌定情节的词语，而案件的情节是否严重，严重程度如何需要由法官自由判断。

虽然在审判过程中强调法官坚持实事求是的判断证据的原则，但在司法实践中，法官在对案件证据的审查判断时也在运用自由心证的原则，有时法官依靠审判经验去进行案件证据的审查。对于证据材料而言，法官对其的认识也是一个主观对客观的认识过程，在这个认识的过程中，不能排除存在着自由心证的精神去促使法官去判断证据的作用和其证明力的大小。另外，当前抽象性的立法、模糊性的法律语言、立法上的宏观性与司法实践中现实生活的具体性等因素也决定着法官需要运用自由心证的原则性精神去行使自由裁量权。

电子数据是因技术产生，电子数据多以二进制形式存储于电子设备或载体之中，如RAM、磁盘、光盘等，它无法为人眼或人耳所直接阅读或听取。即使非常真实可靠的内容也只能停留在电子设备或载体中，不能被人感知。要理解和感知这些信息，必须要以特殊的手段或借助特定的工具来获取这些信号，予以转换并以特定的形式输出方可。至于这些信息或文档是否能够被法庭所采

[①] 参见百度百科，https：//baike.so.com/doc/6156986-6370202.html，2019年7月3日访问。

[②] 《关于民事诉讼证据的若干规定（法释〔2001〕33号）》第64条规定："审判人员应当依照法定程序，全面、客观地审核证据，依据法律的规定，遵循法官职业道德，运用逻辑推理和日常生活经验，对证据有无证明力和证明力大小独立进行判断，并公开判断的理由和结果。"

[③] 《中华人民共和国民事诉讼法（2013年版）》第71条规定："人民法院对当事人的陈述，应当结合本案的其他证据，审查确定能否作为认定事实的根据。"

用，发挥多大的证据证明力，还需要法官的审查判断才可能成为法庭的呈堂证供。①

大部分法官对技术的可靠性持怀疑的态度，在诉讼中法官可能对电子数据提出质疑。以常见的硬盘上电子数据取证过程为例，如图2-1所示，法官可能对电子数据质疑的问题包括但不局限于以下几点。

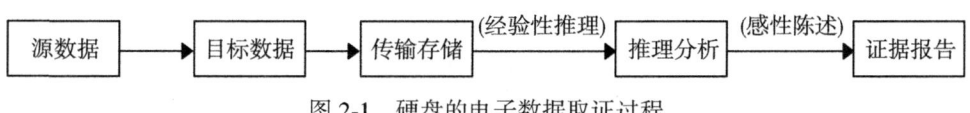

图2-1 硬盘的电子数据取证过程

（1）在源数据到目标数据阶段中，可能会考虑载体的来源是否可信，电子数据依附系统是否遭受破坏？电子数据是如何形成的？电子数据是否由授权的人员取得？收集电子数据是否遵守法律有关规定？收集方法是否科学、客观公正？是否按照严格的操作规程（SOP）？源证据向目标证据转化的过程是否有数据被人变更、伪造等？

（2）在存储与传送阶段中，可能会考虑电子数据存储是否会遭受未经授权的接触？存储的介质是否安全可靠？存储人员是否公正、独立？在传输中是否考虑认证？手段或方法是否科学、可靠？电子数据在传输中是否有无可能被非法者截获等。

（3）在证据分析和报告生成阶段中，可能会考虑电子数据分析人员是否偶然或恶意地对电子数据进行修改？在推理过程中分析人员是否选用不可靠的电子数据进行推理而影响推理结论？推理分析中方法是否可靠，推理过程是否客观？分析报告是否可靠、完整？报告是否伪造、被人变更、有无删改等？

总的来说，法官在审理电子数据时，需要一个相对可遵循的司法认定标准，但现行法律没有相应的规定，电子数据规则也较为缺乏。当法官面对这些基于技术产生的电子数据时，法官可能会对电子数据产生质疑和困惑，一旦这些质疑和困惑难以得到满意的解释时，法官内心则会对该电子数据及其证据材料产生怀疑并认为该电子数据不可信。尤其在司法实践中，当电子数据形成和传统证据一样的证据链条时，法官由于其是数据电文的形式便对其有更大严格的限制，甚至因证据是电子形式的而完全予以否认。假如现有证据材料等资源

---

① 刘志军：《电子证据完整性的几个关键技术研究》，武汉大学2009年博士学位论文。

能够保证审理案件（当然不能制造冤假错案），那么"电子数据"就成了"仅供参考"的资源。

二、电子数据可信性的相关理论研究

（一）可信性及其相关理论研究

美国控制论专家、数学家 Zadeh 于 1965 年在《信息与控制》杂志上发表了论文《模糊集合》，用模糊集合的理论找到解决模糊性对象并加以确切化，用于处理不确定性和不确定性问题。[1] 模糊集理论在许多领域得到实际运用，其后提出了三类重要的测度：可能性测度、必要性测度和可信性测度。Liu 在 2002 年定义了具有自对偶性的可信性测度，然后根据可信性测得建立了一个公理化的理论体系。[2][3]

可信性理论是综合处理考虑变量随机性及模糊性双重不确定性的数学方法。由于针对模糊性、不确定性，诸如内心质疑性的研究对象，可信性理论能进行一种科学合理的评估，因此其理论和方法在诸多领域得到了大量的应用。笔者在维普中文期刊输入题名或关键词"可信性理论"检索 1989 年至 2018 年的期刊论文，收录关于"可信性理论"的论文分别为自动化与计算机技术 892 篇，经济管理 422 篇，医药卫生 251 篇，文化科学 247 篇，理学 184 篇，电气工程 116 篇，交通运输工程 104 篇，机械工程 103 篇，政治法律 103 篇。

在维普收录的政治法律学科类下的论文中涉及证据可信性方面的有 11 篇论文。其中 4 篇论文探讨了言词证据或证人证言的证据可信性问题，由于证人所提供证言中不可避免地带有主观性，存在的不可靠因素，言词证据提供者可能是因为观察、表达有误，也可能是违背内心真实的信念导致言词证据偏离案件事实，法庭易对证人证言的可信性提出质疑，降低法庭事实认定者对该证言证明力的评价，而证人的诚实性、客观性以及观察的灵敏性等是言词证据可信

---

[1] Zedeh L. "Fuzzy Sets". *Information and Control*, 1965, Vol. 8, No. 3, pp. 383-353.

[2] Liu B. *Uncertainty Theory：An Introduction to Its Axiomatic Foundation*. Berlin：Springer-verlag, 2004.

[3] Liu B, Liu Y. "Expected Value of Fuzzy Variable and Fuzzy Expected Value Models." *IEEE Transactions on Fuzzy Systems*, 2002, Vol. 10, No. 4, pp. 445-450.

性的主要来源和评价指标。①

其他关于证据可信性方面的论文有《刑事诉讼证据真实性的理性辨思——以新刑事诉讼法为背景的探讨》,该文作者借鉴英美法系证据制度中的"可信性(Credibility)",提出了评价有型证据的可信性需着重审查3个重要属性:真实性(Authenticity)、准确性/灵敏度(Accuracy/Sensitivity)以及可靠性(Reliability)。② 在《即时通讯记录作为证据的司法认定研究》一文中,作者提出了对证据可采性、可信性需要通过稳定性证据规则的方式实施实质规制,针对证据的真实性、关联性、合法性及证明力须构建和完善鉴真规则、辨识规则、最佳证据规则、证明力优先规则。③ 西北政法大学程军伟教授在《笔迹鉴定相关理论问题的考量》一文中提出不能因为司法鉴定结论是具有专门知识的人依据科学原理作出的结论性意见,并认为其科学可靠性无可置疑,无须审查即可以采信。只要是人作出的,任何司法鉴定意见都具有一定程度的主观性,要让司法鉴定意见发挥应有的证据效用,则要保障其可靠性和可信性。④ 四川大学张斌教授将待证的案件事实与证据资料之间的联系性称为证据资料的可信性,证据资料对待证的案件事实有多大的证明力,也就是证明力的大小只能依靠法官的经验和理性。庭审中法官不得不对证据资料的可信性行使自由裁量权,证据资料的可信性就是法官根据经验和理性进行评估和判断的过程。⑤

就电子数据可信性研究领域而言,中国刑事警察学院罗文华教授等人分析了"快播涉黄案"司法鉴定意见的可信度及法庭采信问题后,提出了一种以案件类型或证据源为特征建立的指标体系,并以似然率与贝叶斯决策方法制定

---

① 杨宁芳:《试论言词证据的逻辑结构及其适应价值》,载《湖北大学学报(哲学社会科学版)》2017年第2期;汪诸豪:《美国法中基于品格证据的证人弹劾》,载《比较法研究》2015年第2期;李峰:《证人调查:民事庭外作证的立法向度》,载《法律科学(西北政法大学学报)》2017年第1期;牟绿叶:《弹劾证据规则的中国模式——以弹劾侦查人员的证言为切入点的分析》,载《暨南学报(哲学社会科学版)》2014年第1期。

② 李璐:《刑事诉讼证据真实性的理性辨思——以新刑事诉讼法为背景的探讨》,载《福建警察学院学报》2014年第1期。

③ 陈浩:《即时通讯记录作为证据的司法认证研究》,载《证据科学》2017年第1期。

④ 程军伟:《笔迹鉴定相关理论问题的考量》,载《中国司法鉴定》2011年第3期。

⑤ 张斌:《证据概念的学科分析——法学、哲学、科学的视角》,载《法学研究》2013年第1期。

了证据评价的解决方案。① 南京邮电大学孙国梓教授等人提出了一种基于可信概率的电子数据取证有效性模型，利用"可信度+数据源+取证规则"作为对所得证据的有效性说明，为取证动态取证行为的可信提供理论基础。② 中国人民公安大学赵志岩博士提出了一种将刑事案件中的证据链概念引入到电子数据领域，通过一定的规律构建电子数据链的证据链，然后推理判断证据链中所包含的电子数据之间的关联性和一致性，根据制定的规则判断电子数据的可信性，即电子数据没有被恶意篡改和伪造的解决方案。③

（二）电子数据可信性理论提出

可信性理论和方法在不同的领域得到了应用，国内学者们从不同的角度对可信性进行了不同程度的阐述，但是鲜有文献对可信性作出定义和概括。如果将相信目标实体的主体称为信任者，将受到信任的实体称为受信者，可信是信任者与受信者之间的一种信任关系，可信性可以理解是信任者与受信者之间的一种信任关系，在具体的不同的领域中，信任定义存在着很大差别。信任是通过信任关系实现的，没有信任关系，信任也就毫无意义。信任关系是两个实体之间的一种关系，即它是信任者与受信者之间的捆绑或关联，两者之间每一种关系都有一个表示在特定内容下信任关系的关联程度或信任值（表示信任程度）。这种信任关系深刻影响着信任者如何作出决定。基于信任，信任者可以放心地接收受信者所提供的信息。可信最终是在信任者的头脑中建立起来的认识，可信性越高，信任者更易于接受受信者，可信性是信任者对受信者是否可信，可信的程度有多大的一种内心评价。信任关系与受信者诚实、真实、能力、可靠性等属性有直接关联。

什么是电子数据可信性呢？笔者认为电子数据可信性是电子数据的信任者对电子数据的受信者行为结果的可预测性和可控性，电子数据可信性度指的是受信者在实现给定目标时其行为如信任者所预期结果的内心评价值和相信值。

首先，不同于物理空间的证据，电子数据存在于虚拟空间，电子数据本质上是"0"和"1"的二进制形式存储于电子设备或载体之中，无法为人眼或

---

① 罗文华、孙道宁、赵力：《电子数据证据评价问题研究》，载《河北法学》2017年第12期。
② 孙国梓、耿伟明、陈丹伟、申涛：《基于可信概率的电子数据取证有效性模型》，载《计算机学报》2011年第7期。
③ 赵志岩、石文昌：《基于证据链的电子证据可信性分析》，载《计算机科学》2016年第7期。

人耳所感知，信息的真假，难以辨识；其次，人们要理解这些信息，则需要借助特殊的手段或借助特定的工具来获取这些信息，经过转换并以特殊的文件格式输出，这个过程涉及电子数据的固定、提取和存储和传递，受信者的对象众多，涉及取证主体的评价、取证程序的评价、取证工具和设备的评价等；最后，在证据的分析阶段，分析过程和分析结果的可靠性难以保证。在现实社会中，信任者与受信者之间的信任关系可以通过人际交流（面对面的会见等方式）的方式以及别人推荐的方式来判断和评估确立，但在电子数据虚拟空间中，如何判定受信者是否就是信任者想要得到的，已不像物理空间中那样直观和可靠，信任者与受信者之间信任关系的建立处于一种复杂状态。

三、电子数据可信性与其他属性关系

（一）电子数据可信性的属性分析

1. 与涉及的内容相关性

受信者可以是机构，如电子数据司法鉴定机构；受信者可以是人，如电子数据的取证人员、嫌疑人等；受信者也可以是物，如电子设备或载体、电子数据、取证过程中的管理记录、取证设备、取证软件以及一些程序算法等。信任者选择相信受信者是在特定的内容环境下选择相信，例如，嫌疑人 B 通过网站 A 进行网络传销，由于受信者 B 的技术知识缺乏和能力不足的原因，相信 B 会浏览该网站进行简要的数据统计，但不太相信 B 会管理网站 A 的后台数据库或开发设计该网站。

2. 传递性

可信性可以从一个实体传到另一个实体，例如哈希算法将任意长度的二进制值映射为固定长度的较小二进制值，如果散列一段明文而且哪怕只更改该段落的一个字母，随后的哈希都将产生不同的值。要找到散列为同一个值的两个不同的输入，在计算上是不可能的。[1] 因为信任哈希算法，所以若电子数据在取证过程中的哈希值没有变化，则相信该电子数据在取证过中没有被篡改过而信任该电子数据的真实性。

3. 多边性

信任者与受信者之间不是简单的 A 与 B 就某个内容上的关系，常常是信

---

[1] 刘哲玮：《民事电子证据：从法条独立到实质独立》，载《证据科学》2015 年第 6 期。

任者与受信者之间、受信者与受信者之间的多边关系，可能的组合是多种多样的，有时还会出现多级链接的信任关系，这些信任关系可能具有一对一、一对多、多对多、多对一的表现形式。例如，取证分析者作为信任者可能对作为受信者的电子数据源是否受到了污染，或者说该电子数据源的可靠性程度多大需要可信的判断，与此同时作为信任者的法官对作为受信者的取证人员的服务能力需要建立信任关系，表现为对取证人员的资质和能力是否信任，对取证人员进行证据分析时的可靠性和诚实度等的信任。

（二）与可靠性真实性等关系

1. 与可靠性关系

可靠性通常是指产品的能力，它包含产品、规定条件、规定时间、规定功能和概率（测度）5项要求。随着可靠性研究的进展，可靠性的研究范围和研究内容不断扩展，相继出现了各种可靠性的定义。① 电子数据取证中的各种破坏性因素（如人为或自然因素对电子证据源的污染等）是电子数据的规定条件，电子数据的规定功能是向法庭提供符合要求的证据，因此，电子数据可靠性可以认为是反映电子数据取证过程中，在各种破坏性因素共存的情况下，对提供给符合法庭要求的证据需求的满足程度。常见的电子数据可靠性包括：电子数据来源的可靠性②、电子数据分析方法的科学可靠性、电子数据取证主体的可靠性等。

电子数据的可靠性与可信性是高度统一的，可靠性有助于可信性的建立和维持，可信性有助于提高可靠性。例如，电子数据司法鉴定意见是具有专门知识的人依据科学原理作出的结论性意见，因为其科学可靠性无可置疑，有人便认为应直接予以采信，实质上是不妥的。电子数据司法鉴定意见因主客观的原因也有发生错误的可能，如鉴定分析的取证工具是否先进，鉴定方法是否科学，鉴定过程是否存在偶然或恶意的干扰，鉴定人的业务水平等，都会影响电子数据司法鉴定意见的正确性，电子数据司法鉴定意见要可信地被法庭采纳，必须从以上各个方面保证鉴定意见的科学可靠性。只有鉴定意见是科学可靠的，才能提高鉴定意见的可信度。

---

① 可靠性定义是指产品在规定的条件下和规定时间内完成规定内容的能力。参见张学渊，梁雄健：《关于通信网可靠性定义的探讨》，载《北京邮电大学学报》1997年第2期。

② 即使同种来源的电子证据，也可能因各种原因而具有不同的证明力。

2. 与真实性关系

由于电子数据及其电子数据依附的环境容易受到破坏，人的肉眼是无法识别产生、传输、修改和储存中的电子信息，电子数据真实性成为了事实上电子数据证据材料的灵魂，成为法庭乃至整个司法实践系统关注的重中之重。电子数据真实性就是检验所提供电子数据不是伪造的或假冒的，电子数据真实性往往与电子数据完整性紧密联系，电子数据完整性就是检验电子数据在递送或存储过程中未被篡改、损坏等。

司法实践中，对电子数据真实性完整性的判断出现过书证化的电子数据形式，采用公证方式的形式等。电子数据的书证化，其本质也是原始数据形态的复本，不是原始数据形态的原件，另外书证化的电子数据只能反映该复本文件处于原始数据形态瞬时的状态，对于该电子数据原始数据形态的前后时的修改情况无法得到有效的解决。① 公证方式中传统公证是公证员在电脑旁边看见显示内容的交替更新而进行的公证行为，由于在传统公证中无法观察在公证过程中是否存在网络断线、黑客侵入、电子病毒发作等因素，因此也无法确保电子数据的内容是否真实、完整和全面。另外一种公证方式是近年来出现的网络公证，网络公证指由特定的网络公证机构利用计算机和互联网技术，对互联网上的电子身份、电子交易行为、数据文件等提供增强的认证和证明，以及证据保全、法律监督等公证行为②，但多用于知识产权案件、网络侵权案件的公证。

笔者认为技术性是电子数据特质，电子数据的真实性应当通过电子数据本身的特质来加以控制，电子数据是因技术产生，应当通过技术应用来证明电子数据是真实的、没有被更改过的，用来说明电子数据保持在原始状态。例如，在电子数据内容的真实性中可采用 Checksum（校验和），典型的应用为 CRC16、CRC32，可采用单向 Hash 算法，典型的应用为 SHA-1、MD5 等。例如，在硬盘取证中，先计算收集磁盘前 MD5 值，比较收集前后的文件的 MD5 值，这样可以用来表示证据收集过程没有改变数据。随着网络应用的普及，数字签名提供一种电子数据真实性验证的方式，它把电子数据对象的消息摘要与诸如"当前时间"这样的信息相结合，然后利用与某个人或某个小组的相关签名密钥对这些结合的信息进行加密，得出的加密块就是签名——表明电子数

---

① 刘哲玮：《民事电子证据：从法条独立到实质独立》，载《证据科学》2015 年第 6 期。

② 参见百度百科，https://baike.baidu.com/item/网络公证/12751979，2019 年 7 月 21 日访问。

据信息未被更改过（例如 MD5 值），证明电子数据对象什么时候被签名，谁执行的操作。①

电子数据真实性是可信性的基础，法官对电子数据真实性等加以判断，决定证据是否可采之后，进而才依次判断证据的证明力，真实性属于证据资格，或者属于适格证据判断的研究范畴。电子数据真实性是构建可信性的条件，司法实践中电子数据可信性常常首要的判断是电子数据真实性，特别是借助真实性技术应用来建立对电子数据真实性的判断，例如，电子商务认证中心，即 CA 认证中心给个人、企事业单位和政府机关签发数字证书——网上身份证，用来确认电子商务活动中各自身份的真实性，并通过加解密方法实现网上的安全的信息交互与安全交易。② 电子数据真实性和可信性又是相辅相成的，两者都是十分重要和不可或缺的。

第三节 可信电子数据取证研究

一、可信电子数据取证研究内容

（一）研究内容的问题提出

侦查阶段的证据材料要成为证据，必须要经过证据的取证、举证、质证和认证阶段。取证是为查明客观事实的证据收集过程，举证是客观事实再现的过程，质证是对客观事实审验、质疑、辩驳的过程，认证是对客观事实固定的过程，取证是举证的前提，举证是质证与认证的基础，质证则是举证和认证的关键，认证是举证和质证的结果。就电子数据而言，电子数据取证的好坏关乎后续证据举证、质证、认证的成败，影响着法庭是否采纳该电子数据，电子数据取证可信性问题是整个可信电子数据研究的重点和核心。

在电子数据取证过程中，不确定性因素的存在使得可能产生诸多的电子数据可信性问题。当应用电子数据重现犯罪活动时，每一个方面都可能存在不同程度的可信性问题。例如，电子数据来源是否可靠？用于证明犯罪的电子数据

---

① 刘志军：《电子证据完整性的几个关键技术研究》，武汉大学 2009 年博士学位论文。

② 刘立霞：《审查判断电子证据的真实性研究》，载《云南大学学报法学版》2003 年第 2 期。

散布在不同的地域，证据的收集是否完整？嫌疑人的 IP 地址是否真实非伪造的？收集的日志信息是否被篡改以及日志信息揭示的时间是否正确？证据是否按照规定程序进行收集？取证的主体是否符合要求？是否可能犯罪事件从未发生过，但电子数据经过伪造、篡改等活动错误地引导电子数据取证人员去进行证据分析？电子数据取证人员如果在证据的分析阶段不能解释错误，是否可能导致不正确的推理结论，等等。

由于电子数据作为证据关系到某一个人是否涉及牵连到犯罪或免于犯罪起诉，电子数据取证过程中的正确程度能否反映正确的犯罪事实，涉及犯罪嫌疑人的自由。电子数据取证过程中的诸多不确定因素使得法庭不得不去评估电子数据可信性问题：法官作为信任者对受信者电子数据是否可信，法官内心得到的度量值与真实环境中的数据和信息之间的近似程度评估。

（二）研究内容

何谓电子数据取证？通俗地讲，电子数据取证就是取证主体利用取证技术方法、取证工具，以符合取证标准及法律规范的方式对电子数据进行获取、保存、分析和出示的过程。从电子数据取证的概念中不难发现，电子数据取证涉及的影响因素有取证主体、取证技术、取证程序、取证工具、取证规范等。因此，可信的电子数据取证需要适格的调查主体，遵循法定程序和取证标准规范，对涉案的电子数据以科学验证的技术方法和工具予以获取、识别、保存、传输、分析，才能最终使所得的电子数据能够为法庭采纳和采信。

1. 电子数据取证主体可信研究

通常取证主体随案件中举证责任分担的不同而不同，司法实践中取证主体主要包括法律授权的如公安司法机关等国家专门机关，以及法律赋予权利的当事人、律师等。取证主体需要具有法定资格性与专属性，一般来说，不具备法定资格的取证主体取证获取的证据是不具有证据能力的，在诉讼中应当以非法证据排除。

对于特殊的证据，由于证据性质的不同也会对取证主体有影响。电子数据具有技术性特征，侦查机关却又普遍缺少具备电子数据专业鉴定和证据分析能力的侦查人员，司法实践中对许多案件侦查取证、犯罪情节严重程度认定等方面需要依靠技术人员的参与或针对专门的问题需要一些鉴定机构提供电子数据司法鉴定意见。对于不具备法定资格的电子数据取证主体所获的电子数据是没有证据能力的，在司法实践中往往对这些不具备法定资格的取证主体需要进行"转化"，再重新去认定电子数据的资格性并作为证据使用。

与传统证据相比，电子数据的易失性、分散性等特征，学界有学者提出电子数据取证方式有：行政机关（司法机关）依其职权进行取证；公证机关（或电子数据司法鉴定机构）受委托进行的证据保全；代理律师依当事人委托代理权限进行取证；当事人自行取证或委托他人的取证等。因此，取证主体是否授权，取证主体的资质，以及取证过程中不具备法定资格的参与人员其专业能力、技能水平的可信程度判定等问题是电子数据取证主体可信研究需要关注的。

2. 电子数据取证程序可信研究

司法实践中，电子数据取证程序大致分为取证前的准备、现场勘查取证、实物的提取和扣押，以及鉴定分析几大环节。① 电子数据是基于现代信息技术所衍生的新型证据形式，其具有较强的技术性特征，司法实践中部分办案人员没有掌握电子数据取证的基本技能，其是否按照规范的程序性要求去操作，都会影响到法庭对所得的电子数据是否可信的判断。在司法实践中，由于侦查人员未做好对原始存储介质的管理记录，未将在现场收集的如手机等原始存储介质记录在扣押物品清单中，事后侦查人员又无法补正或作出合理解释，使得电子数据被排除也是偶有发生之事。

在虚拟空间犯罪的现场勘验中，是否邀请了一至两名与案件无关的公民作为见证人？侦查人员与证据检查人员是否分离？在实物的提取和扣押阶段，对于可用于证明犯罪嫌疑人有罪或者无罪的电子设备、存储介质和电子数据是否进行了适合的强制性扣押，尤其对于不可提取电子数据的原始载体是否采取了适合的处置方式等都是电子数据取证程序可信性方面需要考虑的问题。

3. 电子数据取证标准和技术规范可信研究

标准主要是对某一科学、技术、概念或经验的综合成果为基础制定的一种标准文件，规范主要是对某一类具体的事件（包括过程或服务）而制定的标准文件。SWGDE 在 1999 年 10 月在英国伦敦举办的国际高科技犯罪和法庭科学会议（IHCFC）中指出："为确保能够以一种安全的方式进行收集、保存、检验、传输并保障电子数据的准确性和可靠性，执法部门和取证机构必须建立和保持有效的质量体系，标准操作过程文件（SOP）应作为质量控制的指导方针，并制作相应的案件记录，采用被广泛接受的程序、仪器和材料进行检验。"② 电子数据准确性和可靠性一方面依赖于是否能应对最新的计算机信息

---

① 李娜：《电子证据取证程序研究》，载《河北公安警察职业学院学报》2017 年第 4 期。
② 何建波：《国内外电子数据取证标准规范研究》，载《保密科学技术》2016 年第 3 期。

技术，能够融合、采用最新的技术解决处理正在发生或即将发生的问题。另一方面依赖于如何规范化操作与发展，使获得的电子数据在法律体系下具有法律效力。

在我国，关于电子数据取证的标准和技术规范有4项国家标准，公安部制定的22项相关社会公安安全行业标准和技术规范，司法部制定的10项标准和技术规范，高检院发布的8项标准和技术规范。①② 总的来说，当前的电子数据取证标准体系缺乏统一规划，电子数据取证标准和技术规范的涵盖范围还不够全面。在标准和技术规范不全的情况下，取证过程中是否选择了对应的行业标准和技术规范；在未有明确的标准和技术规范的指导下，是否选择了得到认证或已被公开使用或得到同行认可的技术方法等是电子数据取证标准和技术规范可信方面需要考虑的问题。

4. 电子数据取证技术可信研究

知识产权组织把世界上所有能带来经济效益的科学知识都定义为技术，技术是关于某一领域有效的科学（理论和研究方法）的全部。③ 电子数据是随着技术发展而产生的，电子数据取证技术可以理解为是对电子设备或载体中可能涉案的电子数据进行发现、固定、提取、保全、检验分析和报告生成等操作过程中所采用的一切技术手段。从某种程度上说，电子数据取证工作几乎就是各种取证技术的具体应用。

电子数据本质上是"0"和"1"的二进制形式存储的字串，涉案的电子数据形式多样化，包括但不限于：网页、博客、微博客、朋友圈、贴吧、网盘、手机短信、电子邮件、即时通信、通信群组、用户注册信息、身份认证信息、电子交易记录、通信记录、登录日志、文档、图片、数字证书、计算机程序等电子文件。④ 这些电子数据的产生，以及电子数据的发现、固定、提取、保全、检验分析和报告生成等操作必须借助于计算科学与工程技术、存储技术和网络通信技术等。如何选择先进度、科学可靠度和成熟度的取证技术是影响取证结果之证据被采纳和采信的重要因素，也是对电子数据取证技术可信性本身进行考核和评估时需要考虑的重要方面。

---

① 郭弘：《电子数据取证标准体系综述》，载《计算机科学》2014年第10A期。
② 刘品新：《电子证据的关联性》，载《法学研究》2016年第6期。
③ 参见360百科，https://baike.so.com/doc/10043547-10543521.html，2019年11月17日访问。
④ 陈忠义：《论电子数据取证及其技术挑战》，载《计算机科学》2016年第B12期。

5. 电子数据取证工具可信研究

取证工具是取证技术的重要载体与集中体现，取证工具在涉及电子数据的案件中所起的作用是无可替代的。在传统证据研究中，较少讨论取证技术，因为取证技术与传统证据之间的相互影响力较小，但电子数据取证工作与取证工具是紧密相关的。① 在一定程度上来说，取证成功与否有很大一部分取决于取证人员使用的证据收集工具、证据保存工具和在鉴定分析证据时使用的工具。

在司法实践中，有些侦查取证人员采用专门的商用取证工具，但很多案件中仅仅使用专用的工具很难达到取证的目的，有相当多的案件同时需要使用一些非专用的工具，甚至是取证人员自行开发的相关取证工具。由于我国目前缺乏一定的取证工具评价机构去评估工具的可靠性，使得有时依靠一些取证工具取证得到的电子数据受到质疑。例如，在侵权案件中，当事人或公证处为了对互联网网页或网站内容的证据保全，需要使用一些屏幕录像软件如《屏幕录像专家》，但在使用这些软件进行证据保全的过程中，是临时从网络上搜索、下载、安装、使用这类软件的，所获得的电子数据在法庭上也常常受到质疑。

电子数据的内容阅读和理解依赖于一定的取证工具进行查阅，电子数据取证也需要一定的工具去实现，因此取证工具的可靠与否，对于是否准确全面收集了电子数据，是否正确分析了电子数据至关重要。正确和适合的取证工具选择是确保所获得的电子数据满足证据在法庭上被可信采纳和采信的重要环节。

二、可信电子数据取证规则

电子数据技术性特征使得电子数据具有易失性和易篡改性，也导致电子数据经常在法庭上遭到质疑。在司法证明的取证、举证、质证和认证四个环节中，电子数据取证的好坏直接关乎电子数据举证、质证、认证的成败，因此电子数据取证的可信性也成为司法实务中电子数据应用的重要保障。然而电子数据取证研究的内容多，包括取证主体、取证程序、取证标准、取证技术规范、取证技术等，且当前电子数据取证应用规则也不完备，如何提高电子数据取证的可信性，笔者认为应该把握如下运用规则。

第一条 可信电子数据取证是可信电子数据产生的直接因素和保障，也是电子数据举证、质证、认证的前提和基础，关乎后续证据举证、质证、认证的成败。

---

① 廖根为：《数字取证工具对电子数据证据的影响及法律规制》，载《计算机科学》2014年第B10期。

第二条 可信电子数据取证包括电子数据取证主体的可信、取证程序的可信、取证标准和技术规范的可信、取证技术方法可信、取证工具的可信。

第三条 电子数据取证主体具有法定资格性与专属性，主体的法定资格性与主体合法性是一致的。原则上应否定非法定主体所获证据的证据能力，应以非法证据排除。电子数据取证主体可信性还包括取证主体的资质和技能水平能力等可信判断。

第四条 电子数据取证程序是指取证行为的实施要符合法律规定方式和程序性规定。以取证前的准备、现场勘查取证、实物的提取和扣押，以及鉴定分析环节中是否采用合理的取证程序和法律规定的要求来评估判断电子数据取证程序的可信性。

第五条 电子数据取证标准和技术规范的可信性是电子数据的准确性和可靠性的重要保障。取证过程中是否选择对应的行业标准和技术规范，是否选择认证或已被公开使用或得到同行认可的技术方法是电子数据取证标准和技术规范可信性的重要评价内容。

第六条 电子数据取证技术贯穿整个电子数据取证工作。选择先进度、科学可靠度和成熟度的取证技术是电子数据取证技术可信性考核和评估的重要内容。

第七条 电子数据工具是相关电子数据取证技术的重要载体。电子数据取证工具的可信性包括取证工具的来源可靠性、取证工具的功能有效性、不同取证阶段取证工具使用的适合性等评价。

第三章 电子数据取证主体

证据具备合法性方具有证据的可采性，取证主体合法性是指收集、获取、固定、保全证据的主体要合法，取证主体合法性也被视为证据合法性的重要内容和三个要素之一。根据《中华人民共和国刑事诉讼法（2013年版）》的规定，取证主体主要包括法律授权的如公安司法机关等国家专门机关，以及法律赋予权利的当事人、律师等。

在司法实务中，电子数据的持有者和提供者呈现出复杂化和多元化特点，如自行收集固定电子数据的当事人，受委托申请电子数据公证的公证处，提供存储有涉案的关键电子数据的网络服务提供商，以及在电子商务、互联网金融、电子保单、电子医疗档案、版权保护等领域提供电子数据收集固定的第三方电子数据平台等。

相比传统的取证主体，电子数据取证主体呈现多元化特点，目前相关法规及司法解释没有出台对电子数据取证主体提供审查判断的指导意见。本章从学理上探讨如何合理客观评价电子数据取证主体，如何可信判断电子数据取证主体，以期对提高法官在司法裁量中对电子数据的采纳率，进而发挥电子数据的证明效力提供一定的借鉴作用。

第一节 取证主体分析

一、法律规定的取证主体

（一）取证主体合法性

在现代刑事诉讼立法和司法实务中，证据必须具备合法性方具有可采性、非法证据不得作为定案根据，几成共识，证据的合法性亦因此被视为证据的基本属性和特征之一。但是，关于证据合法性的确切内涵及其外延，理论上与实践中的认识却并不一致。在刑事司法领域，证据的合法性是指法定的主体进行证据的收集提取、固定、审查和判断必须符合法律规定的要求，证据的合法性要求主体要合法、证据形式要合法、证据收集方式要合法、证据的程序要合法。证据的主体合法是指形成证据的取证主体必须符合法律的要求，按照我国传统证据法理论观点，形成证据的主体主要是法定的司法人员，侦查人员、检察人员、审判人员具有取证主体资格，其他单位和个人不具备主体资格，其所获得的证据不具有证据资格性，取得的证据被视为非法证据。基于此，我国司法实务中对于刑事司法机关及其工作人员之外的其他主体，诸如事业单位或企业公司的保安人员以及私人等所获之证据，一概否定其证据能力，并禁止其在刑事诉讼中直接作为证据使用。①

虽然在《中华人民共和国刑事诉讼法（2013年版）》上并无直接、明确的法律条文支撑取证主体合法性理论，但取证主体的合法性问题深刻影响到我国刑事司法实践。取证主体合法性理论在我国证据法学界因循已久，并且已确立起在理论和实务中的支配性地位，少有人质疑。如何认识取证主体呢？根据《中华人民共和国刑事诉讼法（2013年版）》的规定，我国刑事诉讼主体包括三大类②：一是国家专门机关，主要有公安机关、国家安全机关、人民检察院、人民法院、军队保卫部门和监狱，其中公安机关代表国家行使侦查权，检察院主要代表国家行使起诉权，法院主要代表国家行使审判权，监狱代表国家行使刑罚执行权。二是诉讼当事人，主要是指与诉讼进程和诉讼结果有直接关系的人，包括原告和被告、犯罪嫌疑人和被害人，以及自诉人。三是协助诉讼活动的参与人，包括辩护人、诉讼代理人律师、见证人、司法鉴定人员等。我国学者万毅指出依照《中华人民共和国刑事诉讼法（2013年版）》的相关规定，法律上明确赋予调查取证权的主体包括国家专门机关（侦查机关、检察机关、人民法院）、辩护人与诉讼代理人、刑事自诉案件中的自诉人和被告人，除此之外，其他机关和个人均非调查取证权之法定主体。③

根据法律对刑事诉讼主体的权力和责任的相关规定，从"有权力"和"有权利"的角度看④，国家专门机关是法律授权的"有权力"取证主体，律师、公民、法人或其他组织是法律赋予权利"有权利"取证主体，也是诉讼

---

① 万毅：《取证主体合法性理论批判》，载《江苏行政学院学报》2010年第5期。
② 参见《中华人民共和国刑事诉讼法（2013年版）》。
③ 万毅：《证据"转化"规则批判》，载《政治与法律》2011年第1期。
④ 谢丹、王兆衡：《试述刑事诉讼取证主体的范围及立法完善》，载《齐齐哈尔大学学报（哲学社会科学版）》2011年第4期。

参与人。

(二) 刑事诉讼法规定的取证主体类型

根据《中华人民共和国刑事诉讼法（2013年版）》的有关规定，取证主体主要有以下几类。

1. 侦查机关

侦查机关是指代表国家对犯罪案件依法行使侦查权的专门机关，在刑事诉讼中，公安机关、人民检察院、国家安全机关、军队保卫部门和监狱等是我国主要的侦查机关。对于公诉型刑事案件，取证主体是上述的侦查机关并行使侦查取证权，公安机关作为取证主体负责侦查取证其中的大多数案件。同时法律规定人民法院不需要经过公安机关或者人民检察院可以直接受理并立案侦查少数刑事案件，《中华人民共和国刑事诉讼法（2013年版）》第18条第3款规定①的这类刑事案件是自诉案件，这种情况下取证的主体是人民法院。

2. 检察机关

人民检察院是法律监督机关，在刑事诉讼中主要代表国家行使起诉权。《中华人民共和国刑事诉讼法（2013年版）》第18条②规定人民检察院可以对一些刑事案件开展立案侦查，这些案件中人民检察院就是取证的主体。对于非自诉的其他公诉案件，检察机关在审查起诉阶段可以作为取证主体负责侦查取证。在审查起诉阶段，人民检察院发现某刑事案件中存在证据不足，或者案件事实不清楚，人民检察院可以将案件退回给原侦查机关补充侦查，或者人民检察院自行补充侦查。对于检察机关退回补充侦查的案件，如果退回的案件是公安机关立案侦查的案件，其取证主体依然是公安机关，如果是检察机关自侦的案件退回，其取证主体是检察机关，也就是说检察机关不能将受理的自侦案件退给公安机关补充侦查，否则将出现取证主体不当情况。

---

① 《中华人民共和国刑事诉讼法（2013年版）》第170条规定的自诉案件包括以下三个类型：被害人起诉的案件；被害人有证据证明的轻微的刑事案件；被害人有证据证明对被告人侵犯自己人身、财产权利的行为应当依法追究刑事责任，而公安机关或者人民检察院已作出不予追究的书面决定的案件。

② 《中华人民共和国刑事诉讼法（2013年版）》第18条规定："贪污贿赂犯罪，国家工作人员的渎职犯罪，国家机关工作人员利用职权实施的非法拘禁、刑讯逼供、报复陷害、非法搜查的侵犯公民人身权利的犯罪以及侵犯公民民主权利的犯罪，由人民检察院立案侦查。对于国家机关工作人员利用职权实施的其他重大的犯罪案件，需要由人民检察院直接受理的时候，经省级以上人民检察院决定，可以由人民检察院立案侦查。"

当案件已经进入了审判阶段，涉及补充取证时，检察机关不能将案件退回给公安机关补充侦查，案件只能自行侦查，但必要时可以让公安机关协助，这种情况下，检察机关就是合法的取证主体。

3. 人民法院

人民法院负责案件的审判工作，代表国家行使审判权。但是我国的法律规定人民法院有一定的作为取证主体的取证权。《中华人民共和国刑事诉讼法（2013 年版）》第 18 条第 3 款①规定人民法院有一定的自诉案件的取证权，《中华人民共和国刑事诉讼法（2013 年版）》第 50 条规定审判人员有权收集犯罪嫌疑人、被告人，但必须依照法定程序②；《中华人民共和国刑事诉讼法（2013 年版）》第 52 条规定人民法院有权向有关单位和个人收集、调取证据③；《中华人民共和国刑事诉讼法（2013 年版）》第 191 条规定在案件法庭审理过程中，如果对证据有疑问，可以对证据进行调查核实，同时在调查核实证据时，可以采用一些技术措施如勘验、检查、查封、扣押、鉴定和查询、冻结。④

4. 当事人

"当事人"是指被害人、自诉人、犯罪嫌疑人、被告人、附带民事诉讼的原告人和被告人。刑事诉讼法赋予了当事人一系列诉讼权利，如《中华人民共和国刑事诉讼法（2013 年版）》第 56 条就指出当事人及其辩护人、诉讼代理人有权申请人民法院对以非法方法收集的证据依法予以排除。申请排除以非法方法收集的证据的，应当提供相关线索或者材料。⑤ 这意味着原告举证责任

---

① 参见《中华人民共和国刑事诉讼法（2013 年版）》第 18 条规定。

② 《中华人民共和国刑事诉讼法（2013 年版）》第 50 条规定："审判人员、检察人员、侦查人员必须依照法定程序，收集能够证实犯罪嫌疑人、被告人有罪或者无罪、犯罪情节轻重的各种证据。"

③ 《中华人民共和国刑事诉讼法（2013 年版）》第 52 条规定："人民法院、人民检察院和公安机关有权向有关单位和个人收集、调取证据。有关单位和个人应当如实提供证据。"

④ 《中华人民共和国刑事诉讼法（2013 年版）》第 191 条规定："法庭审理过程中，合议庭对证据有疑问的，可以宣布休庭，对证据进行调查核实。人民法院调查核实证据，可以进行勘验、检查、查封、扣押、鉴定和查询、冻结。"

⑤ 《中华人民共和国刑事诉讼法（2013 年版）》第 56 条规定："法庭审理过程中，审判人员认为可能存在本法第五十四条规定的以非法方法收集证据情形的，应当对证据收集的合法性进行法庭调查。当事人及其辩护人、诉讼代理人有权申请人民法院对以非法方法收集的证据依法予以排除。申请排除以非法方法收集的证据的，应当提供相关线索或者材料。"

完成，作为当事人的被告应该提供相反证据去证明其是非法方法收集的证据，在此情形下，当事人就是提供证据的取证主体。

诉讼权利是一种基础性权利，但是在《中华人民共和国刑事诉讼法（2013年版）》中没有进一步明确规定当事人作为取证主体的权力。例如，通过某种渠道当事人获取了有利于自己的证据材料，那么这些证据材料是否具有证据的资格，涉及的取证主体是否合法等问题在当前的法律中没有明确的条款规定和司法解释。

5. 辩护人

《中华人民共和国刑事诉讼法（2013年版）》第32条的规定明确了犯罪嫌疑人、被告人除自己行使辩护权以外，法律还明文规定可以被委托成为辩护的人包括：律师，人民团体或者犯罪嫌疑人、被告人所在单位推荐的人，犯罪嫌疑人、被告人的监护人、亲友。① 《中华人民共和国刑事诉讼法（2013年版）》第33条规定犯罪嫌疑人在侦查期间，只能委托律师作为辩护人，被告人有权随时委托辩护人。② 《中华人民共和国刑事诉讼法（2013年版）》第41条规定指出辩护律师经证人或者其他有关单位和个人同意，可以向他们收集与本案有关的材料。③ 在此情形下，律师就是提供证据的取证主体。

从以上规定可以看出，一方面，辩护人将收集到的特定证据应当有义务及时告知向公安机关、人民检察院。另一个方面也反映了辩护人在侦查阶段有一定的调查取证权。在学术上有学者认为既然法律上规定了辩护律师是可以作为合法的取证主体，那么辩护律师收集的材料和法律规定的法定取证主体收集的证据材料两者并没有实质上的区别，只要尚未被法院定案根据的，都属于证据

---

① 《中华人民共和国刑事诉讼法（2013年版）》第32条规定："犯罪嫌疑人、被告人除自己行使辩护权以外，还可以委托一至二人作为辩护人。下列的人可以被委托为辩护人：

（一）律师；

（二）人民团体或者犯罪嫌疑人、被告人所在单位推荐的人；

（三）犯罪嫌疑人、被告人的监护人、亲友。"

② 《中华人民共和国刑事诉讼法（2013年版）》第33条规定："犯罪嫌疑人自被侦查机关第一次讯问或者采取强制措施之日起，有权委托辩护人；在侦查期间，只能委托律师作为辩护人。被告人有权随时委托辩护人。"

③ 《中华人民共和国刑事诉讼法（2013年版）》第41条规定："辩护律师经证人或者其他有关单位和个人同意，可以向他们收集与本案有关的材料，也可以申请人民检察院、人民法院收集、调取证据，或者申请人民法院通知证人出庭作证。"

材料。①

二、学理上电子数据的取证主体

(一) 电子数据取证主体多元化

计算机、互联网的普及以及电子政务、电子商务的快速发展,大多数人对无纸化办公、电子化的商务活动等普遍接受,这种现实在司法审判上的反映就是电子数据已逐渐成为案件审判中最为常见的证据类型。在电子商务、互联网金融、证券远程开户、电子保单、电子医疗档案、电子合同、知识版权保护等领域,一旦在这些应用领域发生纠纷,电子数据就会被提及和送交到法庭,而且涉及的电子数据种类也繁多,有数码照片、计算机软件、电子邮件、微博信息、微信信息、QQ聊天记录、手机短信、网页、域名、电子合同、电子订单、电子签名、网络多媒体视频、网站后台管理数据等。

电子数据分散在网络、若干计算机系统、电子设备中,一旦犯罪嫌疑人有所警觉或者感受到异常时,依附在网络、计算机系统、电子设备中的电子数据很有可能被迅速删除、转移。另外,电子数据及其依附的环境容易遭到人为有意或无意地因某种原因的破坏或修改,要想迅速地、全部地收集电子数据显得非常困难。在刑事案件的侦查取证中,由于电子数据的这些技术性原因,仅依靠国家专门机关如侦查机关作为取证主体采取传统的搜查、扣押等取证方式已不再适合。

实际上,在当前的司法实践中电子数据的提供者越来越多,其采取提交证据的方式也多样化。例如,当事人自行收集固定电子数据如网页,直接打印提交给法庭;申请公证处进行公证,制成公证书;当事人聘请民间技术高手获取关键的电子数据;利用第三方电子数据平台收集、固定电子数据等。因此,面对司法实践中这些具体问题,有学者提出电子数据的取证主体也应呈现多元化的特点,即实施电子数据取证的主体不能局限于某些特殊的群体。无论是侦查人员、司法人员、行政执法人员、诉讼各方当事人及其律师,还是网络服务提供商、民间技术专家等,皆有可能成为电子数据取证主体。②

---

① 谢丹、王兆衡:《试述刑事诉讼取证主体的范围及立法完善》,载《齐齐哈尔大学学报(哲学社会科学版)》2011年第4期。

② 刘品新著:《电子取证的法律规制》,中国法制出版社2010年版,第5页。

(二) 电子数据取证主体种类

电子数据取证主体除了刑诉法等法律规定的取证主体外，从电子数据的提供者和持有者的角度看，电子数据取证主体还包括：网络服务提供商、电子数据司法鉴定人员、专业技术人员、第三方电子数据平台等。

1. 网络服务提供商

网络服务提供商指的是给用户提供 Internet 接入服务和 Internet 内容提供服务的运营商。运营商通过空间出租、服务器托管等方式提供 Internet 的接入服务，因此对于电子数据取证而言，运营商可以提供上网用户的账号、上网时间段、域名等信息。Internet 内容提供是运营商给广大用户提供互联网信息业务服务，如网上浏览、收发电子邮件服务、聊天、讨论组和其他终端用户应用服务。

传统搜查主要由侦查人员实施，第三方通常起到见证的作用，电子数据取证则不同，很多时候取证工作离不开作为第三方的网络服务提供商的支持和参与，尤其涉及网络犯罪案件的侦查取证工作。因为很多涉网的案件中，电子数据通常经由网络服务提供商保管，而侦查人员亲自搜查将增加搜查时间，而且严重影响被搜查单位的正常工作程序。①

2. 电子数据司法鉴定人员

电子数据鉴定是由专门的鉴定机构的鉴定人或者具有专门知识的人，就具体的专门性问题运用专业的知识，对计算机设备、网络设备、视听设备、数控设备等各种存储介质及其所存储的数据，选择特定仪器设备，选择科学的技术方法，按照技术规范，对电子数据进行发现、提取、检查、验证、鉴别、判定并出具鉴定意见的过程。②

电子数据同传统证据相比，人既无法用肉眼看出电子数据是否属实，通常也不能从电子数据本身入手判断其是否属实。很多案件中相关的电子数据都是不完整的，比如，犯罪分子常常会人为地破坏记录数据的介质或直接删除与案件相关的数据。在案件侦查过程中，经常遇到数据被加密情况，常会让侦破工作一度陷入困境等。运用"从科学技术的角度帮助司法机关发现真实和确认证据"的电子数据司法鉴定也成为电子数据运用于诉讼活动的关键。因此，电子数据司法鉴定人员也理应成为电子数据取证主体组成的一个来源。

---

① 刘品新著：《电子取证的法律规制》，中国法制出版社2010年版，第47页。
② 刘品新著：《电子取证的法律规制》，中国法制出版社2010年版，第95页。

3. 专业技术人员

随着对涉计算机犯罪打击的力度加大，犯罪分子更加谨慎，也慢慢学会了一些反侦察、反取证技术，硬盘加密、系统加密和虚拟机就是当前比较难解决的取证技术问题。碰到这类高技术犯罪分子的时候，对于侦查人员来讲，具有一定的挑战性，有时需要专业技术人员的参与。

这里的专业技术人员是指能胜任具体案件办理、具有相关电子知识和电子技术的专业技术人员。诸如面对网络取证、秘密取证、特殊取证等高科技含量的技术时，电子数据的收集可能需要借助专业的技术人员来协助。

4. 第三方电子数据平台

第三方电子数据平台是指利用技术手段为当事人提供电子证据收集和固定服务的平台，对收集固定的电子证据能提供没有被篡改以及收集固定该电子证据的时间的证明。第三方电子数据平台固定电子证据的方式为当事人提供了一种收集固定电子证据的新途径和方法，并且依靠第三方的技术手段在一定程度上能够避免当事人自行采集电子证据的随意性强、可信性低等问题，在司法实践中具有重要的意义。例如，作为第三方电子数据平台的杭州安存网络科技科技有限公司提出了"一站式语音、邮件、交易凭证、数字作品及侵权取证的数据保全公正解决方案"、厦门市美亚柏科信息股份有限公司旗下中证司法鉴定中心推出了"存证云"、北京联合信息技术服务有限公司提供的是名为"可信时间戳"的电子数据平台、杭州天谷信息技术有限公司提供的是名为"e签宝"的电子签名服务平台、国信嘉宁数据技术有限公司基于其运营的"国信电子数据保全平台"、真相网络科技（北京）有限公司基于区块链接及人工智能技术推出了端到端的全方位数据法治开放式云平台IP360。[①]

作为专门从事电子数据收集、固定服务的第三方机构，如果电子数据收集和固定保全的具体行为由当事人操作实施，第三方电子数据平台可以被看作一种取证工具、取证手段或取证服务。如果第三方电子数据平台接受当事人的申请，由第三方电子数据平台采取具体技术手段去操作电子数据收集和固定保全，则第三方电子数据平台可看作电子数据的提供者，成为电子数据的收集主体。

---

① 参见《第三方电子数据平台固定电子证据的调查研究（上）》，载搜狐网，http：//www.sohu.com/a/162395457_505860，2019年11月12日访问。

第二节　电子数据取证主体的若干法律规定

一、《刑事诉讼法》规定下电子数据取证主体的若干规定

取证、举证、质证和认证是司法证明的四个基本环节,是在诉讼过程中围绕证据展开的各个环节。举证是案件真实情况再现的过程,质证是对案件真实情况审验、质疑、辩驳的过程,认证是对案件真实情况固定的过程。取证是对案件真实情况的数据信息收集过程,是司法证明的四个基本环节的首要环节。取证可以被认为是取证主体为了查明案件事实,按照法定程序和方法,发现、提取和固定证据的一种行为。

就电子数据取证而言,从司法实务角度看,取证主体是对电子数据作为诉讼证据时进行依法定程序、方法收集固定数据信息的操作者。从技术和法律角度看,取证主体是一个在不同技术阶段的取证实施者。[1]

（一）取证主体资格性的规定

1. 刑诉案件中法定的取证主体资格规定[2]

《中华人民共和国刑事诉讼法（2013年版）》中对案件取证权有相关规定,其中第3条规定:"对刑事案件的侦查、拘留、执行逮捕、预审,由公安机关负责。检察、批准逮捕、检察机关直接受理的案件的侦查、提起公诉,由人民检察院负责。审判由人民法院负责。除法律特别规定的以外,其他任何机关、团体和个人都无权行使这些权力。"[3] 依据该规定要求,除了法律特别的规定外,电子数据取证主体限于法定司法人员。

---

[1] DFRWS框架将取证分为如下六大类:识别类（Identification）、保存类（Preservation）、收集类（Colletion）、检查类（Examination）、分析类（Anlysis）、呈堂类（Presentation）。参见 Gary Palmer. *A Road Map for Digital Forensic Research*. Technical Report DTRT0010-01, DFRWS, November 2001, pp. 15-20。注明:依DFRWS取证分类看电子数据司法实践,电子数据取证则是取证主体对数字犯罪现场的勘察、取证主体对电子设备或电子数据的扣押、取证主体的搜查、取证主体对取得的数据进行备份、取证主体对电子数据的检验分析或鉴定,以及取证主体科学评判电子数据的鉴定意见或技术报告等的过程取证。

[2] 我国《刑事诉讼法》2012年修改时将电子数据增加成为一种新的证据类型,新刑诉法对取证主体的相关规定同样有效于电子证据。

[3] 参见《中华人民共和国刑事诉讼法（2013年版）》第3条规定。

2. 辩护律师的取证主体资格规定

辩护律师在侦查阶段有一定的调查取证权，《中华人民共和国刑事诉讼法（2013年版）》第41条规定："辩护律师经证人或者其他有关单位和个人同意，可以向他们收集与本案有关的材料，也可以申请人民检察院、人民法院收集、调取证据，或者申请人民法院通知证人出庭作证。"① 从以上规定可看出，辩护律师经人民检察院或者人民法院许可，并且经被害人或者其近亲属、被害人提供的证人同意，可以收集与本案有关的证据材料。

3. 当事人的取证主体资格规定

《中华人民共和国刑事诉讼法（2013年版）》第49条规定："公诉案件中被告人有罪的举证责任由人民检察院承担，自诉案件中被告人有罪的举证责任由自诉人承担。"②《中华人民共和国刑事诉讼法（2013年版）》第56条第2款规定："当事人及其辩护人、诉讼代理人有权申请人民法院对以非法方法收集的证据依法予以排除。申请排除以非法方法收集的证据的，应当提供相关线索或者材料。"③ 在自诉案件中，或在法庭审理过程中，当事人有权提供线索或者材料，这些规定也表明当事人有一定的取证主体资格。

4. 第三方的取证主体资格性

对于电子证据而言，第三方如ISP、ICP有义务和责任作为取证主体提供相应的电子证据。《中华人民共和国刑事诉讼法（2013年版）》第52条规定："人民法院、人民检察院和公安机关有权向有关单位和个人收集、调取证据。有关单位和个人应当如实提供证据。"④

5. 行政机关的取证主体资格性

依照法律和相关司法解释的规定，纪检监察部门和行政执法机关在办理违纪和行政违法案件中，如果发现涉嫌犯罪的，应当将案件移送公安司法机关处理，相关证据材料也应当一并移送公安司法机关。但问题是，纪检监察部门和行政执法机关所获取的电子数据材料可否在后续的刑事诉讼程序中直接作为证据使用呢？这是前期一个长期困扰司法实践的疑难问题。《中华人民共和国刑事诉讼法（2013年版）》第52条第2款规定："行政机关在行政执法和查办案件过程中收集的物证、书证、视听资料、电子数据等证据材料，在刑事诉讼

---

① 参见《中华人民共和国刑事诉讼法（2013年版）》第41条规定。
② 参见《中华人民共和国刑事诉讼法（2013年版）》第49条规定。
③ 参见《中华人民共和国刑事诉讼法（2013年版）》第56条规定。
④ 参见《中华人民共和国刑事诉讼法（2013年版）》第52条第1款规定。

中可以作为证据使用。"① 据此，行政执法机关在行政执法过程中所收集的证据材料自始就具有证据能力，无须再经过所谓证据"转化"即可作为定案根据。

（二）侦查阶段中电子数据取证主体的规定

在整个案件的侦查阶段，证据收集的主体是侦查人员。但是电子数据具有技术性特征，在侦查机关取证技术力量不足的情况下，《中华人民共和国刑事诉讼法（2013年版）》对侦查阶段取证主体的若干规定可以适用于电子数据取证主体。

1. 非司法领域技术人员作为取证主体的规定

在电子数据的现场勘查阶段，《中华人民共和国刑事诉讼法（2013年版）》第126条规定②中指出在需要的时候，可以聘请具有专门知识的人参与案件的现场勘查，但是需要在侦查人员的主持下。该项规定对电子数据取证同样适用，在侦查机关的电子数据取证技术力量不足的情况下，取证的工作需要借助非司法领域的技术人员。但是由于这部分技术人员的法律意识和水平相对较弱，从严谨性角度客观上需要对技术人员提出更高的要求，也需要在侦查人员的主持下完成。

电子数据取证存在着如远程取证勘验特殊的取证行为，更加需要专业的技术人员的技术支持，《中华人民共和国刑事诉讼法（2013年版）》第133条规定指出在严格的审批程序后可以请参加实验的人参与侦查实验，但需参加实验的人签名或盖章。③

2. 网络服务提供商作为取证主体的规定

在电子数据的扣押阶段，《中华人民共和国刑事诉讼法（2013年版）》第139条和第141条规定了扣押的主体是侦查人员，但涉及网络证据时，经过严格的审批程序后，第三方如网络服务提供商可以进行电子数据的扣押，如第141条规定："侦查人员认为需要扣押犯罪嫌疑人的邮件、电报的时候，经公

---

① 参见《中华人民共和国刑事诉讼法（2013年版）》第52条第2款规定。
② 《中华人民共和国刑事诉讼法（2013年版）》第126条规定："侦查人员对于与犯罪有关的场所、物品、人身、尸体应当进行勘验或者检查。在必要的时候，可以指派或者聘请具有专门知识的人，在侦查人员的主持下进行勘验、检查。"
③ 《中华人民共和国刑事诉讼法（2013年版）》第133条规定："为了查明案情，在必要的时候，经公安机关负责人批准，可以进行侦查实验。侦查实验的情况应当写成笔录，由参加实验的人签名或者盖章。"

安机关或者人民检察院批准,即可通知邮电机关将有关的邮件、电报检交扣押。"①

3. 电子数据鉴定人员作为取证主体的规定

一些网络犯罪案件,其犯罪的人员组织结构、资金的往来、利益的分配等都在网络上进行,如何进行案件的定性判断,以及案件中的数据分析等专门性问题,依赖侦查机关的技术力量,有时显得力不从心。《中华人民共和国刑事诉讼法(2013年版)》第144条规定中指出,对于一些专门性的问题,可以聘请有专门的知识的鉴定进行证据的分析和鉴定。②

4. 其他人员作为取证主体的规定

《中华人民共和国刑事诉讼法(2013年版)》第135条规定:"任何单位和个人,有义务按照人民检察院和公安机关的要求,交出可以证明犯罪嫌疑人有罪或者无罪的物证、书证、视听资料等证据。"③

在技术侦查与强制措施的《中华人民共和国刑事诉讼法(2013年版)》第151条规定:"为了查明案情,在必要的时候,经公安机关负责人决定,可以由有关人员隐匿其身份实施侦查。但是,不得诱使他人犯罪,不得采用可能危害公共安全或者发生重大人身危险的方法。"④

二、电子数据规定下电子数据主体的若干规定

2013年1月1日实施的《中华人民共和国刑事诉讼法(2013年版)》及其后续出台的司法解释虽然将电子数据作为独立的证据类型,明确了其作为证据的法律地位,但缺少具体的电子数据规则,就取证主体而言,还缺乏操作层面上具体的操作指导。2016年9月最高人民法院、最高人民检察院、公安部为规范电子数据的收集提取和审查判断,提高刑事案件办理质量,根据《中华人民共和国刑事诉讼法(2013年版)》等有关法律规定,制定了《关于办理刑事案件收集提取和审查判断电子数据若干问题的规定》。⑤ 相比较《中华人民共和国刑事诉讼法(2013年版)》对取证主体的若干规定,《关于办理刑事案件收集提取和审查判断电子数据若干问题的规定》更加细化了取证主

---

① 参见《中华人民共和国刑事诉讼法(2013年版)》第139条、第141条规定。
② 《中华人民共和国刑事诉讼法(2013年版)》第144条规定:"为了查明案情,需要解决案件中某些专门性问题的时候,应当指派、聘请有专门知识的人进行鉴定。"
③ 参见《中华人民共和国刑事诉讼法(2013年版)》第135条规定。
④ 参见《中华人民共和国刑事诉讼法(2013年版)》第151条规定。
⑤ 《关于办理刑事案件收集提取和审查判断电子数据若干问题的规定》。

体的若干规定,对取证主体中的第三方(有关单位和个人)、电子数据收集中的见证人、电子数据鉴定人作出了较为详细的规定。

(一) 第三方 (有关单位和个人) 的若干规定

《关于办理刑事案件收集提取和审查判断电子数据若干问题的规定》第 3 条规定国家专门司法机关,如人民法院、人民检察院和公安机关有权向有关单位和个人收集电子数据,或根据案件需要调取电子数据,有关单位和个人要如实提供。①

该条款规定在调查取证中有关单位和个人有义务予以配合调查取证。在司法实务中,绝大多数的涉案网络电子数据,如微信信息、QQ 聊天信息、网上资金转移和网上支付信息等都集中存储在如百度、阿里、腾讯等各大互联网企业,各大互联网企业经常也以"个人信息保护""没有存储所要的电子数据""调用电子数据的时间较长"等理由来应对侦查机关的取证要求。该条款规定从法律意义上进一步明确了各大互联网企业有义务去配合侦查机关的取证,同时也间接指出了其作为取证主体的合法性。

从慎重保证取证主体合法性和客观性的角度,《关于办理刑事案件收集提取和审查判断电子数据若干问题的规定》第 7 条规定由两名以上侦查人员进行电子数据的收集和提取。② 在取证过程中,例如,侦查人员在侦办涉网案件过程中涉及需要一些单位和个人的配合调查,《关于办理刑事案件收集提取和审查判断电子数据若干问题的规定》第 12 条给出了取证主体行为的程序规定,该条款规定指出:"冻结电子数据,应当制作协助冻结通知书,注明冻结电子数据的网络应用账号等信息,送交电子数据持有人、网络服务提供者或者有关部门协助办理。解除冻结的,应当在三日内制作协助解除冻结通知书,送交电子数据持有人、网络服务提供者或者有关部门协助办理。"③ 这里提及的电子数据持有人、网络服务提供者或者有关部门指的是有关单位和

---

① 《关于办理刑事案件收集提取和审查判断电子数据若干问题的规定》第 3 条规定:"人民法院、人民检察院和公安机关有权依法向有关单位和个人收集、调取电子数据。有关单位和个人应当如实提供。"

② 《关于办理刑事案件收集提取和审查判断电子数据若干问题的规定》第 7 条规定:"收集、提取电子数据,应当由二名以上侦查人员进行。取证方法应当符合相关技术标准。"

③ 参见《关于办理刑事案件收集提取和审查判断电子数据若干问题的规定》第 12 条规定。

个人。

同时《关于办理刑事案件收集提取和审查判断电子数据若干问题的规定》第 24 条第 2 款规定电子数据持有人（提供人）的签名盖章制度①，用以保障收集的电子证据不成为瑕疵证据。

（二）电子数据收集中见证人的若干规定

侦查机关在侦查中有可能存在滥用侦查权、侵犯个人合法权益等行为，为了监督和制约这些取证的行为，法律上设置了见证人制度。一旦控辩双方在庭审中就取证主体行为的合法性发生争议时，见证人在法庭上的证言也成为审查取证主体行为是否合法的重要依据。

《关于办理刑事案件收集提取和审查判断电子数据若干问题的规定》第 15 条规定收集和提取电子数据时，一般应当有见证人在场进行见证，只有"由于客观原因无法由符合条件的人员担任见证人"的例外情况下，才允许没有见证人。②

《关于办理刑事案件收集提取和审查判断电子数据若干问题的规定》第 27 条第 2 款③规定在电子数据收集中，见证人没有在笔录或者清单上签名盖章，那么这些电子数据就属于瑕疵证据，如果侦查人员对这些电子数据不能补正或者作出合理解释，则这些电子数据就不能被采纳。为了防止可能存在的瑕疵导

---

① 《关于办理刑事案件收集提取和审查判断电子数据若干问题的规定》第 24 条第 2 款规定："收集、提取电子数据，是否附有笔录、清单，并经侦查人员、电子数据持有人（提供人）、见证人签名或者盖章；没有持有人（提供人）签名或者盖章的，是否注明原因；对电子数据的类别、文件格式等是否注明清楚。"

② 《关于办理刑事案件收集提取和审查判断电子数据若干问题的规定》第 15 条规定："收集、提取电子数据，应当根据刑事诉讼法的规定，由符合条件的人员担任见证人。由于客观原因无法由符合条件的人员担任见证人的，应当在笔录中注明情况，并对相关活动进行录像。"

③ 《关于办理刑事案件收集提取和审查判断电子数据若干问题的规定》第 27 条规定："电子数据的收集、提取程序有下列瑕疵，经补正或者作出合理解释的，可以采用；不能补正或者作出合理解释的，不得作为定案的根据：

（一）未以封存状态移送的；

（二）笔录或者清单上没有侦查人员、电子数据持有人（提供人）、见证人签名或者盖章的；

（三）对电子数据的名称、类别、格式等注明不清的；

（四）有其他瑕疵的。"

致该电子数据不能被采用,电子数据收集中作为取证主体的侦查人员就需要遵守法律关于见证人的若干规定。

(三) 电子数据鉴定人的若干规定

依附于各电子设备中的电子数据,人们肉眼很难直接认识和识别。仅依靠侦查人员对电子数据中涉及的一些技术性问题,或者专门性问题是很难予以确定的,因此将电子数据这些专门性问题委托给鉴定机构,请具有电子数据专员知识的人采用适合的技术方法去进行电子数据的鉴定是很有必要的。

《关于办理刑事案件收集提取和审查判断电子数据若干问题的规定》第 17 条规定,对电子数据涉及的专门性问题难以确定的,由司法鉴定机构出具鉴定意见,或由公安部指定的机构出具报告。① 其中公安机关受理的案件可由公安机关网安部门实验室或电子数据检验鉴定中心出具电子物证检验报告。②

《关于办理刑事案件收集提取和审查判断电子数据若干问题的规定》第 21 条规定在庭审时对于涉及技术性不清的问题,可以聘请具有专门知识的人进行操作,并就相关技术问题作出说明③,该条款也对电子数据鉴定人出庭制度予以了规定。

第三节　电子数据取证主体可信性规则

一、电子数据取证主体可信判断的问题

《中华人民共和国刑事诉讼法(2013 年版)》首次将电子数据作为新的

---

① 《关于办理刑事案件收集提取和审查判断电子数据若干问题的规定》第 17 条规定:"对电子数据涉及的专门性问题难以确定的,由司法鉴定机构出具鉴定意见,或者由公安部指定的机构出具报告。对于人民检察院直接受理的案件,也可以由最高人民检察院指定的机构出具报告。"

② 近来,由公安部网络安全保卫局和中国合格评定国家认可委员会推进的国网安部门实验室 CNAS(电子数据提取、固定与恢复)能力计划,多地公安机关网安部门实验室或电子证据检验鉴定中心按照能力验证的相关要求进行取证,出具电子物证检验报告。

③ 《关于办理刑事案件收集提取和审查判断电子数据若干问题的规定》第 21 条规定:"控辩双方向法庭提交的电子数据需要展示的,可以根据电子数据的具体类型,借助多媒体设备出示、播放或者演示。必要时,可以聘请具有专门知识的人进行操作,并就相关技术问题作出说明。"

证据类型。该部法规中规定了取证主体的资格性，取证主体限于法定的司法人员，同时该部规定也对辩护律师等的调查取证权、取证主体行为合法性等进行若干程序规定。不同电子数据载体涉及的取证阶段有所不同，对应的取证主体也不同，《中华人民共和国刑事诉讼法（2013年版）》对此未做进一步的明晰指导。

2016年9月最高人民法院、最高人民检察院、公安部联合出台《关于办理刑事案件收集提取和审查判断电子数据若干问题的规定》，虽然该规定是面向刑事司法领域，但对其他诉讼领域的电子数据的研究和司法实践应用无疑具有引领和参考作用。《关于办理刑事案件收集提取和审查判断电子数据若干问题的规定》进一步从操作层面规范了电子数据的取证活动，包括细化了取证主体的若干规定，提出了电子证据收集中的见证人等规定。为进一步明确和细化公安机关数字取证的相关程序、条件、范围等事项，2019年公安部出台了《公安机关办理刑事案件电子数据取证规则》，该部规定分类列举了电子数据取证行为，更进一步明确和细化了数据取证行为的程序法规则。

《中华人民共和国刑事诉讼法（2013年版）》和最高人民法院、最高人民检察院、公安部联合出台的《关于办理刑事案件收集提取和审查判断电子数据若干问题的规定》虽然给出了关于取证主体的若干规定，但是，首先从司法实践中的现实情况来看，两部程序规定依然没有充分地反映司法实践中工作的需要。其次两部程序规定中对取证主体的规定部分出现了相关制度有所冲突之处。最后尤其在技术侦查措施环节中，对取证主体的适格性和资格性如何评定缺乏进一步限制和说明，规定中有些地方对取证主体的规定仍比较模糊。

（一）取证主体的资格性可信判断问题

按照我国传统证据法理论，收集、获取证据的主体限于法定司法人员，具体包括审判人员、检察人员、侦查人员，其他主体皆不具有取证主体资格，其所获取的证据视为非法证据，不具有证据能力。《中华人民共和国刑事诉讼法（2013年版）》在第41条、第49条、第52条、第126条、第144条分别对辩护律师、当事人、第三方、专门技术人员、司法鉴定人员在电子数据取证的不同阶段能够作为取证主体进行了法律规定。

在司法实践中，因为取证主体的资格性问题，使得取证主体参与证据取证的证据能力和效力便成为辩护方猛烈攻击的目标。例如，被认为是国内首例电子邮件引发的劳动争议案的"王某诉吉列公司劳动争议案"中，本案原告王某系本案被告吉列公司所属人力资源部的经理，因自称未收到部门总监奥斯卡事先通过公司局域网发送的一封电子邮件,而没有修改续聘程序,打乱了被告的裁员计划,原告也由此被解除了与被告的劳动合同关系。① 庭审中,是否有过电子邮件的存在是双方辩论的问题,为此被告吉列公司向法庭提交了一份意见书,这份意见书由公安局信息网络安全监察处出具并用以证明该邮件的存在,至此原告和被告争论的焦点就变成了公安机关是否有法定资格来认定这封电子邮件的问题。

目前的现实是在刑事司法实践领域中,大多数刑事案件由刑事警察实施犯罪的侦查和取证,一旦涉及案件的电子数据取证,他们中的大多数人并不具备专业的技术知识,也难以应对取证中的技术问题。对于检察机关而言,司法改革实行人员分类管理后,技术人员属于司法辅助人员。一旦涉及案件的电子数据取证,出现的情况是能够胜任取证的技术人员不具备侦查人员身份,能去取证的侦查人员缺乏一定技术能力去胜任取证工作。另外,由于体制及历史等原因,目前国家机关仍存在为数不少的工编人员。这类人员身份特殊,不具备国家公务员身份,职级没有升迁,但相比合同工却具有较强的稳定性。因此,在检察机关或公安机关内部,有时不具有办案资格的人员参与了办案,甚至这些人员的名字一旦出现在案件材料中,往往成为辩护方的口实和话柄。然而,基于"毒树之果"的原理,此类证据因法律规定的取证主体不合法性理应排除于证据体系之外,但是如果坚持这一原则,则可能导致相当一部分这类案件无法定案,从而最终会轻纵犯罪。《中华人民共和国刑事诉讼法(2013年版)》和《关于办理刑事案件收集提取和审查判断电子数据若干问题的规定》,乃至2019年公安部出台的《公安机关办理刑事案件电子数据取证规则》这些程序规定未能充分地反映司法实践中的现实情况与工作需要,参与人员作为取证主体的资格是否可信,可信程度多高等问题对法庭法官提出了挑战。

(二) 取证主体资质性的可信判断问题

学理上,电子数据取证有事前取证和事后取证,事前取证是相关人员提前制订好取证计划,主动开展取证行为,事后取证是案件发生之后相关人员开展的取证工作。事后的电子数据取证是犯罪行为发生后,电子数据已经形成的取证,可以开展的取证行为是电子数据搜查、电子数据及其载体的扣押、封存等,其取证行为可以被看作对应的《中华人民共和国刑事诉讼法(2013年版)》中普通刑事侦查程序范围的任意性取证行为。对于电子数据事前取证行

---

① 何凌:《电子证据司法鉴定刍议》,载《苏州教育学院学报》2008年第2期。

为，则"常常发现了蛛丝马迹后，主动采取一些技术手段，进行监听或追踪"。如网络监控、网络抓帧或采用黑客的技术手段，对重点目标进行监控和提取若干数据，属于《中华人民共和国刑事诉讼法（2013年版）》中强制取证行为。

与传统案件侦查相比，涉及电子数据取证的案件的任意性取证行为和强制取证行为有时显得普遍和复杂。例如，某犯罪团伙的犯罪嫌疑人某甲在某地的某间办公室涉嫌从事破坏计算机信息系统的犯罪活动。案发地公安机关接到报警后，迅速派出不少于两人的侦查人员赶赴现场，进行犯罪现场的保护。在取证主体的组织实施方面，由县级以上公安机关的网监部门，非当地公安局派出所且具备电子数据检查技能的专业技术人员实施现场勘验检查，在符合回避情形下，邀请了一至两名与案件无关的公民作为见证人。

但是该案件中某甲的电脑还在运作，有些最佳的证据和信息源存在于计算机内存中，通常也称为易失性数据，如网络连接、即时聊天客户端内容等，需要开机取证（Live Forensics，在线分析）。某甲的病毒源码文件及重要文件信息保存在云盘中，其所在云盘的服务器设在境外的网站，则需要及时通过网络对远程目标系统实施远程勘验。同时为进一步开展侦查，必要时需要在嫌疑人团伙的计算机中种下木马、间谍程序等，用于收集证据。

整个案件中，任意性取证行为的取证主体是侦查人员，并有见证人参与，在强制性取证中，由于侦查人员技术能力的不足，在线分析提取、远程取证技术操作需要技术人员的协助。在案件庭审阶段，法庭法官对取证主体的资质性不得不作出可信的判断，包括对技术人员是否有从事计算机科学领域的经历和背景，其工作是否跟进该领域的技术领域的最新发展，该技术人员是否进行过相关的成功尝试，该技术人员是否熟知相关的技术标准等问题的评估。

（三）法律对取证主体规定的模糊性

《中华人民共和国刑事诉讼法（2013年版）》第28条、第29条列举和规定了审判人员、检察人员、侦查人员应当自行回避的若干规定。《中华人民共和国刑事诉讼法（2013年版）》第19条至第26条对案件审判阶段的管辖权进行了若干规定。根据《中华人民共和国刑事诉讼法（2013年版）》的有关规定，参与调查取证的公安机关和检察机关侦查人员是合法的取证权主体，本身具备取证主体资格，但因《中华人民共和国刑事诉讼法（2013年版）》的违背回避制度、管辖制度等规定，这些具备取证主体资格的取证主体若进行了取证活动，依据规定这部分取证主体则成为不合法主体。由于《中华人民共和国刑事诉讼法（2013年版）》对案件调查取证的权利缺乏明晰的规定，司法实践中可能出现取证主体无取证权而进行了取证活动。①

其次,《中华人民共和国刑事诉讼法(2013年版)》第126条规定指出侦查人员在必要的时候,可以指派或者聘请具有专门知识的人,在侦查人员的主持下进行勘验、检查。②《关于办理刑事案件收集提取和审查判断电子数据若干问题的规定》第7条要求电子数据收集、提取,应当由两名以上侦查人员进行。③ 2019年公安部出台的《公安机关办理刑事案件电子数据取证规则》第6条规定在必要的时候,可以指派或者聘请专业技术人员在侦查人员主持下进行收集、提取电子数据。④ 依2019年公安部出台的《公安机关办理刑事案件电子数据取证规则》,作为公安刑事侦查部门,在某种情况下可以由并非技术人员的刑事警察实施侦查取证活动。作为非公安机关的刑事侦查部门,依2016年出台的《关于办理刑事案件收集提取和审查判断电子数据若干问题的规定》要求两名侦查人员实施电子数据的收集、提取,可能勉为其难。在实施电子数据的收集、提取过程中,取证主体的选择似乎更应按照《中华人民共和国刑事诉讼法(2013年版)》的程序要求进行,取证主体可以由侦查人员和专业技术人员组成,并相互配合实行取证。

再次,法律对取证主体规定的模糊性还体现在技术侦查措施条款的规定中,尤其在强制侦查过程中,例如"网络远程勘验"涉及个人隐私权问题,《中华人民共和国刑事诉讼法(2013年版)》对取证主体的规定是"依法经过严格的批准手续"方可,但取证主体的适格性和资格性如何评定则缺乏进

---

① 在一起网络传销案中,被告人A以缴纳会费的形式加入某传销平台。2013年1月14日至28日期间,被告人A利用家中电脑,在淘宝网上假借某店铺销售服装,通过提供虚假链接地址,多次实施诈骗行为,骗取无锡受害人B、涪陵受害人C、海口受害人D、大庆受害人E、宁波受害人F等的钱财。在本案中,在判定取证的管辖权时可能面临多种问题。犯罪嫌疑人在A地网络上引诱被害人,被害人在B地的网络上被骗,行骗地与被骗地都是犯罪行为发生地,就会出现A地与B地的管辖争议。从整个案件来看,A地的被害人被骗后报案,公安机关查实居住在外地的犯罪嫌疑人还先后诈骗了C地的被害人、D地的被害人等,那么A地的司法机关能否管辖C地和D地的案件也会出现争议。参见刘继雁:《网络诈骗犯罪中的管辖权争议》,载中国法院网,http://cqfy.chinacourt.org/article/detail/2013/07/id/1020700.shtml,2018年12月29日访问。

② 参见《中华人民共和国刑事诉讼法(2013年版)》第126条规定。

③ 参见《关于办理刑事案件收集提取和审查判断电子数据若干问题的规定》第7条规定。

④ 参见《公安机关办理刑事案件电子数据取证规则》第6条规定。

一步的限制和说明。在《关于办理刑事案件收集提取和审查判断电子数据若干问题的规定》中初查阶段有可以收集、提取电子数据的规定，但对取证的主体规定比较模糊，初查阶段的取证主体哪些是可信的、合法的等还缺乏进一步的说明。

在司法实践中若坚持按法定取证主体完成取证，可能导致相当一部分案件难以定案，若指派或聘请人员参与取证，但现有出台的程序规定中对取证主体的规定较模糊，缺乏操作层面的指导意见，导致在司法实践中可能出现运用取证主体违法，或者选取主体不适格性和主体的资格性等问题。这些问题的产生无疑对法庭中法官如何合理客观评价电子数据取证主体，如何可信判断电子证据数据主体提出了挑战。

二、刑事司法领域中可信电子数据取证主体规则

依据取证主体合法性理论，取证主体主要限于法定的刑事司法机关及其工作人员，以及法律赋予权利的当事人、律师等，其他机关或个人均不具有取证的主体资格，其所获证据不具有证据能力，不得直接作为证据在刑事诉讼中使用。相比传统证据，电子数据存储具有分散性、易破坏性等特征，一旦犯罪嫌疑人在案件侦查中有所警觉或感受到异常时，存储于虚拟空间的电子数据更易受到犯罪嫌疑人的删除或转移、破坏或修改，要想迅速地、全部地收集电子数据显得非常困难，仅依靠国家专门机关如侦查机关作为取证主体开展及时有效的侦查取证似乎已不再适合。

当前的司法实践中电子数据的提供者越来越多，其提交电子数据的方式也日趋多样化，而目前相关法规及司法解释没有出台对电子数据取证主体提供审查判断的指导意见和操作指南。因此，针对电子数据取证主体呈现多元化特点，如何合理客观评价电子数据取证主体，如何可信判断电子数据取证主体，笔者提出如下运用规则供参考。

第一条 为规范和确保电子数据取证工作，取证主体的选取必须遵循《中华人民共和国刑事诉讼法（2013年版）》《关于办理刑事案件收集提取和审查判断电子数据若干问题的规定》①等法律程序规定。

第二条 电子数据取证主体是指侦查人员、司法人员、行政执法人员、诉

---

① 最高人民法院、最高人民检察院、公安部颁布的《关于办理刑事案件收集提取和审查判断电子数据若干问题的规定》。

讼各方当事人及其律师、网络服务提供商、非司法领域技术人员、第三方电子数据平台等。

电子数据取证包括任意侦查和强制侦查，任意侦查阶段的电子数据取证包括搜查、扣押、封存等，强制侦查阶段的电子数据取证包括网络监控、远程取证勘验等，对其两者的界定根据具体的案件确定。

第三条 犯罪地包括犯罪行为发生地和犯罪结果发生地，涉网案件的刑事案件由犯罪地的侦查机关管辖并实施电子证据的取证，多个侦查机关都有权管辖的刑事案件，由最初受理的侦查机关管辖并实施电子证据的取证。取证主体管辖权的确定可参考《公安机关办理刑事案件程序规定》[①] 第15条和第18条规定。

第四条 凡是有犯罪现场的，应当在立即报告上级侦查机关主管部门的同时，侦查机关接到群众的报案后，及时赶赴并组织[②]保护好物理及虚拟犯罪现场。

第五条 接到报案通知后，应当由两名及以上的主管部门侦查人员持有关证明文件赶赴现场执行勘验。在现场检查过程中，应当邀请一至两名与案件无关、懂计算机与网络基础知识的公民作为见证人。

第六条 在必要的时候，如电子数据的网络远程勘验操作，可以指派或者聘请技术人员参与或操作，但所有的取证活动需要在侦查人员的主持下进行。指派或聘请的技术人员的资格证复印件及相关技术能力的证明材料必须附随于证据材料提交审查。

第七条 对指派或者聘请具有专门知识的人，要重点考核评估：

（一）是否有从事该技术领域的经历和背景；

（二）其是否熟知该领域的最新技术发展情况；

（三）其以前是否有过类似的技术操作；

（四）其是否熟知相关的技术标准规范。

---

① 《公安机关办理刑事案件程序规定（2013年1月1日实施）》第15条规定："刑事案件由犯罪地的公安机关管辖。如果由犯罪嫌疑人居住地的公安机关管辖更为适宜的，可以由犯罪嫌疑人居住地的公安机关管辖。犯罪地包括犯罪行为发生地和犯罪结果发生地。"

第18条规定："几个公安机关都有权管辖的刑事案件，由最初受理的公安机关管辖。必要时，可以由主要犯罪地的公安机关管辖。"

② 组织实施者可以是案发地派出所、巡警、治安保卫人员等。

第八条 为了收集犯罪证据、查获犯罪事实，对犯罪嫌疑人的犯罪现场进行搜查，能够扣押电子数据原始存储介质的，应当扣押、封存原始存储介质，由两名以上侦查人员进行。

第九条 对于较为复杂的案件，可以实行侦查人员主导、侦查人员与专业技术人员相结合的方式，实行虚拟犯罪现场的搜查。对于原始存储介质位于境外或者远程计算机信息系统上的电子数据，可以通过网络在线提取、网络远程勘验。

第十条 采取侦查人员与专业技术人员相结合的方式，实行虚拟犯罪现场的搜查时，需满足：

（一）应依法经过严格的批准手续；

（二）专业技术人员的考核参照第七条；

（三）被搜查人或者他的家属，邻居或者其他见证人在场。

第十一条 侦查人员在判断是否需要第三方协助搜查，是否有必要搜查、冻结其他人员的数据，应当请示并获得批准①后制作协助冻结通知书、协助解除冻结通知书、调取证据通知书等，送交电子数据持有人、网络服务提供者或者有关部门协助办理。

第十二条 现场勘查后，扣押回的原始存储介质或者现场提取的数据，应当交付给电子数据检验人员。执行电子数据检验分析的侦查人员不得少于两人，并且应当具备电子数据搜查检验分析的专业知识和技术。

第十三条 必要时，可以进行侦查实验。由侦查人员主导、侦查人员与专业技术人员相结合的方式进行侦查实验，专业技术人员考核标准参照第七条。

第十四条 对电子数据涉及的专门性问题难以确定，可由司法鉴定机构出具鉴定意见，或者由公安部指定的机构出具报告。对于人民检察院直接受理的案件，也可由最高人民检察院指定机构出具报告。②

对司法鉴定机构也需要考核评估：

（一）鉴定机构机构的条件；

（二）鉴定机构设备是否专业；

（三）鉴定人本身的技术职称、技能专长等。

---

① 一般县级以上公安机关负责人或者检察长批准后即可实施。
② 参见《关于办理刑事案件收集提取和审查判断电子数据若干问题的规定》第17条规定。

各因素综合评定形成材料，附随于证据材料提交供审查。

第十五条 行政执法机关在行政执法过程中收集的电子数据等证据材料，如工商部门在打击网络传销活动中收集的电子数据材料，不需要经过取证主体的"转化"和证据的"转化"，其作为主体是合法的，其收集的电子数据具有证据能力。

需提供电子数据材料收集人员的签名及资格能力证明材料，附随于证据材料提交供审查。

辩护人在侦查阶段拥有一定授权后的调查取证权，但其取证行为应符合电子数据提取、收集的技术标准，其资格能力证明材料，附随于证据材料提交供审查。

第十六条 第三方电子数据平台所收集、固定的电子数据，或者第三方电子数据平台借助于公证书、鉴定结论所收集、固定的电子数据，需审核和评估其取证主体的可信性，包括：

（一）第三方电子数据平台的身份和资质；

（二）所采用的技术、方法及其说明和解释；

（三）证据的来源、形成，以及取证过程的取证规范执行能力。

第十七条 立案是刑事诉讼程序的第一个阶段，从具体的步骤和内容看，立案包括受案、初查和立案三项内容。初查阶段只能使用任意性调查措施，而不能使用强制性调查措施。对初查阶段的取证主体审核，要参考《中华人民共和国刑事诉讼法（2013年版）》中任意性调查措施的有关程序规定。

第四章　电子数据取证程序

取证程序是采取立法形式描述取证主体对取证对象实施取证行为的程序性规定。任何取证首先都要程序合法，如果程序违法并且达到足以影响证据效力的程度，无论该证据有多么重要，都将被视为非法证据予以排除。

当前的司法实践中，虽然《中华人民共和国刑事诉讼法（2013年版）》、2016年最高人民法院、最高人民检察院、公安部联合出台的《关于办理刑事案件收集提取和审查判断电子数据若干问题的规定》、2019年公安部出台的《公安机关办理刑事案件电子数据取证规则》等对电子数据的收集提取等方法进行了规范，但是电子数据取证程序规范还较为抽象，取证程序的可操作性指导规则还缺乏，在当前侦查取证主体的证据意识和取证方法还尚未能胜任电子数据取证的情况下，法庭法官不得不从内心来度量电子数据取证程序是否规范、可信的问题。

虽电子数据取证程序属于法律层面的"程序法"，是对取证主体规范性实施取证活动的立法规定，但电子数据是信息时代的高技术产物，这种技术性决定了电子数据取证必须有别于传统证据取证，电子数据取证程序必须要考虑电子数据技术层面的特点。只有遵循合理的电子数据取证程序规定所获得的电子数据，才能够提高对电子数据取证程序是否规范的可信性判断，提高电子数据的可信采纳。

第一节　法律视角下的取证程序及功能

一、取证程序的有关法律规定

（一）侦查取证程序概述

取证程序是取证主体对取证对象实施取证行为的程序性规定。取证程序既包括法律所规定的侦查主体实施案件调查及证据收集行为的程序，也包括在案件诉讼过程中律师、当事人实施证据收集行为的程序，以及在案件的审判阶段法庭的案件调查程序。法律意义上的取证程序指的是采取立法形式描述法定的取证主体对取证对象实施取证行为的程序性规定。这些程序性规定描述了取证的主体和对象、取证主体的资格与条件、取证对象的范围与要求、取证主体对取证对象的具体取证行为的方式与步骤等。

什么是侦查取证程序？侦查取证程序可以认为是侦查机关对取证对象实施取证行为的程序性规定。其中侦查是指公安机关、人民检察院在办理案件过程中，依照法律进行的专门调查工作和有关的强制性措施①，取证主体是侦查机关中的公安机关和人民检察院。

侦查取证程序既属于行政程序，也属于司法程序。侦查的目的是为了查明案件的情况，抓获犯罪嫌疑人，证实犯罪事实真相。而该目的之达成，需要国家通过专门机关如公安机关、检察院去查明犯罪事实真相，使犯罪行为及时得到制裁，从而尽快恢复稳定的秩序，确保公民人身自由。② 侦查机关一旦发现犯罪事实可能存在，就必须启动侦查取证程序并依法进行专门的调查工作，从侦查目的看，侦查取证程序具有行政属性。而且，侦查、起诉和审判程序是紧密相关的，法律上也要求侦查要严格依法进行，从这个角度来看侦查取证程序还具有司法性。

侦查取证程序既具有行政属性又具有司法属性，侦查取证程序的行政属性和司法属性的不平衡容易导致侦查权滥用。司法实践中，多数情况下侦查阶段只有侦查机关与犯罪嫌疑人两方，如何保障嫌疑人在侦查阶段的权益使得我国《中华人民共和国刑事诉讼法（2013年版）》及有关司法解释对侦查取证皆设置了程序性制裁规定，包含在刑事案件的侦查、审查起诉、审判多个环节中。

虽然我国《中华人民共和国刑事诉讼法（2013年版）》第7条明确规定人民法院、人民检察院和公安机关在刑事诉讼中应当分工负责、互相配合、互相制约。③ 但在司法实践的侦查阶段中仍然存在着一些侦查人员在办案中对证据的取舍较为随意，有时主观臆断，凭直觉办案等问题；存在着一些检察人员对侦查机关移送的证据不认真审查，对证据的认定较为简单，对瑕疵证据的筛选和补强工作不足等问题。基于此，《推进以审判为中心的刑事诉讼制度改革的意见》由最高人民法院、最高人民检察院、公安部、国家安全部、司法部

---

① 参见《中华人民共和国刑事诉讼法（2013年版）》第106条规定。
② 刘晓燕：《我国刑事侦查程序反思与完善》，载《安徽农业大学学报（社会科学版）》2008年第2期。
③ 《中华人民共和国刑事诉讼法（2013年版）》第7条规定："人民法院、人民检察院和公安机关进行刑事诉讼，应当分工负责，互相配合，互相制约，以保证准确有效地执行法律。"

在 2016 年 10 月 11 日发布并实施。以审判为中心的诉讼制度改革需要侦查人员比以往更加注重物证、书证、视听资料、电子数据等客观证据的提取与运用，需要侦查机关完善侦查取证程序。①

（二）侦查取证程序的有关法律规定

一般来讲，案件立案后就可以开始展开侦查，侦查活动结束后对案件作出是否移送起诉的决定，侦查活动是在侦查阶段进行的。② 侦查机关对案件的处理一般包括如下的步骤：立案、侦查、破案与预审、起诉，其中立案工作包括受理案件、审查案件（初查）、立案。③

1. 立案环节

侦查活动一般以立案为开始，立案是侦查机关认为某一事件存在犯罪事实并且应追究刑事责任从而决定正式调查的程序性规定。但立案首先需要有一定的材料来源，也就是侦查机关据以立案的线索。我国《中华人民共和国刑事诉讼法（2013 年版）》第 108 条规定报案、控告、举报、自首成为案件的材料来源。④ 在司法实践中，能成为案件的材料来源的还包括行政机关在行政执

---

① 最高人民法院、最高人民检察院、公安部、国家安全部、司法部《关于推进以审判为中心的刑事诉讼制度改革的意见》第 4 条规定："侦查机关应当全面、客观、及时收集与案件有关的证据。

侦查机关应当依法收集证据。对采取刑讯逼供、暴力、威胁等非法方法收集的言词证据，应当依法予以排除。侦查机关收集物证、书证不符合法定程序，可能严重影响司法公正，不能补正或者作出合理解释的，应当依法予以排除。

对物证、书证等实物证据，一般应当提取原物、原件，确保证据的真实性。需要鉴定的，应当及时送检。证据之间有矛盾的，应当及时查证。所有证据应当妥善保管，随案移送。"

② 在起诉和审判阶段，如果认为案件事实尚需进一步查明，依法也可以对其进行补充侦查。

③ 参见《侦查破案的一般步骤》，载新浪博客，http：//blog.sina.com.cn/s/blog_490138c9010002r9.html，2017 年 9 月 6 日访问。

④ 《中华人民共和国刑事诉讼法（2013 年版）》第 108 条规定："任何单位和个人发现有犯罪事实或者犯罪嫌疑人，有权利也有义务向公安机关、人民检察院或者人民法院报案或者举报。

被害人对侵犯其人身、财产权利的犯罪事实或者犯罪嫌疑人，有权向公安机关、人民检察院或者人民法院报案或者控告。

公安机关、人民检察院或者人民法院对于报案、控告、举报，都应当接受。对于不属于自己管辖的，应当移送主管机关处理，并且通知报案人、控告人、举报人；对于不属于自己管辖而又必须采取紧急措施的，应当先采取紧急措施，然后移送主管机关。

犯罪人向公安机关、人民检察院或者人民法院自首的，适用第三款规定。"

法过程中发现其构成刑事犯罪的，可以将案件的相关证据材料转至侦查机关，如工商管理部门在打击网络传销活动时发现其构成刑事犯罪的，可以将案件的相关证据材料移交给公安机关。① 另外，案件的材料来源还包括侦查机关自己发现的线索，在工作中如在审查其他犯罪人时有犯罪人提供线索，侦查机关根据线索发现了犯罪的，可予以立案。

其次，在立案阶段有了材料来源，不一定都可以立案，立案阶段中另一个需要关注的是管辖范围问题的审查。《中华人民共和国刑事诉讼法（2013年版）》第18条规定指出刑事案件的侦查由公安机关进行，贪污贿赂犯罪，国家工作人员的渎职犯罪等案件②的侦查由人民检察院受理和展开侦查。但是《中华人民共和国刑事诉讼法（2013年版）》未对案件侦查的管辖范围进行明晰的描述。《最高人民法院关于适用〈中华人民共和国刑事诉讼法〉的解释》（2012年11月5日最高人民法院审判委员会第1559次会议通过）的第2条规定就指出犯罪地包括犯罪行为发生地和犯罪结果发生地③，同时针对计算机网络实施犯罪的犯罪地难以判定问题，列举出了其犯罪地。

2012年12月26日最高人民法院、最高人民检察院、公安部、国家安全部、司法部、全国人大常委会法制工作委员会联合颁布新规定《关于实施刑事诉讼法若干问题的规定》，作为刑事司法领域内的行为准则和工作准则，该司法解释在管辖权问题上的规定更为详细，指导上更具操作性。一是在侦查贪

---

① 《禁止传销条例》第13条规定："工商行政管理部门查处传销行为，对涉嫌犯罪的，应当依法移送公安机关立案侦查；公安机关立案侦查传销案件，对经侦查不构成犯罪的，应当依法移交工商行政管理部门查处。"

② 《中华人民共和国刑事诉讼法（2013年版）》第18条规定："刑事案件的侦查由公安机关进行，法律另有规定的除外。

贪污贿赂犯罪，国家工作人员的渎职犯罪，国家机关工作人员利用职权实施的非法拘禁、刑讯逼供、报复陷害、非法搜查的侵犯公民人身权利的犯罪以及侵犯公民民主权利的犯罪，由人民检察院立案侦查。对于国家机关工作人员利用职权实施的其他重大的犯罪案件，需要由人民检察院直接受理的时候，经省级以上人民检察院决定，可以由人民检察院立案侦查。

自诉案件，由人民法院直接受理。"

③ 《最高人民法院关于适用〈中华人民共和国刑事诉讼法〉的解释》第2条规定："犯罪地包括犯罪行为发生地和犯罪结果发生地。

针对或者利用计算机网络实施的犯罪，犯罪地包括犯罪行为发生地的网站服务器所在地，网络接入地，网站建立者、管理者所在地，被侵害的计算机信息系统及其管理者所在地，被告人、被害人使用的计算机信息系统所在地，以及被害人财产遭受损失地。"

污贿赂案件时，涉嫌主罪属于公安机关管辖，由公安机关为主侦查，人民检察院予以配合；如果涉嫌主罪属于人民检察院管辖，由人民检察院为主侦查，公安机关予以配合。二是再次强调了《中华人民共和国刑事诉讼法（2013年版）》第24条规定中的"犯罪地"。三是一人犯数罪的、共同犯罪的、共同犯罪的犯罪嫌疑人、被告人还实施其他犯罪的、多个犯罪嫌疑人、被告人实施的犯罪存在关联，进行并案处理的规定。①

对于侦查机关，应当立案侦查而不立案侦查的案件应当提供不立案理由。② 公安机关收到人民检察院要求说明不立案理由通知书后，应当在七日内将说明情况书面答复人民检察院。人民检察院认为公安机关不立案理由不能成立，发出立案的通知书时，应当将能证明构成立案的有关材料同时移送公安机关。公安机关收到通知立案书后，应当在十五日内决定立案，并将立案决定书送达人民检察院。③

2. 侦查环节

在立案后，为查明主要犯罪事实，获取充分犯罪证据，侦查机关需要展开现场勘查与线索收集，在线索确定后，确定犯罪嫌疑人。侦查环节中的侦查活

---

① 《关于实施刑事诉讼法若干问题的规定》第1条规定："公安机关侦查刑事案件涉及人民检察院管辖的贪污贿赂案件时，应当将贪污贿赂案件移送人民检察院；人民检察院侦查贪污贿赂案件涉及公安机关管辖的刑事案件，应当将属于公安机关管辖的刑事案件移送公安机关。在上述情况中，如果涉嫌主罪属于公安机关管辖，由公安机关为主侦查，人民检察院予以配合；如果涉嫌主罪属于人民检察院管辖，由人民检察院为主侦查，公安机关予以配合。"

《关于实施刑事诉讼法若干问题的规定》第3条规定："具有下列情形之一的，人民法院、人民检察院、公安机关可以在其职责范围内并案处理：

（一）一人犯数罪的；

（二）共同犯罪的；

（三）共同犯罪的犯罪嫌疑人、被告人还实施其他犯罪的；

（四）多个犯罪嫌疑人、被告人实施的犯罪存在关联，并案处理有利于查明案件事实的。"

② 《中华人民共和国刑事诉讼法（2013年版）》第111条规定："人民检察院认为公安机关对应当立案侦查的案件而不立案侦查的，或者被害人认为公安机关对应当立案侦查的案件而不立案侦查，向人民检察院提出的，人民检察院应当要求公安机关说明不立案的理由。人民检察院认为公安机关不立案理由不能成立的，应当通知公安机关立案，公安机关接到通知后应当立案。"

③ 参见《关于实施刑事诉讼法若干问题的规定》第18条规定。

动包括讯问证人、勘验、检查、搜查、扣押、冻结、鉴定、技术侦查等活动。①

例如,用法律规范侦查人员的取证行为,遏制侦查人员实施非法取证,从而保障犯罪嫌疑人的人身及诉讼权利的《中华人民共和国刑事诉讼法(2013年版)》第50条规定就指出了侦查人员严禁刑讯逼供和以威胁、引诱、欺骗以及其他非法方法收集证据,不得强迫任何人证实自己有罪。② 该条规定与《中华人民共和国刑事诉讼法(2013年版)》第2条"尊重和保障人权"的规定相互呼应。

例如,《中华人民共和国刑事诉讼法(2013年版)》第149条规定中的采取技术侦查措施的种类和适用对象、期限执行等的规定。③ 采取技术侦查措施收集的材料作为证据使用的,批准采取技术侦查措施的法律文书应当附卷,辩护律师可以依法查阅、摘抄、复制,在审判过程中可以向法庭出示。

3. 其他环节

侦查破案的第三个步骤是破案与预审,指的是在主要犯罪事实已经查清并能被证实的情况下,对犯罪嫌疑人缉捕归案,讯问犯罪嫌疑人,审查判断证据。

《中华人民共和国刑事诉讼法(2013年版)》第116条规定至121条规定对如何询问犯罪嫌疑人进行了详细的程序性规定。例如,《中华人民共和国刑事诉讼法(2013年版)》第121条规定中提出的过程录音录像制度既保护了犯罪嫌疑人又保护了侦查人员,使侦查活动都能规范合法,有据可查。④ 侦查

---

① 姚磊:《论侦查取证程序的结构——以程序的功能为标准》,载《大连海事大学学报(社会科学版)》2014年第1期。

② 《中华人民共和国刑事诉讼法(2013年版)》第50条规定:"审判人员、检察人员、侦查人员必须依照法定程序,收集能够证实犯罪嫌疑人、被告人有罪或者无罪、犯罪情节轻重的各种证据。严禁刑讯逼供和以威胁、引诱、欺骗以及其他非法方法收集证据,不得强迫任何人证实自己有罪。必须保证一切与案件有关或者了解案情的公民,有客观地充分地提供证据的条件,除特殊情况外,可以吸收他们协助调查。"

③ 《中华人民共和国刑事诉讼法(2013年版)》第149条规定:"批准决定应当根据侦查犯罪的需要,确定采取技术侦查措施的种类和适用对象。批准决定自签发之日起三个月以内有效。对于不需要继续采取技术侦查措施的,应当及时解除;对于复杂、疑难案件,期限届满仍有必要继续采取技术侦查措施的,经过批准,有效期可以延长,每次不得超过三个月。"

④ 《中华人民共和国刑事诉讼法(2013年版)》第121条规定:"侦查人员在讯问犯罪嫌疑人的时候,可以对讯问过程进行录音或者录像;对于可能判处无期徒刑、死刑的案件或者其他重大犯罪案件,应当对讯问过程进行录音或者录像。"

人员对讯问过程进行录音或者录像的，应当在讯问笔录中注明。人民检察院、人民法院可以根据需要调取讯问犯罪嫌疑人的录音或者录像，有关机关应当及时提供。

侦查活动的最后一个步骤是起诉，根据侦查中取得的结论，确定罪名，提出起诉意见或撤销案件的决定。《中华人民共和国刑事诉讼法（2013年版）》第160条规定中指出公安机关侦查终结的案件，应连同案卷材料、证据一并移送同级人民检察院审查决定。同时将案件移送情况告知犯罪嫌疑人及其辩护律师。① 拟起诉的案子，把与案件相关的资料收集齐全，装订成卷，连带起诉意见书，移送到检察机关；不予起诉的案子，也要制定不起诉意见书。

二、侦查取证程序的功能分析

（一）侦查取证程序的结构

作为诉讼程序重要组成部分的侦查取证程序，在保证侦查机关获取证据，还原案件真实过程中为保障侦查机关作为取证主体的合法性，保障其取证行为的合法性，侦查取证程序的设计及执行情况一方面对严重的违法取证行为，刑事诉讼法及有关司法解释设计了非法证据排除规则，对不合法的取证行为所获得的证据予以排除，同时对轻微的违法取证行为，刑事诉讼法及有关司法解释设计了瑕疵证据补正规则。另一方面，考虑侦查取证程序中的隐蔽性和强制性，刑事诉讼法及有关司法解释给出了对诉讼参与人，尤其是犯罪嫌疑人权利保障的程序性规定。

侦查取证程序的程序性规定比较详细和具体，涉及的内容多，但如何理解侦查取证程序中的若干法律规定？我们不妨将侦查取证程序看作一个系统，从系统的功能角度，这些程序性规定可分为实施性程序模块、保障性程序模块、辅助性程序模块，而每个功能模块内由具体细化的指标体系组成，如图4-1所示。

实施性程序是指法定侦查主体针对取证对象进行收集、调取证据的程序，内容包括侦查取证的主体、侦查取证对象、侦查取证行为。涉及取证主体的资

---

① 《中华人民共和国刑事诉讼法（2013年版）》第160条规定："公安机关侦查终结的案件，应当做到犯罪事实清楚，证据确实、充分，并且写出起诉意见书，连同案卷材料、证据一并移送同级人民检察院审查决定；同时将案件移送情况告知犯罪嫌疑人及其辩护律师。"

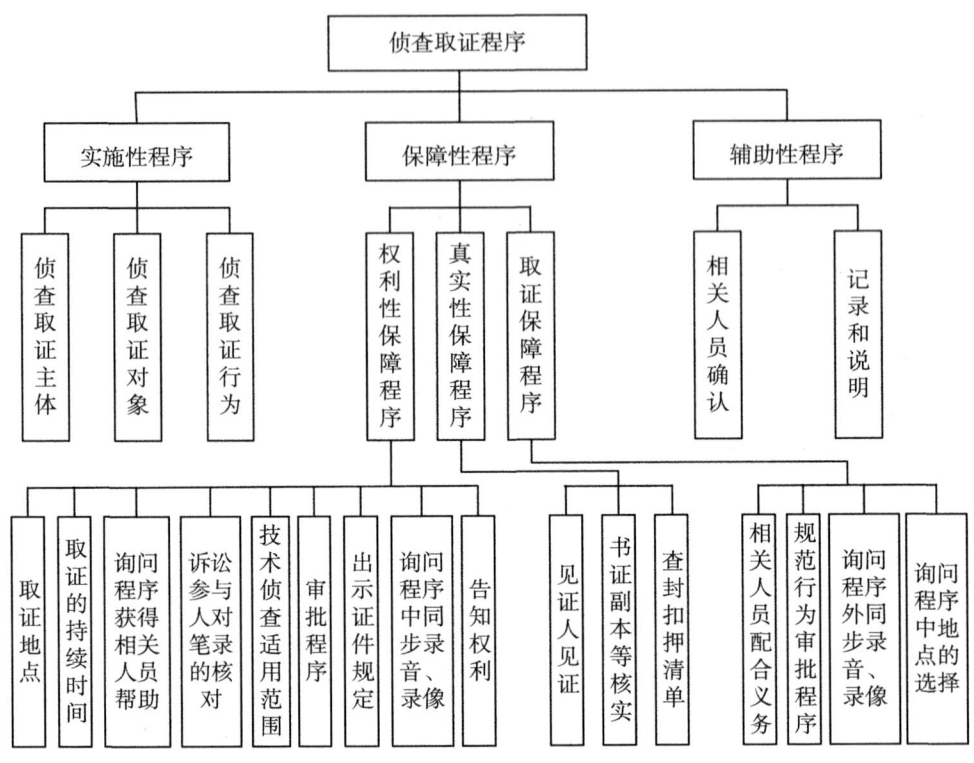

图 4-1 侦查取证程序的功能结构

格与条件的程序性规定，涉及取证对象的范围与要求的程序性规定，涉及取证行为的方式与步骤的程序性规定。

保障性程序是指法定的侦查主体在进行收集、调取证据的过程中具有保障功能的程序性规定，具体包括对诉讼参与人或相关人员的权利性保障程序、获取的证据其真实性的保障程序、取证行为的顺利实施的保障程序。

辅助性程序是对保障性程序和实施性程序是否实施了，如何去实施等情况进行说明性的程序规定，具体包括相关人员的确认、记录和说明。辅助性程序是对保障性程序和实施性程序实施后在法律形式上的进一步补充和完善，例如，可以通过客观地记录取证的实施情况，在之后的诉讼程序中可以审查这些的客观记录和说明性的文件来对所获得的证据进行验证和理性判断。

(二) 侦查取证程序的流程

在侦查取证程序中，为获取证据，取证主体针对取证对象采取一定的方式和步骤进行调查和取证。在整个取证过程中，需要形成一定的管理记录，而这些管理记录既说明了证据获取时的真实状况，也是诉讼参与人权利保障的重要保障。若将侦查取证程序看作一个系统，从系统的功能角度，结合侦查取证程序的功能模块，以及功能结构中的指标体系，笔者对侦查取证程序流程的设计如图4-2所示。

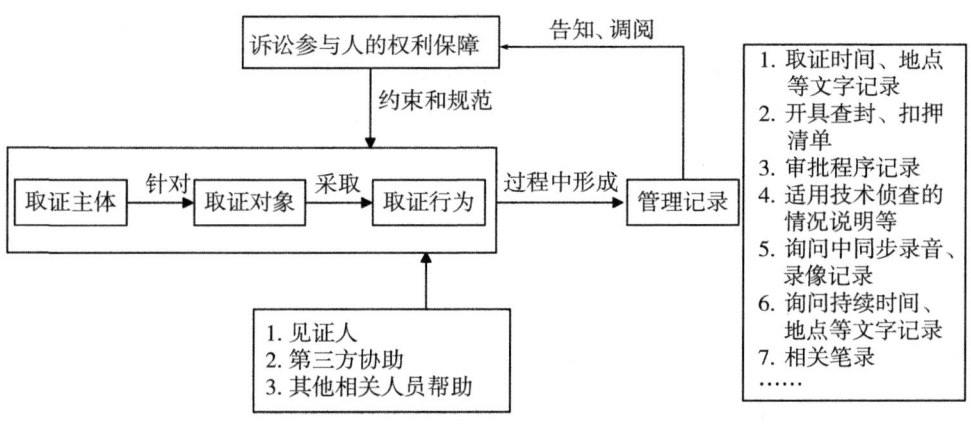

图 4-2　侦查取证程序的流程图

将侦查取证程序看作一个系统，以系统的角度分析其功能模块和流程，有利于发觉在执行取证过程中侦查主体是否存在某一具体程序对当事人权利保障有影响，侦查行为是否违反某一程序规定或其行为的严重及侵权程度，也易于判断非法证据与瑕疵证据。

例如，就实施性程序的侦查取证主体功能模块而言，侦查取证程序中负责取证的机关必须是国家法定侦查机关；负责调查取证的机关对案件拥有立案管辖权；负责调查取证的人员是侦查人员，侦查人员符合法定的人数要求。讯问犯罪嫌疑人必须由侦查人员进行，讯问时侦查人员不得少于2人；勘查、搜查、查封、扣押、主持辨认时侦查人员不得少于2人。侦查取证程序对取证主体的其他要求还有鉴定人员应当具有鉴定资格，鉴定机构和鉴定人应当具备相应的资质；对妇女进行检查和搜查时由特定人员进行，检查妇女的身体应当由女工作人员或者医师进行，搜查妇女的身体应当由女工作人员进行等。①

---

①　姚磊：《论侦查取证程序的结构——以程序的功能为标准》，载《大连海事大学学报（社会科学版）》2014年第1期。

例如，就实施性程序的侦查取证对象功能模块而言，侦查取证程序中规定的取证对象大体包括：取证对象涉及的人有讯问程序中的犯罪嫌疑人、证人、被害人；取证对象涉及的物有查封、扣押程序中的财物、文件、邮件、电报、存款等，鉴定程序中的鉴定对象等；取证对象涉及人、物及其他的有勘验、检查程序中的有关的场所、物品、人身、尸体；搜查程序中的人的身体、物品、住处和其他有关的地方等。以讯问程序为例，要以系统的角度分析该具体的程序，不然发现，询问的对象只能是针对犯罪嫌疑人，即取证对象不能是任何人。

例如，就保障性程序的取证保障程序子功能模块而言，诉讼参与人以及相关人员应当承担的义务的规定包括：《中华人民共和国刑事诉讼法（2013年版）》第135条规定："任何单位和个人，有义务按照人民检察院和公安机关的要求，交出可以证明犯罪嫌疑人有罪或者无罪的物证、书证、视听资料等证据。"①《中华人民共和国刑事诉讼法（2013年版）》第128条规定："任何单位和个人都有义务保护犯罪现场，并通知公安机关。"②《中华人民共和国刑事诉讼法（2013年版）》第123条规定证人应当如实作证，有意作伪证或者隐匿罪证要负的法律责任。③《中华人民共和国刑事诉讼法（2013年版）》第142条规定在查询和冻结存款等时，有关单位和个人应当配合等。④

第二节　电子数据取证模型和程序

一、电子数据取证模型

（一）国外电子数据取证模型

由于电子数据的特殊性，电子数据取证既涉及技术问题又涉及法律法规的约束，为保障电子数据取证所获取的证据的法律效力，电子数据取证需要遵守严格的过程和程序。自20世纪90年代以来，国外有很多相关组织根据不同方面提出了各种取证过程模型，如基本过程模型（Basic Process Model）、事件响

---

① 参见《中华人民共和国刑事诉讼法（2013年版）》第135条规定。
② 参见《中华人民共和国刑事诉讼法（2013年版）》第128条规定。
③ 参见《中华人民共和国刑事诉讼法（2013年版）》第123条规定。
④ 参见《中华人民共和国刑事诉讼法（2013年版）》第142条规定。

应过程模型（Incident Response Process Model）、法律执行过程模型（Law Enforcement Process Model）、过程抽象模型（An Abstract Process Model）、DFRW 过程模型、综合过程模型（IDIPM, The Integrated Digital Investigation Model）和增强过程模型（The Enhanced Digital Investigation Process Model, EIDIPM）。此外，巴西研究人员 Marcelo Abdalla dos Reis 在第十四届 FIRST 技术论坛上提出了计算机取证协议的程序的标准化思想，指出标准化的模型分为合法标准和技术标准，合法标准包括合法原则和证据的法律和规则，技术标准包括技术原则、分析策略以及技术方案和解决方法。美国 FBI 的取证专家 M. Noblet 等人提出了电子数据取证的金字塔模型，包括检查原则、策略与实践以及程序与技术三类标准。

比较典型的电子数据取证模型有[①]：

1. 基本过程模型（Basic Process Model）

由 Farmer 和 Venema 在 1999 年的一次取证培训会议上提出，模型包括下列一些基本取证步骤：保证现场安全并进行隔离，记录现场信息，系统地查找证据，对证据进行提取和打包，维护监督链。该模型为电子数据取证程序模型的发展起到了奠定基础的作用。

2. 事件响应模型（Incident Response Process Model）

由 Chris Prosise 和 Kevin Mandia 在《应急响应：计算机犯罪调查》（*Incident Response：Investigating Computer Crime*）一书中提出，事件响应模型包括以下步骤：事前准备，事件检测，初始响应，响应策略规划，备份查系统，调查，实施安全措施，网络监听，恢复，报告。该模型主要针对可疑的网络系统的紧急响应，核实是否存在对系统正在进行的攻击，以及攻击后系统状态的恢复。

3. 法律执行过程模型（Law Enforcement Process Model）

由美国司法部在 2001 年发布的《电子犯罪现场调查指南》中提出，法律执行过程模型的基本步骤为：准备阶段，收集阶段，检验阶段，分析阶段，报告生成。该模型是一个针对物理犯罪现场的调查过程模型，对不同类型的电子数据及安全处理的方法进行了阐述。

4. 取证抽象过程模型（An Abstract Process Model）

取证抽象过程模型是针对早期的模型着眼于特定技术或方法细节，难以有

---

① 刘耀、杜春鹏：《计算机证据取证程序探析》，载《中国法学教育研究》2014 年第 3 期。

较好的普适性，而提出的一种具有共性的数字取证程序。该模型分为以下几个阶段：识别阶段，准备阶段，策略制定阶段，保存阶段，收集阶段，检验阶段，分析阶段，陈述阶段。

5. 综合调查过程模型（IDIPM，An Integrate Digital Investigation Process Model）

该模型是在前面几个模型的基础上建立的，同时也指出了物理取证和电子取证分处的各自不同阶段。该模型分为：预备阶段，配置阶段，物理犯罪现场调查阶段，数字犯罪现场调查阶段，检查阶段。而现场调查阶段分为现场保护，调查取证，记录归档，搜索收集，重构，提交六个阶段。

(二) 国内电子数据取证模型

1. 基于需求的网络电子数据取证过程模型

针对电子数据的完整性、可靠性、抗抵赖性问题，该模型从针对上述特定的问题，以软件工程的思路，对取证环境进行分析，然后拟定取证的目标，在这个目标的基础上确定取证的过程需求，进行取证过程的概要设计，最后是对取证过程的实现。[1] 该模型由四个阶段组成：攻击预防阶段，攻击过程取证阶段，事后分析阶段，结果提交阶段。

2. 计算机取证的层次模型

该模型将计算机取证分为证据发现层，证据固定层，证据提取层，证据分析层和证据表达层五个层次。[2] 证据发现层是通过侦查和现场勘察搜集最原始的证据层；证据固定层通过数字签名和见证人签名等保证获得数据的完整性、真实性；证据提取层是将原始数据表达成可以理解的抽象数据层；证据分析层是通过关联分析信息的形成、产生、传播等，用以得出犯罪的动机，行为重构，以及找寻犯罪嫌疑人特征层；证据表达层是通过技术将原始数据表达成可以理解的抽象数据层。

3. 多维取证模型

在国内外对上述模型的深入比较研究和分析的基础上，我国学者丁丽萍、王永吉提出了随时间而变化，随犯罪分子犯罪手段的升级而改变的多维计算机

---

[1] 刘尊：《基于需求的网络电子取证过程模型》，载《计算机应用与软件》2005年第11期。

[2] 丁丽萍、王永吉：《多维计算机取证模型研究》，载《信息网络安全》2005年第10期。

取证模型。该模型分为：数据层，证据获取层，取证监督层三个层次。而实施步骤包括：取证准备阶段，物理取证阶段，数字取证阶段，取证的全程监督，证据的呈堂，总结阶段。该模型增加了时间约束，增加了审计过程的全程监督，在这个多维取证程序框架模型，可以避免可能出现的不足或失误，取证人员也可以从多个角度开展取证工作。[1]

二、电子数据取证程序的研究

（一）取证模型和取证程序的关系

电子数据取证模型高度概括了整个取证过程所遵守的步骤和方法，同时也对取证过程的各个阶段提出了技术上的要求。电子数据取证的模型本质上属于技术层面，纵观上文中列举的电子数据取证模型，不然发现，多数取证模型都针对某种特定的技术应用环境而制定，有些取证模型过于注重技术应用环境中的细节，缺乏通用性。同时由于针对性强，使得取证过程无法形成统一的标准，从技术层面看取证模型也无需强求电子数据取证模型一致。

电子数据取证程序是在遵循取证模型的基本方针下，从更具操作化的层面上提出的具体的取证程序，电子数据取证程序是在电子数据取证中所应遵循的具体的基本原则、步骤和方法。严格意义上讲，电子数据取证的程序本质上属于法律制度层面。

电子数据取证模型和电子数据取证程序两者是不同的，从形式上看，取证模型是概括，是"纲"，而取证程序则是具体的。从内容上看，电子数据取证模型是电子数据取证的标准化过程，而电子数据取证程序是根据这个标准化过程形成的法律制度。

电子数据取证模型和电子数据取证程序两者紧密相关。一是电子数据取证模型是电子数据取证程序的理论支撑。电子数据的技术性特征决定了电子数据取证程序的首要问题是要考虑采用何种方式、技术流程去实现取证，从这点上看，电子数据取证程序与传统证据取证的程序是有区别的，电子数据取证模型为电子数据取证程序指引了方向，提供了技术指导。二是电子数据取证程序是电子数据取证模型的最终归宿。电子数据取证模型要真正运用于司法实务中，其取证模型就必须转化为与之相适应的电子数据取证程序，否则就失去了存在

---

[1] 丁丽萍、王永吉：《多维计算机取证模型研究》，载《计算机安全》2005年第11期。

的价值和意义。①

（二）学界中几种代表性的电子数据取证程序

1. 四阶段电子数据取证程序

我国学者刘品新认为既然电子数据取证程序本质上是属于法律制度层面，应当有所统一。电子数据取证程序的构建应当参考上述各种模型，一方面考虑电子数据取证措施的特殊性，另一方面也要考虑参考传统搜查、现场勘查、鉴定、保全、技术侦查等取证措施的程序，进而提出了称之为抽象的司法程序模型，如图4-3所示。

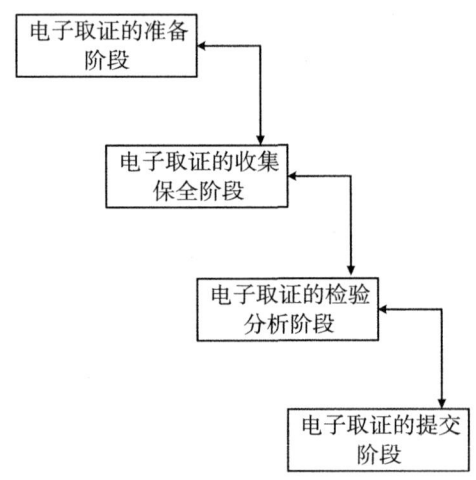

图4-3 抽象的司法模型

电子数据取证的准备阶段的工作主要包括制订取证计划，收集案件的相关信息，准备相应的取证工作和设备，并对取证人员进行选择和对应的技术培训等。电子数据取证收集保全阶段的主要任务是既要收集和保全物理空间的电子数据载体，又要收集和保全虚拟空间中电子数据。② 在电子数据取证的检验分析阶段，针对电子数据取证不同于传统取证的特点，提出了"两步式"的取证分析，即电子数据分析主要集中在证据分析实验室，调查人员在证据所在地开展基本的证据分析。在电子数据的提交阶段，主要对取证结果进行汇总

---

① 吴思颖：《电子证据取证模型研究》，重庆邮电大学2014年硕士论文。
② 刘品新著：《电子取证的法律规制》，中国法制出版社2010年版，第8页。

提交。

2. 六流程电子数据取证程序

天宇宁达公司的王高阳认为电子取证一般分为六个流程[1]：准备阶段、现场勘查、证据获取、证据固定、数据分析、生成报告。第一步是准备阶段，主要任务是充分收集案件现场详情，工作方案的制订，以及电子取证设备的准备。第二步是现场勘查阶段。取证人员在进入现场后，应迅速封锁现场，隔离人、机、物品，保护电子数据物品，电子数据物品包括计算机、硬盘、U盘、各类存储卡、光盘、手机、相机、录音机、打印机等电子设备，查看各设备的连接及使用情况。第三步是证据获取阶段，涉及只读访问和开机获取证据方式，由专业的取证人员或请电子取证鉴定机构或公司的专业人员进行收集或提供专业咨询，保证电子设备储存的内容不被破坏。第四步是证据固定阶段。对每一个设备的基本信息、状态信息、来源数据、数据提取的操作过程和方法，提取数据的时间和地点都要进行记录，以及操作人以及见证人的签字。第五步是数据分析阶段。在完成上述步骤后，取证人员会根据案件的诉求进行数据分析，以找到关键的证据或线索。第六步是生成报告阶段。取证人员在取证完成后，需要对整个取证分析过程生成一个完整的报告。

3. 实战中四阶段电子数据取证程序

河北公安警察职业学院的李娜认为实战中的电子数据取证程序大致分为取证前的准备、现场勘查取证、实物的提取和扣押以及鉴定分析四大环节。[2] 取证前的准备包括人员的准备和设备的准备。现场勘查取证分为单机勘查和网络勘查，现场勘查工作又分四个小阶段，分别为到达现场后，安保组的人员和涉案物品的安保工作；现场勘查前，侦查人员的拍照、录像等记录当时的状态；现场勘查时收集相关证据；制作法律文书。实物的提取和扣押分为原始载体可以提取的和原始载体不可提取的，对于不可提取的，侦查员可采用拍照、录音或摄像方法固定。鉴定分析是在现场勘查和取证工作后，对案发现场发现的涉案存储媒介、电子设备和电子数据，委托鉴定机构进行进一步的检验鉴定分析工作。

---

[1] 参见《电子取证的一般流程》，载个人图书馆网，http：//www.360doc.com/content/16/1230/19/8534278_618953240.shtml，2019年11月28日访问。

[2] 李娜：《电子证据取证程序研究》，载《河北公安警察职业学院学报》2017年第4期。

第三节 电子数据取证程序可信性分析

一、电子数据取证程序的可信性问题

(一)案例分析

杨某走私国家禁止进出口的货物、物品案。杨某从印度等国购买国家禁止进口的牛肉产品,王某帮助其进口毛肚。王某通过电子邮件、短信、微信等方式就交易内容与杨某进行联系。案发后,侦查机关从王某处搜查、扣押涉案手机和电脑,后将手机和电脑移送鉴定机构。鉴定机构对手机和电脑进行检验,从中提取了电子数据,出具鉴定意见,证明从外国进口冻牛肉的相关情况。庭审中,辩护方提出,查获手机、电脑等物品未予以封存,iPad 未记载串号,上述证据取得程序违法,应予排除。法院经审理后认为,侦查机关收集王某的手机、电脑,与笔录中记载的查获物证不相符,手机、电脑证据来源不明,对从上述手机、电脑中取得的证据不予采信。①

该案例中,根据法律规定侦查人员有权查封、扣押用以证明犯罪嫌疑人有罪或无罪的涉案手机、电脑等物品,侦查人员扣押了王某的涉案手机、电脑等是合法合规的。由于侦查人员无法直接感知电子证据,无法知悉存储在这些载体中的电子数据的具体内容,也无法知道哪些电子数据与犯罪相关,同时侦查人员可能也不具备电子证据提取的专业知识和经验,侦查人员在王某住处搜查到涉案手机、电脑等证据材料之后,在现场中没有直接提取其电子数据,而是将其委托由鉴定机构的专业人员进行提取后出具鉴定意见,是符合《中华人民共和国刑事诉讼法(2013 年版)》第 144 条规定的。②

但是《中华人民共和国刑事诉讼法(2013 年版)》第 140 条规定对查封、扣押的财物、文件,应当会同在场的见证人,当场开列清单一式二份,由侦查人员、见证人和持有人签名或盖章。③《关于办理刑事案件收集提取和审查判

---

① 谢登科:《电子数据的鉴真问题》,载《国家检察学院学报》2017 年第 5 期。
② 参见《中华人民共和国刑事诉讼法(2013 年版)》第 144 条规定,为了查明案情,可以聘请有专门知识的人对某些专门性问题进行鉴定。
③ 参见《中华人民共和国刑事诉讼法(2013 年版)》第 140 条规定。

断电子数据若干问题的规定》第 8 条规定①收集、提取电子数据,能够扣押电子数据原始存储介质的应当扣押,并制作笔录。从电子证据取证程序角度来看,本案中对电子数据及其原始存储介质进行扣押的措施是正确的,但侦查人员对于扣押的手机和电脑的型号、数量、特征等信息没有在扣押物品清单中记录并详细注明。在庭审中法官就会产生该手机是嫌疑人的手机,该手机在扣押之后是否有过操作等可信性度量的疑问,如果侦查人员又无法补正或作出合理解释,法官难以确认原始存储介质及电子数据的真实性。

(二) 可信性问题分析

在刑事司法实践中,上述电子数据取证程序不规范的案例在法庭中经常遇到。戴士剑教授在对 H 省检察机关侦查部门电子数据应用现状的实证研究后指出,从办案实际操作看,侦查人员在电子数据取证程序方面还存在诸多的不规范之处②,主要包括,但不限于以下几方面。

(1) 虽然我国《中华人民共和国刑事诉讼法(2013 年版)》第 136 条规定进行搜查,必须向被搜查人出示搜查证。但侦查人员在取证过程中一般多是只办理了扣押决定书,在搜查后也只是填写了扣押清单,但是没有申请办理搜查证。

(2) 扣押后对电子数据的保管不是很规范,有时是由案件侦办人自行保管。

(3) 电子设备和电子数据扣押后,现场勘查的侦查人员没有及时将扣押物品移交给侦查机关内设的技术部门检查、分析。

(4) 搜查取证后,对涉嫌犯罪的电子物品如手机、电脑等没有制作搜查笔录。

究其原因,一方面是侦查人员正确地对电子数据进行取证的意识还没有真正建立起来,多数侦查人员拥有着丰富的传统物理犯罪取证的实践经验,习惯于用传统的证据形式去处理电子证据,习惯于选择传统证据的取证方法去处理电子数据;同时也限于侦查人员自身的知识储备,侦查人员对电子数据调取、固定、鉴定和保全的技术措施也不太了解,对电子数据的技术性特征认识和理

---

① 参见《关于办理刑事案件收集提取和审查判断电子数据若干问题的规定》第 8 条规定。

② 戴士剑、钟建平、鲁佑文:《检察机关侦查部门电子数据取证问题研究》,载《湖南大学学报(社会科学版)》2017 年第 2 期。

解不够，现代信息技术所衍生的电子数据具有一定的技术性，哪怕取证中对数据硬盘的拷贝、开机时网络链接数据的获取操作等都带有一定的技术性。

另一方面，《关于办理刑事案件收集提取和审查判断电子数据若干问题的规定》等规定对电子数据的收集提取方法给出了系列规定，但这些方法过于抽象，《公安机关执法细则（第三版）》中第7章对电子数据的固定、封存及提取等给出了若干规定，但缺乏具体操作规范性规则，公安侦查人员在电子数据取证工作中如何具体规范地操作还是一个需要进一步解决的问题。

因此，在电子数据取证程序规范还较为抽象，取证程序的可操作性规则还缺乏的情况下，在现有取证主体的证据意识和取证方法还尚未能胜任电子数据取证的情况下，法庭法官不得不从内心来度量电子数据取证程序的可信性问题，诸如取证操作过程中是否遵守了若干法律规定？取证操作是否规范，规范的程度如何？取证对象是否合适和具针对性？不扣押取证对象，其技术性原因是什么，其笔录中的解释说明能否充分证明不扣押原始存储介质的原因？在涉及电子数据的案件中，侦查部门进行搜查、扣押时没有邀请技术人员参与，也没有聘请社会上相关领域的专家参与，是出于案件保密的考虑还是其他原因？等等。

二、可信电子数据取证程序流程和规则

（一）可信电子数据取证程序流程

电子数据取证程序是电子数据取证的"程序法"，它指出和规定应该如何在法律规定的条件下，规范具体地展开证据调查活动。程序要合法，如果程序违法并且达到足以影响电子数据证据效力的程度，无论该电子数据有多么重要，都将被视为非法证据予以排除。另一方面，电子数据是信息时代的高技术产物，这种技术性决定了电子数据取证程序必须有别于传统证据取证，电子数据取证程序的制定要考虑电子数据技术层面的特点。电子数据取证程序的制定要考虑将法的基本价值精神贯穿始终并符合立法的一般规律，同时也要考虑技术可行性。按照上述的思路，电子数据取证程序可以分为四个阶段，如图4-4所示。

一是电子数据取证案件的受理、初查和立案阶段，这是基础阶段，主要任务包括对案件来源的审查、案件的初查、立案条件和立案程序的完成，初查是对所接受案件材料的初步审查，其目的是确定是否符合立案条件以及是否属于受案机关的管辖范围的审核。

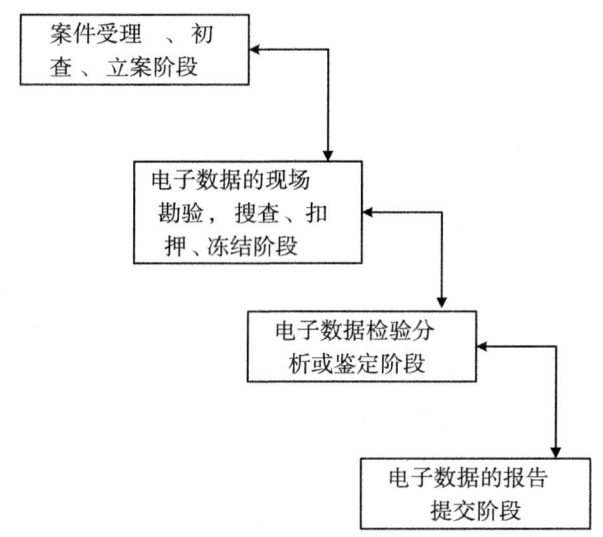

图 4-4　电子数据取证程序的流程图

二是电子数据的现场勘验，搜查、扣押电子设备，以及是否对电子数据的冻结，涉及电子数据的收集、保管、移送等环节。现场勘验包括现场勘验前的准备工作和实际现场的勘验，其中现场勘验前的准备包括熟悉案情及制订方案、文书准备、审批手续、准备电子数据取证工具。

三是电子数据的检验分析，或者电子数据的鉴定。能够通过自身技术力量分析的电子数据，如通过公安网安部门电子取证实验室，侦查机关进行电子数据的检验分析。对于一些专门性问题，难以解决的，可依托专门鉴定机构进行电子数据的司法鉴定。

四是报告的生成。根据检验分析结果，或者鉴定意见书、勘验检查笔录及其他书面报告出具取证结果。

（二）可信电子数据取证程序规则

目前关于电子数据的收集提取等操作规定散见于一些司法解释和程序规定中，但是系统性、规范性的电子数据取证程序规定还较为抽象，取证程序的可操作性指导规则还未制定。电子数据取证程序是电子数据取证的"程序法"，应体现为如何在法律规定的条件下，规范具体地展开电子数据的调查活动。笔者认为电子数据取证程序的制定既要考虑将法的基本价值精神贯穿始终并符合

第四章 电子数据取证程序

立法的一般规律,也要考虑电子数据技术层面的特点。在此指导思想下,其可信的电子数据取证程序应包括如下运用规则。

第一条 根据《中华人民共和国刑法》《中华人民共和国刑事诉讼法》及有关司法解释的规定,结合当前电子数据取证司法实践的需要提出电子数据取证程序规则,本规则主要适用于公安机关侦办的计算机犯罪案件和网络犯罪案件,检察院侦办的涉及电子数据取证案件可参考此程序规则。

第二条 本规则中所称计算机犯罪案件和网络犯罪案件主要包括:非法侵入计算机系统的案件,破坏计算机系统功能的案件,利用计算机实施的盗窃、诈骗等犯罪案件,利用网络平台实施的犯罪案件,在网络上实施了主要犯罪行为的案件等。

第三条 公安机关对于报案、控告、举报、犯罪嫌疑人自动投案的、行政执法机关移送的案件,应当立即受理,问明案件特征信息和其他案件相关信息,并制作笔录,经核对无误后,由案件报告者①签名、捺指印。必要时,应当拍照、录音或录像。

第四条 公安机关对案件报告者提供的案件有关证据材料应登记、制作接受证据材料清单,并由案件报告者②签名,制作受案登记表并出具回执。必要时,对涉及电子数据的证据材料应拍照或录像,封存或采取一定技术手段保障电子数据的证据材料的原始真实性③,并妥善保管。

第五条 公安机关对受理的案件应当迅速进行审查。在审查中发现案件报告者提供的案件线索不明或者案件事实需要进一步调查,才能确认是否构成立案的标准,经办案部门负责人批准,可以进行案件的初查。

初查过程中只能采用任意性调查措施,不得采取强制性调查措施,如采取网络监控、远程取证等方式获取电子数据。

针对具体的案件情况,必要时,初查过程中可以指派或聘请有关技术人员参与,但需要在侦查人员的主持下完成,同时公安机关对聘请技术人员的理由、技术人员的资质等要进行情况说明并形成材料,附随于证据材料提交审查。

公安机关在初查过程获取的电子数据,具备证据证明能力。

第六条 公安机关对受理的案件审查能发现犯罪线索,或初查后案件能达到犯罪追诉标准的,若是涉网案件,应当迅速审查案件的管辖权问题,一般应

---

① 报案人、控告人、举报人、自动投案人、行政机关移交案件者。
② 报案人、控告人、举报人、自动投案人、移交人。
③ 计算证据材料的消息摘要值等方式。

采取案件由案件的犯罪地侦查原则，必要时，也可由犯罪嫌疑人居住地的公安机关开展侦查。

案件的犯罪地包括被入侵的计算机信息系统或其管理者所在地，受到破坏的计算机信息系统的受害人所在地，利用网络实施犯罪行为或在网络上实施犯罪行为所在的网站服务器所在地、网络接入地等，网站建立者和管理者所在地也可视为案件的犯罪地。

对于一些利用电信网络、互联网网络实施的财产犯罪，被害人被侵害时所在地和被害人财产遭受损失地也可以视为犯罪地等。

第七条 案件的犯罪地及案件管辖区的其他情形规定：

（一）对于有多个犯罪地的犯罪案件，立案侦查工作由最初受理的公安机关，或者由主要犯罪地的公安机关开展进行。

（二）司法实践中尤其是在大型涉网案件中，存在着一个犯罪嫌疑人利用网络数次犯罪，或多人涉嫌共同犯罪而且犯罪嫌疑人、被告人又利用网络实施了其他的犯罪，或多个犯罪嫌疑人、被告人实施的犯罪错综复杂存在相互关联关系等，针对上述情形，在其职责范围内有关公安机关可以进行并案侦查。

（三）对于一些存在着多层级链条、跨区域的网络犯罪案件，例如跨区域的网络交易、多层级的资金交付结算关系等案件，上级公安机关可指定某公安机关一并立案侦查。

（四）对于一些跨省的重大网络犯罪案件等具特殊情况的案件，从有利于查清犯罪事实、保证公正处理案件的角度出发，由公安部同最高人民检察院和最高人民法院指定案件的管辖和侦办。

第八条 公安机关接受案件后，经过审查，认为没有犯罪事实，或犯罪事实不构成犯罪追诉标准的案件，经县级以上公安机关负责人批准不予立案，并制作不予立案通知书。

经审查，案件的犯罪事实需要追究刑事责任的，且案件的犯罪地与案件管辖区相符合，经县级以上公安机关负责人批准，予以立案。

第九条 对接受的案件，或者发现的犯罪线索，根据案件的性质、特点，制订电子证据可能存在的情况下的工作方案，准备电子取证设备，以及指派或者决定是否聘请具有专门知识的人参加。

第十条 现场勘验检查是指在计算机犯罪现场或网络犯罪现场提取、固定现场存留的与犯罪有关的电子数据和其他证据材料。

一般现场勘验检查程序应包括：保护现场、查看现场电子设备使用情况、记录并收集证据材料、必要时的开机取证用以提取易丢失数据、证据的固定。

现场勘验检查应当由县级以上公安机关网络安全保卫部门负责组织实施,由两名以上具备相关专业知识的侦查人员进行。在必要的时候,在侦查人员的主持下可以聘请非司法领域的专业技术人员协助勘验检查。

勘查现场时,应当邀请与案件无关的公民作为见证人,对勘验检查活动进行必要的录像,在笔录中要注明相关情况。

第十一条 赶赴现场执行勘查的侦查人员应持有刑事犯罪现场勘查证进入现场。在勘查现场,首先应迅速封锁现场,隔离人、机、物品,其次查看现场的电子设备的连接及使用情况,笔录中记录并保护电子证据物品,清理并收集案件现场的计算机、硬盘、U盘、手机、各类存储卡,以及照相机、打印机等电子设备。在操作过程中应避免任何可能造成数据、配置更改的情况发生,保护证据的原始性。

第十二条 根据案件情况,必要时,可进行开机取证①,提取易丢失数据或在嫌疑人计算机系统开机的状态进行数据分析。对开机取证的操作过程中应录像,对现场状况及拟封存的涉案电子物证等应现场拍照,统一制作编号。在开机取证操作中,不能随意在犯罪嫌疑人的电子设备所在的系统②中安装新的应用程序,对提取出的数据不能存储在原始存储介质中。现场开机取证中提取的电子数据,应当计算其完整性校验值。

除以下情形外,一般不得实施开机取证:

(一)案件情况紧急,在现场不实施开机取证进行数据的在线分析,可能会造成电子数据的瞬时失去,可能对案件造成严重后果。

(二)存在着如一些运营商开机运行的服务器等电子设备,其不允许关闭或扣押等案件特殊情况。

(三)实施开机取证,对目标系统中的重要电子数据的完整性、真实性不会带来损害。

第十三条 侦查人员应当现场勘验检查结束后及时制作《现场勘验检查工作记录》。③ 勘验、检查的情况应当写成笔录,记录案由、对象、内容,收集、提取电子数据的时间、地点、方法、过程,电子数据的清单、规格、类

---

① 开机取证(Live Forensics),有学者也称现场取证,内存取证等。
② 从取证角度,犯罪嫌疑人的电子设备所在的系统也称为目标系统。
③ 《现场勘验检查工作记录》由《现场勘验检查笔录》《固定电子证据清单》《封存电子证据清单》和《勘验检查照片记录表》等内容组成,参见《公安机关执法细则(第三版)》第7章规定。

别、文件格式、完整性校验值等。参加勘验检查的侦查人员或侦查主持下聘请的技术人员，与见证人一同在现场勘验检查笔录上签名或者盖章。

第十四条 在现场扣押的原始存储介质应做好封存工作，原始存储介质封存前后应当拍照，封口或者张贴封条处的地方，照片要清晰。侦查人员要当场制作一式两份的《封存电子证据清单》，一份给持有人，由侦查人员、见证人和持有人共同签名或盖章的清单要连同封存原始存储介质前后的照片等资料附卷备查。

封存手机等具有无线通信功能的存储介质，常用方法是将手机设置中的飞行模式打开用于其信号阻断，也可采取信号屏蔽等措施。

第十五条 具有下列情形之一，无法扣押原始存储介质的，可以提取电子数据，或复制、制作原始存储介质的备份。但应当在《现场勘验检查笔录》中注明不能扣押原始存储介质的原因、原始存储介质的存放地点或者电子数据的来源等情况，并计算电子数据的完整性校验值：

（一）原始存储介质不便封存的。

（二）提取计算机内存数据、网络传输数据等不是存储在存储介质上的电子数据的。

（三）原始存储介质位于境外的。

（四）其他无法扣押原始存储介质的情形。

在现场有些情况是无法制作备份获取对存储介质进行完整性校验值的计算，侦查人员应在《现场勘验检查笔录》上注明无法制作备份的理由，注明对存储介质没有进行完整性校验值计算的理由。

第十六条 为进一步查明案件的有关情况，必要时，可以开展网络远程勘验。进行网络远程勘验时，是否需要聘请相关技术人员参与，甚至是否需要进一步采取技术侦查措施，侦查人员应进行先期评估并依法经过严格的批准手续方可进行。

远程勘验过程中提取的电子数据，应当计算其完整性校验值并制作《固定电子证据清单》。应当在远程勘验提取电子数据的关键步骤中采取截屏、照相或录像等方式记录其操作过程。

第十七条 侦查人员应当在远程勘验结束后及时制作《远程勘验工作记录》。① 勘验基本情况、勘验过程、勘验结果组成《远程勘验笔录》内容，其

---

① 《远程勘验工作记录》由《远程勘验笔录》《固定电子证据清单》《勘验检查照片记录表》以及截获的屏幕截图等内容组成，参见《公安机关执法细则（第三版）》第7、章规定。

中勘验基本情况一般由远程勘验的目的、勘验理由、勘验起止时间、勘验人员信息等组成。勘验过程包括勘验工具、勘验方法与步骤的使用情况等。勘验发现的案件线索、远程目标系统的状态信息、远程目标系统显示的内容等组成勘验结果。远程勘验笔录由参加勘验、检查的人和见证人签名或者盖章。

第十八条　根据案件侦查的需要，可以依照规定对电子数据进行冻结，但侦查人员需就电子数据需要冻结的理由进行评估并经批准后①，方可开展电子数据的冻结工作。侦查人员应制作协助冻结通知书，注明冻结电子数据的网络应用账号等信息，送交电子数据持有人、网络服务提供者或者有关部门协助办理。

具有下列情形之一的，可以对电子数据进行冻结：

（一）数据量大，无法或者不便提取的。

（二）提取时间长，可能造成电子数据被篡改或者灭失的。

（三）通过网络应用可以更为直观地展示电子数据的。

（四）其他需要冻结的情形。

第十九条　经查明确实与案件无关的，应当在三日以内解除冻结，制作协助解除冻结通知书，送交电子数据持有人、网络服务提供者或者有关部门协助办理。

冻结电子数据，应当采取以下一种或者几种方法：

（一）计算电子数据的完整性校验值。

（二）锁定网络应用账号。

（三）其他防止增加、删除、修改电子数据的措施。

第二十条　根据最新《刑事诉讼法》的规定，根据案件侦查的需要，可以依照规定对电子数据进行调取。调取电子数据，需经县级以上公安机关负责人或者检察长批准，同时应制作调取证据通知书，注明需要调取电子数据的相关信息，通知电子数据持有人、网络服务提供者或者有关部门执行。

第二十一条　电子数据检查的工作是对现场提取的电子数据进行数据分析，对扣押的电子设备，提取和分析其电子数据，并形成检查结论。

对电子数据原始存储介质，可以采用只读的方式②提取其电子数据，有条件的，应当制作电子数据备份，检查人员实施的对电子数据存储介质拆封过程、提取完电子数据并重新封存电子数据存储介质等关键步骤要进行录像。无

---

① 一般由县级以上公安机关负责人或者检察长批准即可。

② 只读方式是将电子数据存储介质通过写保护设备接入检查设备进行检查。

法采用只读方式或无法制作备份的，应当注明原因，并对相关活动进行录像。

第二十二条 对电子数据涉及的专门性问题难以确定或难以解决时，可以聘请司法鉴定机构对电子数据进行相关的司法鉴定。

公安机关应制作鉴定聘请书，为鉴定人及时送交有关检材和对比样本等原始材料，介绍案件基本概况，并且明确提出要求鉴定解决的问题。侦查人员是检材送检环节的责任人，需要确保送检的电子数据检材在移交环节中的同一性，确保检材没有受到污染。

第二十三条 司法鉴定机构在完成电子数据的司法鉴定后，应当出具鉴定意见，鉴定机构应盖章，鉴定人员应在鉴定意见书上签名，同时附上鉴定机构和鉴定人的资质证明或者其他证明文件，侦查人员应当进行鉴定意见的审查。

对经审查作为证据使用的鉴定意见，公安机关应当及时告知犯罪嫌疑人、被害人或者其法定代理人。对鉴定意见有异议或疑义时，可以将鉴定意见送交其他有专门知识的人员提出意见，必要时，询问鉴定人并制作笔录附卷。

第二十四条 针对计算机网络实施的重大犯罪案件，利用电信网络、寄递渠道等实施的重大犯罪案件，经过严格的批准手续，可以采取技术侦查措施。采取技术侦查措施收集的证据材料具备证据的证明能力的，应当随案移送批准采取技术侦查措施的法律文书和所收集的证据材料。

第二十五条 整个电子数据取证分析过程应当生成一个完整的报告，包括受理案件的诉求、证据的收集和提取过程、证据的整体情况、分析中使用的工具及其版本、分析的步骤（笔录）、发现的案件线索、提取的信息内容、检查的结论或经审查作为证据使用的专门鉴定意见等，生成的完整报告应随案一并移送。

随案移送电子数据的情形规定①：

（一）可直接展示的电子数据如文档、图片、网页等，不需随案移送电子数据打印件，直接移送电子数据本身的同时应附有展示方法说明和展示工具。因人民检察院或法院的设备等条件限制，不能直接展示电子数据，公安机关直接移送电子数据本身的同时也提供并移送电子数据打印件。

（二）无法直接展示的电子数据如计算机病毒、非法入侵或非法控制系统

---

① 喻海松：《〈关于办理网络犯罪案件适用刑事诉讼程序若干问题的意见〉的理解与适用》，载《人民司法》2014年第17期。从司法实践上看，一类是可以直接展示的电子数据，没有必要移送数量繁多的打印件，另一类是无法直接展示的电子数据，无法以打印件予以展示，但少数基层法院的法庭设备尚无法展示诸多格式的电子数据。

的程序、工具，也无法提供电子数据打印件的，公安机关应移送电子数据本身的同时也随案移送对其查看的工具和查看方法的说明。

（三）对于网络赌博、网络传销等经常涉及数据统计量的案件，对于涉及知识产权侵权等数据同一性的案件，公安机关应移送电子数据本身的同时也应出具说明材料并移送。

（四）对案件侦查中获取的冻结电子数据，公安机关应移送电子数据本身的同时也应移送被冻结电子数据的清单和相关记录，并附查看工具和方法的说明。

第五章　电子数据取证标准和技术规范

诉讼法已确立电子数据为一种独立的证据类型，相关的司法解释对电子数据的审查判断、取证方式和取证程序有初步规定，与此同时，相关的法律规定中也提出了电子数据的收集、提取等要符合相关的技术标准的要求。

与国外的电子数据技术标准化进程相比，我国在此方面的标准化工作起步较晚，但发展迅速，目前已制定的有4项国家标准，公安部制定的相关社会公安安全行业标准和技术规范有22项，司法部制定了10项标准和技术规范，最高人民检察院发布了8项标准标准和技术规范。但整体上电子数据取证标准体系缺乏统一规划，取证标准和技术规范体系涵盖范围不够全面，适应多样化证据形态的标准和技术规范缺乏。

取证过程的规范化、取证技术的标准化将直接影响到电子数据的证据资格有效性判断和电子数据的证据力判断，选择适合的取证标准和技术规范有助于提高电子数据的可信采纳。取证人员在选择取证标准和技术规范开展电子数据取证时需要考虑3个因素：取证过程规范性、取证对象的精准性、取证方法的针对性。不同类型的案件对应着不同的电子数据源，在案件侦查取证中，侦查取证人员应根据不同的案件情况，在取证过程中规范取证操作过程，选择标准化的技术方法。

第一节　标准和技术规范的发展

一、互联网及行业环境的发展和变化

（一）互联网应用及犯罪的发展

信息技术的发展，移动互联网、社交网络、各种智能终端以及大数据应用、云计算应用等相继进入人们的生产生活。截至2018年12月，我国网民规模达8.29亿人，互联网普及率达59.6%，较2017年年底提升了3.8个百分点,全年新增网民5653万人。我国手机网民规模达8.17亿人,网民通过手机接入互联网的比例高达98.6%。截至2018年12月,我国网络购物用户规模达6.10亿人,年增长率为14.4%,网民使用率为73.6%。我国手机网络支付用户规模达5.83亿人,年增长率为10.7%,手机网民使用率达71.4%。网民规模继续保持平稳增长,互联网模式不断创新,线上线下服务融合加速,线下网络支付使用习惯持续巩固,国际支付市场加速开拓。①

如同潘多拉的魔盒,信息技术的快速发展也伴随互联网违法犯罪数量的不断增长,现实生活中也不断发生利用互联网实施的犯罪案件,如网上盗窃案、网上诈骗案等。从各个主要国家的统计数据看,利用互联网技术实施偷盗、诈骗、敲诈的案件数每年以超过30%的增速在增长。② 随着互联网技术的普及,传统犯罪与网络平台和技术相结合,色情、赌博、贩毒等传统犯罪衍生出网络色情、贩卖毒品、网络赌博、互联网金融诈骗等犯罪。我国网络犯罪已初步显现上中下游犯罪分工明确的产业化链条特征,上游负责通过技术手段获取用户电脑的信息或者直接将用户的电脑予以控制;中游将这些信息转卖获利;下游则以盗窃、诈骗等形式将获取的数据变现。

2. 机构和业务的发展

没有人能完全脱离现代社会系统,一旦与现代社会系统进行交换,就很有可能被数据捕捉和记录。对于犯罪同样如此,犯罪行为中的犯罪片段和犯罪时间、犯罪空间、犯罪工具等要素都会不同侧面地被数据记录和储存。③ 这些记录犯罪行为的各种各样的信息记录和存储设备中的数据就成为了电子数据。在打击刑事犯罪方面,公安机关承担电子数据取证的职能部门是公安机关网安部门和刑侦部门,其侦办的案件涉及目前从杀人放火的传统的刑事案件到网络攻击、网络诈骗、网络传秽、网络赌博等新型案件。近3年来全国的网安部门电子数据取证平均每年4万余起,受理的检材有十万以上。仅2016年全国网安部门受理的电子数据取证的案件达到4万余起,受理的检材有12万余件。④

---

① 参见第43次《中国互联网络发展状况统计报告》,载中国网信网,http://www.cac.gov.cn/2019-02/28/c_1124175677.htm,2019年3月7日访问。

② 参见《腾讯安全2017年度互联网安全报告》,载腾讯网,https://guanjia.qq.com/news/n1/2258.html,2019年3月7日访问。

③ 何军:《大数据与侦查模式变革研究》,载《中国人民公安大学学报(社会科学版)》2015年第1期。

④ 参见《刘晓宇谈公安机关电子数据取证工作的现状、应用和挑战》,载品略图书馆网,http://m.pinlue.com/icontent/097367292916.html,2018年3月16日访问。

与传统证据相比,电子数据具有技术依赖性、容易被篡改的特性,这是电子数据截然不同的突出特性。因此,在司法实践中应用电子数据存在着一个无法回避的难题,就是电子数据的真实可信性和电子数据多大程度上能证明案件的事实。2005 年全国人大《全国人民代表大会常务委员会关于司法鉴定管理问题的决定》以法律形式对司法鉴定管理体制作出重大调整,确立了司法鉴定管理体制的框架。①

根据《全国人民代表大会常务委员会关于司法鉴定管理问题的决定》第 7 条规定②,我国电子数据鉴定机构可划分为两类:经司法机关核准成立的社会第三方电子数据司法鉴定机构、侦查机关内设的电子数据取证实验室。近年来,社会第三方电子数据司法鉴定机构成立及其发展十分迅速,截至 2014 年年底,我国经司法行政部门批准,面向社会从事计算机司法鉴定和电子数据司法鉴定业务的第三方司法鉴定机构总计 151 家。2014 年度完成计算机鉴定业务 1283 件,电子数据鉴定 682 件。③

侦查机关内设的电子数据取证与鉴定机构发展也十分迅速,截至 2016 年年底,目前全国公安机关已建成并投入使用的电子数据取证实验室已达 700 多个,电子数据专业人员近 5000 人,部分条件较好的区县也建立了电子数据取证实验室,其余区县网安部门均已配备了电子数据取证设备。④ 随着对电子数据取证实验室数据可靠性要求的提高,能力验证作为判定实验室技术能力的主要手段之一,近年来,公安部网安局、刑事侦查局与中国合格评定国家认可委员会(CNAS)合作,多次联合组织电子数据取证实验室的能力验证专项活动,有利促进了电子数据鉴定的规范化建设,提升了鉴定能力、强化了鉴

---

① 《全国人民代表大会常务委员会关于司法鉴定管理问题的决定(2005 年 2 月 28 日第十届全国人民代表大会常务委员会第十四次会议通过)》第 3 条规定:"国务院司法行政部门主管全国鉴定人和鉴定机构的登记管理工作。省级人民政府司法行政部门依照本决定的规定,负责对鉴定人和鉴定机构的登记、名册编制和公告。"

② 《全国人民代表大会常务委员会关于司法鉴定管理问题的决定》第 7 条规定:"侦查机关根据侦查工作的需要设立的鉴定机构,不得面向社会接受委托从事司法鉴定业务。人民法院和司法行政部门不得设立鉴定机构。"

注明:这里所说的侦查机关,具体包括公安机关、人民检察院、国家安全机关、军队保卫部门等。

③ 党凌云、郑振玉、宋丽娟:《2014 年度全国司法鉴定情况统计分析》,载《中国司法鉴定》2015 年第 4 期。

④ 参见《刘晓宇谈公安机关电子数据取证工作的现状、应用和挑战》,载品略图书馆网,http://m.pinlue.com/icontent/097367292916.html,2019 年 3 月 29 日访问。

定质量。

二、法律法规立法的发展

(一) 立法的发展

电子数据取证是一个"取"电子数据和"证"电子数据的过程，要使电子证据成为法庭采纳的证据，电子数据的取和证要符合法律诉讼的要求。早期电子数据的法律地位问题一直困扰电子数据的司法实践应用，《中华人民共和国民事诉讼法（2013年版）》第63条将"电子数据"作为独立的诉讼证据之一。《中华人民共和国刑事诉讼法（2013年版）》第48条将"电子数据"首次纳入法定证据种类之一，与视听资料同列为具有独立法律地位的第八种刑事诉讼证据。2014年11月1日颁布的《中华人民共和国行政诉讼法》第33条将电子数据作为独立的诉讼证据之一。①

在诉讼法应用解释层面，最高人民法院、最高人民检察院、公安部针对诉讼证据问题作出了一系列司法解释、出台了一系列的部门性规章。2012年11月5日由最高人民法院审判委员会第1559次会议通过的《最高人民法院关于适用〈中华人民共和国刑事诉讼法〉的解释》的第93条对电子数据审查认定的规定中明确提出了电子数据的收集程序、方式是否符合法律及有关技术规范。②

从法律法规上看，电子数据作为一种全新的证据形式的法律地位已确立，有关电子数据的审查判断、取证方式和取证程序等问题在法律法规中也有初步的规定，与此同时，相关的法律规定中也提出了电子数据的收集、提取要符合相关技术标准的要求。

---

① 参见《中华人民共和国刑事诉讼法（2013年版）》第48条、《中华人民共和国民事诉讼法（2013年版）》第63条、2014年11月1日颁布的《中华人民共和国行政诉讼法》第33条。

② 《最高人民法院关于适用〈中华人民共和国刑事诉讼法〉的解释》第93条规定："对电子邮件、电子数据交换、网上聊天记录、博客、微博客、手机短信、电子签名、域名等电子数据，应当着重审查以下内容：……（二）收集程序、方式是否符合法律及有关技术规范；经勘验、检查、搜查等侦查活动收集的电子数据，是否附有笔录、清单，并经侦查人员、电子数据持有人、见证人签名；没有持有人签名的，是否注明原因；远程调取境外或者异地的电子数据的，是否注明相关情况；对电子数据的规格、类别、文件格式等注明是否清楚……"

(二) 取证程序规定的发展

2005年公安部《计算机犯罪现场勘验与电子证据检查规则》（公信安〔2005〕161号）对电子数据的范围，保护电子数据完整性、真实性和原始性的方式，电子数据检查等作了详尽规定。2005年《公安机关电子数据鉴定规则》（公信安〔2005〕281号）规定了电子数据的概念。2016年7月5日实施的《公安机关执法细则（第三版）》第7章计算机犯罪现场勘验与电子数据检查中对电子数据的固定和封存、现场勘验检查、远程勘验、电子数据检查等从目的、方法、步骤等取证方式和取证程序等方面进行了规定。

2014年最高人民法院、最高人民检察院、公安部结合侦查、起诉、审判实践，就办理网络犯罪案件适用刑事诉讼程序问题发布了《关于办理网络犯罪案件适用刑事诉讼程序若干问题的意见》。在《关于办理网络犯罪案件适用刑事诉讼程序若干问题的意见》第13条规定中指出收集、提取电子数据，取证设备和过程应当符合相关技术标准，并保证所收集、提取的电子数据的完整性、客观性。[①]

提出电子数据取证中应当符合相关标准和技术规范要求的程序规定也散见如《关于民事诉讼证据的若干规定》《关于行政诉讼证据若干问题的规定》《人民检察院刑事诉讼规则》《公安机关办理刑事案件程序规定》等若干规定中。

整体来说，从机构和业务的发展来看，随着高新技术的高速发展以及网络犯罪率的居高不下，电子数据也当仁不让地会成为"证据之王"。当前经司法机关核准成立的社会第三方电子数据司法鉴定机构，以及侦查机关内设的电子数据取证实验室越来越多。目前的现状是缺乏统一的取证标准和技术规范，无论是第三方还是侦查机关内设的电子数据取证实验室，在进行案件的证据分析鉴定中，有些是根据行业经验开展鉴定分析，有些自行制定鉴定分析方法并出具鉴定意见。

从法律法规上看，高位阶的基本法律规定了电子数据的法律地位，位阶低的行政法规、部门规章、司法解释和规范性文件宏观上初步规定了电子数据的

[①] 《关于办理网络犯罪案件适用刑事诉讼程序若干问题的意见（公通字〔2014〕10号）》第13条规定："收集、提取电子数据，应当由二名以上具备相关专业知识的侦查人员进行。取证设备和过程应当符合相关技术标准，并保证所收集、提取的电子数据的完整性、客观性。"

收集、提取、审查判断的指导操作。这些程序规定或法律规范一般是给司法实务工作者提供可操作性的指导，但无论是诉讼应用的司法解释，还是部门性规章，仅是提出了收集、提取电子数据应当符合相关标准和技术规范的要求，至于符合什么样的技术规范等语焉不详，而且对电子数据的若干程序规定也相对混乱，设置不合理。①

第二节　国外电子数据取证标准和技术规范

一、国际标准

（一）国际标准化组织

国际标准化组织信息安全技术委员会（ISO/IEC JTC1/SC27）在 2012 年 10 月发布了《电子证据识别、收集、获取和保存指南》（ISO/IEC 27037：2012），使用对象为数字证据第一响应员（DERF）、数字证据专家（DES）、事件响应专家和取证实验室人员。该指南规定了数字证据收集的上下文环境，电子数据处理的需求分析和处理步骤，数字证据识别、收集、获取和保存的关键组件，示例说明以及网络设备和数码相机、摄像机的识别、收集、获取和保存描述。

此外，国际标准化组织在 2012 年 12 月发布了 ISO/IEC 27041《调查方法适宜性充分性保障指南》、ISO/IEC 27042《电子证据分析解释指南》和 ISO/IEC 27043《调查原则和过程》的草案文本。其中，ISO/IEC 27041 为确保在信息安全事件调查中所使用的方法和过程的适宜性的机制提供了指南，包括要求定义、方法描述、证据提供的最佳实践以及满足要求的方法实施，还包括如何使用供货商和第三方测试来协助保障该过程。ISO/IEC 27042 为电子证据的分析和解释提供了指南，某种意义上解决了连续性、有效性、可再现性和可重复性的问题。它包括以下方面的最佳实践：分析过程的选择、设计和实施；记录充分的信息以支持独立调查（需要时）。它为展示调查者水平和能力的适当机制提供了指南。ISO/IEC 27043 为通用调查过程提供了理想模型的指南，包括不同的调查场景，这些场景大部分涉及电子数据。其中，不但包括从事件处理

---

① 金波、杨涛、吴松洋、黄道丽、郭弘：《电子数据取证与鉴定发展概述》，载《中国司法鉴定》2016 年第 1 期。

的前期准备直至证据存储或公开，还包括对过程、证据的适当研究以及获取、收集、检查和展示方面的建议和警告。ISO/IEC 27043 指南旨在处理各种调查过程，以发现潜在的电子数据。该指南不但提供了网络犯罪的调查过程，还提供其他涉及电子数据事件的调查的过程，例如未授权访问、数据损坏、系统崩溃和其他要求调查事件。①

（二）Internet 工程任务组（IETF）

互联网工程任务组，成立于 1985 年年底，是全球互联网最具权威的技术标准化组织，主要任务是负责互联网相关技术规范的研发和制定。IETF 早在 2002 年 2 月就发布了 RFC 3227《电子证据收集、保管指南》。该指南由 Brezinski & Killalea 编著，指南由绪论、电子数据收集过程中指导原则、收集程序、归档保存程序以及工具使用要求章节组成，在第三节数字数据收集的技术规范中指出②：

（1）透明度。证据收集的方法应该是透明的、可重复的。采用的方法是准确的、可重复的、被独立专家们测试过的。

（2）收集步骤。

①证据在什么地方？列出系统涉及的事件和涉及的证据。

②建立哪些可能是相关的证据，哪些可能是可采纳的证据。

③对于每个系统，列出其证据的易失性程度。

④删除外部更改的途径。

⑤按照证据的易失性顺序，使用合适的工具来收集证据。

⑥记录系统时间的差异。

⑦在证据收集时，注意其他潜在的证据源。

⑧文档化记录收集过程中的每一步。

⑨不要忘记涉及的人员。注意谁在那？他们正在做什么？他们观察到了什么和反映什么？

同时考虑给收集的证据进行校验和加密签名，这样易于形成证据保管链，并且不易改变证据。

---

① 郭弘：《电子数据取证标准体系综述》，载《计算机科学》2014 年第 10A 期。

② 参见"Guidelines for Evidence Collection and Archiving"，http：//www.rfc-base.org/rfc-3227.html，2019 年 4 月 2 日访问。

(三) 计算机证据国际组织

计算机证据国际组织（International Organization on Computer Evidence）成立于1995年。其成立主要力图解决国家与国家之间计算机证据处理的方法不一致、在司法实践中国家与国家之间对收集获取的计算机证据不能互相使用等问题。2000年3月，IOCE依据1999年在伦敦召开的国际高技术犯罪和取证大会的内容，向其下属机构提交了一份报告，提出了一系列计算机取证的定义和原则，该报告中指出计算机取证过程中应该遵守的6条基本原则。[1]

（1）必须遵守所有取证和处理证据的原则。

（2）获取证据时所采用的方法不能改变原始证据。

（3）取证人员必须经过专门培训。

（4）证据获取、访问、存储或传输过程应该有完整的记录，应妥善保存这些记录。

（5）每一名保管电子证据的人员应对其针对电子证据的每一个行为负责。

（6）任何负责获取、访问、存储或传输电子证据的机构有责任遵循这些原则。

2002年，IOCE制定了 *Guidelines for Best Practice in the Forensic Examination of Digital Technology*，该准则对电子数据的采集、保存、检验和传送提出了特别的要求，并获得了八国集团的认可。[2]

二、国家标准和技术规范

美国FBI实验室1984年就开始了对计算机取证的研究，至少有70%的法律部门拥有自己的计算机取证实验室。当计算机犯罪案件发生后，取证人员就会遵照取证的原则和步骤对现场的电子数据进行取证，并将其带回实验室进行分析，重构犯罪现场和犯罪行为。美国国家标准与技术研究院、美国司法部、美国联邦调查局的"数字科学组"和"图像技术科学组"等机构指定了一系列有关电子数据取证的相关标准和规范。

---

[1] 郭弘：《电子数据取证标准体系综述》，载《计算机科学》2014年第10A期。

[2] 《电子证据鉴定的最佳实践》《电子取证人员培训、知识、技能与能力》《数据图像与声音取证》《电子取证的质量体系》《实验室管理规范》等电子证据取证与鉴定的规范与标准，参见郭弘，夏荣：《电子数据取证标准的研究与展望》，载《信息网络安全》2016年第S1期。

英国标准协会（British Stands Institution，BSI）于 2008 年 11 月在电子数据取证领域颁布了一系列国家标准，如《电子信息的法定许可和证据权重的实施规范 BS10008》。2014 年，英国标准协会对 BS10008 规范内容进行修订，增补了大数据和云计算等最新技术。英国首席警察协会（Association of Chief Police Officers，ACPO）推出了《电子证据取证的最佳实战指南》，并随着实践工作的转变不断新增、修订和完善指南内容。英国内政部科学发展处（Home Office Scientific Development Branch，HOSDB）、信息安全咨询委员会（Information Assurance Advisory Council，IAAC）、英国数字保存联盟（Digital Preservation Coalition，DPC）等机构推出了一系列与电子数据取证相关的技术规范。

（一）美国国家标准与技术研究院

美国国家标准与技术研究院（National Institute of Standards and Technology，NIST）原名为美国国家标准局，1988 年更名为美国国家标准与技术研究院。NIST 下设 4 个研究所，其中计算机科学技术研究所负责商用 ADP 标准、信息处理标准等发展工作及计算机和有关系统的研究工作。NIST 出台的电子数据取证方面的标准和文件包括特别出版物（SP800）系列和内部报告（IRs）系列等。SP800 系列是指南文件，与电子数据取证相关的标准有：2004 年制定的《PDA 取证指南 SP800-72》、2006 年制定的《整合取证技术到事件响应指南 SP800-86》，2014 年修订的《蜂窝电话取证指南 SP800-101》。IRs 系列主要向特定读者描述相关技术方面的内容，与电子数据取证相关的有：2004 年制定的《PDA 取证工具：概述和分析 NISTIR7100》、2014 年制定的《云计算取证的挑战草案 NISTIR8006》等。

此外，NIST 为了制定相应的标准，开展了包括计算机取证工具测试项目（Computer Forensics Tool Testing，CFTT）、国家软件参考库项目（National Software Reference Library，NSRL）以及电子数据参考数据集 CFReDS（Computer Foresics Reference Data Sets）研究。其中 CFTT 项目旨在为确保司法组织及其他法律组织在电子数据取证中使用工具有效性而建立的一套关于取证工具的规格说明书、测试程序、测试标准、测试序列等的方法和标准体系。NSRL 项目负责建立一个包含各种软件的文件以及数字签名的目录，以便在电子取证执法时使用。CFReDS 项目旨在让信息安全事件的取证人员模拟电子数据勘查取证，也可用于检验鉴定设备的溯源。

(二) 英国首席警察协会

英国首席警察协会（Association of Chief Police Officers，ACPO）成立于1948年，该协会参与过由 IOCE 组织的计算机取证过程中应遵守 6 条基本原则的制定工作。英国首席警察协会推出了《电子证据取证的最佳实战指南》，ACPO 单独制定的规范有：1999年7月官方发布的《基于计算机的电子证据的最佳实战指南》2.0版，2007年7月发布4.0版。2011年推出的《面向管理者的电子犯罪调查的最佳实战指南》0.1.4版。其后随着实践工作的深入，ACPO 也不断修改和完善了《电子证据取证的最佳实战指南》内容，2011年10月其推出了官方5.0版。

ACPO 和英国国家警务改善局（National Policing Improvement Agency，NPIA）共同编制的标准有：2007年的《警察使用数字影像的实战指南》(*Practice Advice on Police Use of Digital Images*) 和2011年8月的《犯罪调查中使用数字 CCTV 系统的实战指南》(*Practice Advice on the Use of CCTV in Criminal Investigations*)。ACPO 联合英国内政部科学发展分处、英国国家警务改善局（NPIA）等部门先后推出了与电子证据取证相关的系列技术规范。[1]

(三) 澳大利亚标准国际有限公司

澳大利亚标准国际有限公司（Standards Australia International Limited，SAI）成立于1922年，前身为澳大利亚联邦工程标准协会，1988年改名为澳大利亚标准学会（Standard Australian，SA），1999年其由协会改为有限公司，现在取名为澳大利亚标准国际有限公司（SAI）。SAI 是非政府性质的公司，它与联邦政府签署备忘录认定其是澳大利亚最高的标准化机构，满足国家对先进的、与国际上保持一致的相关服务的需求。2003年，SAI 针对电子数据取证出版了指南 *Guidelines for the Management of IT Evidence*（HB 171-2003）。

在电子数据取证领域，国外多数国家没有制定自己的标准，而是直接参照美国或英国的取证标准。有部分国家和地区参照国际和英美标准，制定了符合自己国情的取证标准和方法。

---

[1] 参见《电子数据取证标准——英国篇》，载微信公众号：电子数据取证与鉴定，http://mp.weixin.qq.com/s/Sd0XOji_G8BB0voywXUbrg，2019年4月14日访问。

第三节 国内电子数据取证标准和技术规范

一、我国取证标准及技术规范

（一）国家层面的取证标准

与国外的电子数据技术标准的制定工作相比，我国在此方面的标准化工作起步较晚，但发展迅速。目前国家层面正式发布的关于电子数据取证的技术标准有4个。

1. GB/T 29360-2012 电子物证数据恢复检验规程

该标准2012年12月31日发布，2013年5月1日实施，标准按照GB/T1.1-2009给出的规则起草，该标准的提出和制定者是全国刑事技术标准化委员会电子物证检验分技术委员会（SAC/TC 179/SC7），标准也归属于该技术委员会管理。《电子物证数据恢复检验规程》标准规定了电子物证检验中数据恢复检验的方法，适用于法庭科学领域中的电子物证检验，不适于物理损坏存储介质的数据恢复。

2. GB/T 29361-2012 电子物证文件一致性检验规程

该标准2012年12月31日发布，2013年5月1日实施，标准按照GB/T1.1-2009给出的规则起草，该标准的提出和制定者是全国刑事技术标准化委员会电子物证检验分技术委员会（SAC/TC 179/SC7），标准也归属于该技术委员会管理。《电子物证文件一致性检验规程》标准规定了电子物证检验中文件一致性检验的方法，适用于法庭科学领域中的电子物证检验。

3. GB/T 29362-2012 电子物证数据搜索检验规程

该标准2012年12月31日发布，2013年5月1日实施，标准按照GB/T1.1-2009给出的规则起草，该标准的提出和制定者是全国刑事技术标准化委员会电子物证检验分技术委员会（SAC/TC 179/SC7），标准也归属于该技术委员会管理。《电子物证数据搜索检验规程》标准规定了电子物证检验中数据搜索检验的方法，该标准适用于法庭科学领域中的电子物证检验。

4. GB/T 31500-2015 信息安全技术存储介质数据恢复服务要求

该标准2015年5月15日发布，2016年1月1日实施，按照GB/T1.1—2009给出的规则起草，该标准的提出者是全国信息安全标准化技术委员会（SAC/TC260），标准也归属于该技术委员会管理。起草单位为国家信息中心、国家保密科学技术研究所和中国信息安全认证中心。《信息安全技术 存储介质数据恢复服务要求》标准规定了实施存储介质数据恢复服务所需的服务原则、服务条件、服务过程要求及管理要求。该标准适用于指导提供存储介质数据恢复服务机构针对非涉及国家秘密的数据恢复服务实施和管理。

（二）行业标准和技术规范

公安部在 2005 年先后发布了《计算机犯罪现场勘验与电子证据检查规则》（公信安〔2005〕161 号）、《公安机关电子数据鉴定规则》（公信安〔2005〕281 号）等关于电子数据取证的技术规范性文件。公安标准作为公安机关履行职责使命的行为规范和技术依据，是保障执法司法公平正义的重要手段，2008—2014 年，公安部共发布与电子数据相关的社会公安安全行业标准共 22 个，其中废止 3 个。具体的行业标准名称、功能简介及标准适用范围如表 5-1 所示。

表 5-1　　2008—2014 年公安部发布的社会公安安全行业标准

标准编号	标准名称	实施日期及状态	功能简介
GA/T 754-2008	电子数据存储介质复制工具要求及检测方法	2008-3-24 现行	规定了复制电子数据存储介质中取证工具的检测方法，适用于对存储介质内电子数据复制的取证软件和硬件设备进行检测。
GA/T 755-2008	电子数据存储介质写保护设备要求及检测方法	2008-3-24 现行	电子数据存储介质写保护设备要求及检测方法。适用于对存储介质内的电子数据进行写保护及其对写保护设备进行检测。
GA/T 756-2008	数字化设备证据数据发现提取固定方法	2008-3-24 现行	规定了从数字化设备发现提取固定证据数据，并保证证据数据原始性和证据数据完整性的方法。适用于在电子数据检验鉴定的工作中，从数字化设备发现提取和固定证据数据。
GA/T 757-2008	程序功能检验方法	2008-3-24 现行	规定了检验数字化设备程序功能，并保证检验过程可审计性的方法。适用于在电子数据检验鉴定工作中，检验本地数字化设备和远程数字化设备上运行的程序的功能。

续表

标准编号	标准名称	实施日期及状态	功能简介
GA/T 825-2009	电子物证数据搜索检验技术规范	2009-6-1 作废	规定了数据搜索检验的方法。适用于法庭科学领域中的电子物证检验。
GA/T 826-2009	电子物证数据恢复检验技术规范	2009-6-1 作废	规定了电子物证检验技术中数据恢复检验的方法。适用于法庭科学领域中的电子物证检验。
GA/T 827-2009	电子物证文件一致性检验技术规范	2009-6-1 作废	规定了电子物证检验技术中文件一致性检验的方法。适用于法庭科学领域中的电子物证检验。
GA/T 828-2009	电子物证软件功能检验技术规范	2009-6-1 现行	规定了电子物证检验技术中软件功能检验的方法。适用于法庭科学领域中的电子物证检验。
GA/T 829-2009	电子物证软件一致性检验技术规范	2009-6-1 现行	规定了电子物证检验技术中软件一致性检验的方法。适用于法庭科学领域中的电子物证检验。
GA/T 976-2012	电子数据法庭科学鉴定通用方法	2012-2-1 现行	规定了法庭科学鉴定时，电子证据数据的获取、检验分析与呈现的通用方法。适用于法庭科学鉴定工作中，获取、检验分析与呈现电子证据数据。
GA/T 977-2012	取证与鉴定文书电子签名	2012-2-1 现行	规定了取证与鉴定文书电子文档中的电子签名。适用于给予PKI的取证与鉴定文书的电子文档的电子签名。
GA/T 978-2012	网络游戏私服检验技术方法	2012-2-1 现行	规定了网络游戏私服的检验技术方法。适用于网络游戏知识产权保护案件中，涉案网络游戏是否为私服的检验。
GA/T 1070-2013	法庭科学计算机开关机时间检验技术规范	2013-9-30 现行	规定了电子物证检验中操作系统为Windows 2000、Windows XP、Windows 2003、WindowsVista、Windows 7的计算机开关机时间的检验方法。适用于法庭科学领域的电子物证检验。

续表

标准编号	标准名称	实施日期及状态	功能简介
GA/T 1069-2013	法庭科学电子物证手机检验技术规范	2013-6-1 现行	规定了手机检验方法。本标准适用于法庭科学领域中电子物证检验。
GA/T 1071-2013	法庭科学电子物证WINDOWS操作系统日志检验	2013-6-1 现行	规定了Windows操作系统，包括Windows 2000、Windows XP、Windows 2003、WindowsVista和Windows 7日志检验的方法。适用于法庭科学领域中的电子物证检验。
GA/T 1170-2014	移动终端取证检验方法	2014-7-9 现行	主要介绍了电子数据检验时，从移动终端（不包括具有无线上网功能的笔记本电脑）获取、分析与呈现证据数据的检验方法。
GA/T 1171-2014	芯片相似性比对检验方法	2014-7-9 现行	主要介绍了集成电路芯片相似性比对检验方法。
GA/T 1172-2014	电子邮件检验技术方法	2014-7-9 现行	规定了对电子邮件进行检验的技术方法。适用于在电子数据检验鉴定工作中，对电子邮件的真实性进行检验。
GA/T 1173-2014	即时通讯记录检验技术方法	2014-7-9 现行	规定了电子数据检验时，即时通讯记录获取、呈现和分析的检验方法。适用于电子数据检验中，获取、呈现和分析即时通讯记录。
GA/T 1174-2014	电子证据数据现场获取通用方法	2014-7-9 现行	规定了电子证据数据现场搜索、获取、固定和保存的通用方法。适用于在电子数据现场取证的工作中搜索、获取、固定和保存电子证据数据。
GA/T 1175-2014	软件相似性检验技术方法	2014-7-9 现行	规定了软件相似性检验的技术方法和步骤。适用于在电子数据检验鉴定工作中的软件的相似性检验。
GA/T 1176-2014	网页浏览器历史数据检验技术方法	2014-7-9 现行	规定了从网页浏览器中提取历史数据，并对提取的历史数据进行固定保全和检验分析的技术方法。适用于电子数据检验鉴定工作中提取、固定和检验网页浏览器历史数据。

2015—2017 年,公安部未发布电子数据相关的社会公安安全行业标准。由于我国法律法规的具体实施和以审判为中心的刑事诉讼制度改革的落实,为支撑公安执法规范化建设,2018—2019 年,一批支撑公安工作的电子数据取证行业标准得到广泛推广和应用。具体的行业标准名称、功能简介及标准适用范围如表 5-2 所示。①

表 5-2　　**2018—2019 年公安部发布的社会公安安全行业标准**

标准编号	标准名称	实施日期及状态	功能简介
GA/T 1475-2018	法庭科学电子物证监控录像机检验技术规范	2018-4-17 现行	规定了监控录像机电子物证检验的技术方法。适用于法庭科学领域中对监控录像机进行电子物证的检验。
GA/T 1476-2018	法庭科学远程主机数据获取技术规范	2018-4-13 现行	规定了以远程访问的方式获取远程主机数据的方法。适用于法庭科学领域电子物证检验中对远程主机数据的获取检验。
GA/T 1477-2018	法庭科学计算机系统接入外部设备使用痕迹检验技术规范	2018-4-17 现行	规定了典型计算机系统环境下外部接入设备使用痕迹检验的方法。适用于法庭科学领域中的电子物证检验。
GA/T 1478-2018	法庭科学网站数据获取技术规范	2018-4-13 现行	规定了对以 HTTP 和 HTTPS 协议方式提供的网站服务进行数据获取的方法和要求,包括网站服务器基本信息获取以及网站数据内容获取。适用于法庭科学领域电子物证检验中对网站数据的获取检验。
GA/T 1479-2018	法庭科学电子物证伪基站电子数据检验技术规范	2018-4-13 现行	规定了伪基站电子数据检验的方法。适用于法庭科学领域中对伪基站电子物证的检验。

---

① 注明:截至目前公安部发布的公共安全行业标准共 38 个,废除 3 个,合计 35 个。在本书正式出版之际,GA/T 1663-2019 法庭科学 Linux 操作系统日志检验技术规范,GA/T 1664-2019 法庭科学 MS SQL Server 数据库日志检验技术规范正在发布之中。

续表

标准编号	标准名称	实施日期及状态	功能简介
GA/T 1480-2018	法庭科学计算机操作系统仿真检验技术规范	2018-4-17 现行	规定了Windows、Linux以及Mac OS操作系统仿真检验的技术方法。适用于法庭科学领域电子物证检验中的计算机操作系统仿真检验。
GA/T 1544-2019	信息安全技术 网络及安全设备配置检查产品安全技术要求	2019-3-4 现行	规定了网络及安全设备配置检查产品的安全功能要求、安全保障要求及等级划分要求。适用于网络及安全设备配置检查产品的设计、开发及测试。
GA/T 1564-2019	法庭科学 现场勘查电子物证提取技术规范	2019-5-27 现行	规定了案(事)件现场勘查中电子物证提取的技术方法。适用于法庭科学领域中电子物证现场提取。
GA/T 1568-2019	法庭科学 电子物证检验术语	2019-6-15 现行	规定了电子物证检验的术语。适用于法庭科学领域中的电子物证检验。
GA/T 1569-2019	法庭科学 电子物证检验实验室建设规范	2019-6-15 现行	规定了电子物证检验实验室建设规范。适用于法庭科学领域中的电子物证检验实验室建设。
GA/T 1570-2019	法庭科学 数据库数据真实性检验技术规范	2019-6-15 现行	规定了法庭科学领域数据库数据真实性检验的技术方法。适用于法庭科学领域的电子物证检验。
GA/T 1571-2019	法庭科学 Android系统应用程序功能检验方法	2019-6-15 现行	规定了法庭科学领域检验Android系统应用程序功能的方法。适用于法庭科学领域对Android系统特定应用程序的功能检验。
GA/T 1572-2019	法庭科学 移动终端地理位置信息检验技术方法	2019-6-15 现行	规定了法庭科学领域移动终端中地理位置信息的检验和分析方法。适用于法庭科学领域的电子物证检验。

司法部在2014年和2015年先后发布了10个电子数据的司法鉴定技术规范,具体包括《电子数据司法鉴定通用实施规范》(SF/Z JD0400001-2014)

《电子邮件鉴定实施规范》（SF/Z JD0402001-2014）《数据库数据真实性鉴定规范》（SF/Z JD0402002-2015）《电子数据复制设备鉴定实施规范》（SF/Z JD0401001-2014）《软件相似性检验实施规范》（SF/Z JD0403001-2014）《手机电子数据提取操作规范》（SF/Z JD0401002-2015）《即时通信记录检验操作规范》（SF/Z JD0402003-2015）《破坏性程序检验操作规范》（SF/Z JD0403002-2015）《电子数据证据现场获取通用规范》（SF/Z JD0400002-2015）《计算机系统用户操作行为检验规范》（SF/Z JD0403003-2015）。笔者根据司法部颁司法鉴定技术规范一览表（http：//www.ssfjd.com/Public/Info/Default.aspx?ID=266）提炼和归纳整理的司法部在2014年和2015年集中发布的司法鉴定标准及技术规范如表5-3所示。

表5-3　2014—2015年司法部发布的司法鉴定标准及技术规范

标准编号	标准名称	实施日期及状态	功能简介
SF/Z JD0400001-2014	电子数据司法鉴定通用实施规范	2014-3-17 现行	规定了电子数据司法鉴定的通用实施程序和通用要求，包括鉴定实施中必要环节的程序规范以及技术管理要求。本技术规范适用于指导电子数据司法鉴定机构和鉴定人员从事司法鉴定业务。
SF/Z JD0401001-2014	电子数据复制设备鉴定实施规范	2014-3-17 现行	规定了电子数据复制设备的功能要求和检验方法，以及使用电子数据复制设备进行操作的步骤。本技术规范适用于复制电子数据存储介质存储的数据的软件和硬件设备的检测。
SF/Z JD0402001-2014	电子邮件鉴定实施规范	2014-3-17 现行	规定电子邮件鉴定的术语和定义、鉴定步骤、检验记录、鉴定意见的规范性要求。适用于电子数据鉴定中的电子邮件鉴定。
SF/Z JD0403001-2014	软件相似性鉴定实施规范	2014-3-17 现行	规定了软件相似性检验的技术方法和步骤。本技术规范适用于在电子数据检验鉴定工作中的软件的相似性检验。

续表

标准编号	标准名称	实施日期及状态	功能简介
SF/Z JD0401002-2015	手机电子数据提取操作规范	2015-11-20 现行	规范规定了电子数据鉴定中手机电子数据提取的方法和流程步骤。本技术规范适用于各类手机内置存储数据、存储卡数据和SIM卡中数据的检验。
SF/Z JD0402002-2015	数据库数据真实性鉴定规范	2015-11-20 现行	规定了数据库数据真实性鉴定的步骤和方法。本技术规范适用于电子数据鉴定中数据库数据的真实性鉴定。
SF/Z JD0403002-2015	破坏性程序检验操作规范	2015-11-20 现行	规定了对计算机信息系统中的破坏性程序进行检验、分析的操作规范和步骤。本技术规范适用于计算机信息系统中的破坏性程序的检验鉴定。
SF/Z JD0402003-2015	即时通讯记录检验操作规范	2015-11-20 现行	规定了即时通讯记录检验的技术方法和步骤。本技术规范适用于在电子数据检验鉴定中的即时通讯记录鉴定。
SF/Z JD0400002-2015	电子数据证据现场获取通用规范	2015-11-20 现行	规定了电子数据鉴定中电子数据证据现场识别、收集、获取和保存的通用方法。本技术规范适用于电子数据鉴定中电子数据证据现场识别、收集、获取和保存。
SF/Z JD0403003-2015	计算机系统用户操作行为检验规范	2015-11-20 现行	规定了计算机系统用户操作行为检验的技术方法和步骤。本技术规范适用于电子数据鉴定中的计算机系统用户操作行为检验。

2015—2017年，司法部也没有发布电子数据相关的司法鉴定技术标准及规范。在2018年和2019年间，为贯彻落实《关于健全统一司法鉴定管理体制改革的意见》，完善司法鉴定标准体系建设，司法部发布《电子文档真实性鉴定技术规范》等3项电子数据的司法鉴定技术规范。具体的行业标准名称、功能简介及标准适用范围见表5-4所示。

表5-4　　2018—2019年司法部发布的司法鉴定标准及技术规范①

标准编号	标准名称	实施日期及状态	功能简介
SF/Z JD0402004-2018	电子文档真实性鉴定技术规范	2019-1-1 现行	该技术规范规定了电子文档真实性鉴定的鉴定步骤、记录要求及鉴定意见。适用于司法鉴定/法庭科学领域中的电子文档真实性鉴定。
SF/Z JD0403004-2018	软件功能鉴定技术规范	2019-1-1 现行	该技术规范规定了软件功能鉴定的鉴定步骤、检验记录、鉴定意见的要求。适用于司法鉴定领域中的软件功能鉴定。
SF/Z JD0404001-2018	伪基站检验操作规范	2019-1-1 现行	该技术规范规定了伪基站检验的技术方法和步骤。适用于电子数据司法鉴定领域中伪基站的检验。

最高人民检察院发布了8项标准,具体包括数据擦除方法、电子证据一致性认定检验方法、复制件制作方法、电子证据数据恢复检验方法、电子证据条件搜索检验方法、电子证据解密检验方法、移动电话检验方法、移动电话SIN卡检验方法。②

二、取证标准和技术规范的现状分析

我国已开始着手建立关于电子数据取证的标准体系,我国刑事技术标准化委员会、国家信息中心、国家保密科学技术研究所和中国信息安全认证中心、电子物证检验分技术委员会、司法部司法鉴定管理局、司法部司法鉴定科学技术研究所、上海辰星电子数据司法鉴定中心等相关机构和组织在参考借鉴国外相关组织在信息安全领域方面对电子数据的研究成果和标准的基础上,结合我

---

① 参见《司法部颁司法鉴定技术规范一览表》,载中国政府法制信息网,http://www.moj.gov.cn/government_public/content/2019-8/15/tzwj_3229954.html,最后访问时间:2020年1月15日。注明:2020年5月29日,司法部发布关于发布实施《司法鉴定行业标准体系》等20项行业标准的公告,其中新增了4项电子数据鉴定行业新标准。分别是:SF/T 0075-2020 网络文学作品相似性检验技术规范、SF/T 0076-2020 电子数据存证技术规范、SF/T 0077-2020 汽车电子数据检验技术规范、SF/T 0078-2020 数字图像元数据检验技术规范。

② 刘品新:《电子证据的关联性》,载《法学研究》2016年第6期。

国的实际国情，出台制定了若干符合贴近我国司法实践实际工作需求的电子数据取证标准和技术规范。通过对这些标准和技术规范的分析，不难发现，当前我国关于电子数据取证的相关标准化工作存在着以下几个问题。

(一) 标准体系缺乏统一规划

目前已制定的国家标准有4个[1]，公安部制定的相关社会公安安全行业标准和技术规范有22项，司法部制定了10项标准和规范，最高人民检察院发布了8项标准和规范。整个标准体系没有整体规划，标准制定机构之间缺乏协调。[2]

例如，为适用于法庭科学领域中的电子物证检验需要，公安部在2014年制定了《电子邮件检验技术方法（GA/T 1172-2014）》《软件相似性检验技术方法（GA/T 1175-2014）》《即时通讯记录检验技术方法（GA/T 1173-2014）》等标准和技术规范。司法部也分别在2014年和2015年制定了《电子邮件鉴定实施规范（SF/Z JD0402001-2014）》《软件相似性鉴定实施规范（SF/Z JD0403001-2014）》《即时通讯记录检验操作规范（SF/Z JD0402003-2015）》等标准和技术规范，也适用于电子数据司法鉴定。

(二) 标准和技术规范体系涵盖范围不够全面

从电子数据取证技术模型看，早期有基本过程模型、事件响应过程模型、法律执行过程模型、过程抽象模型，后来出现了综合数字化调查过程模型、增强数字化调查过程模型和多维度证据分析模型。无论是哪种模型，提出的取证过程都是由证据获取、证据分析和证据报告几个阶段组成。取证工作涉及的技术方法包括：面临不同的证据源的发现技术方法、固定技术方法、提取方式，针对性不同的证据源的证据分析方法，以及取证报告的规范性写作方法。

现有的电子数据取证标准和技术规范体系尚不能够全面涵盖当前取证标准和技术规范的需求。目前4个国家标准主要是针对电子数据取证和检验鉴定过程中的个例问题，公安部颁布的标准和技术规范主要适用于法庭科学领域中的

---

[1] 电子证据取证技术的国家标准有四个：《电子物证数据恢复检验规程（GB/T 29360-2012）》《电子物证文件一致性检验规程（GB/T 29361-2012）》《电子物证数据搜索检验规程（GB/T 29362-2012）》《信息安全技术 存储介质数据恢复服务要求（GB/T 31500-2015）》。

[2] 郭弘：《电子数据取证标准体系综述》，载《计算机科学》2014年第10A期。

电子物证检验，而司法部多是为适应当前电子数据司法鉴定而制定的若干技术规范。就取证的过程来看，取证包括证据发现、固定、提取、鉴定或分析、报告生成阶段，电子数据的鉴定和物证检验仅仅是电子数据的证据分析阶段。

另外，现有的电子数据取证标准和技术规范体系尚不能够适时地满足司法实践的需求。例如，早期的软盘、硬盘、光盘、U盘、MMC/SD/CF等各种存储卡、智能卡等被广泛应用于日常生活中。随着信息技术的发展，各种智能设备不断涌现，诸如智能家居、无人机产品、智能交通工具、电子文身、智能穿戴设备、智能足球及智能运动手表等智能运用、传感器上的智能芯片等不断涌现，有些已经深入人们生活的多个方面。这些存储介质与设备的接口不断多样化，而且具备数据的存储、计算服务和联网功能，正因为此其也成为了计算机犯罪的工具。虽然有《数字化设备证据数据发现提取固定方法（GA/T 756-2008）》《电子数据存储介质复制工具要求及检测方法（GA/T 754-2008）》等技术规范，这些规范对部分存储介质进行了取证上的技术规范，但是仍不能满足当前司法实践的需要，而且这些技术规范颁布的时间久远，急需做适时的调整与完善。此外，现有的标准和技术规范体系还未涵盖云计算环境、海量数据环境下的电子数据取证标准和技术规范。

(三) 缺乏适应多样化证据形态的标准和技术规范

根据2016年10月1日最高人民法院、最高人民检察院、公安部联合颁布的《关于办理刑事案件收集提取和审查判断电子数据若干问题的规定》，该部规定中列举的电子证据类型不仅包括网页、电子邮件、即时通信、登录日志、数据库等电子文件，还包括如博客、微博客、朋友圈、贴吧、网盘等由网络平台发布的信息，以及用户注册信息、身份认证信息、电子交易记录、通信记录、数字证书、计算机程序等电子文件。

公安部近年出台了《法庭科学电子物证WINDOWS操作系统日志检验（GA/T 1071-2013）》《电子邮件检验技术方法（GA/T 1172-2014）》《网页浏览器历史数据检验技术方法（GA/T 1176-2014）》《网页浏览器历史数据检验技术方法（GA/T 1176-2014）》等技术规范。司法部先后出台了《电子邮件鉴定实施规范（SF/Z JD0402001-2014）》《即时通讯记录检验操作规范（SF/Z JD0402003-2015）》《数据库数据真实性鉴定规范（SF/Z JD0402002-2015）》等技术规范。

这些技术规范对于司法实践中的Windows日志、网页、电子邮件、数据库、即时通信类型的电子数据收集、分析等具有重大的实践指导意义。但是从当前制定的取证标注和技术规范来看，针对的电子数据形态的技术规范在种类上不多，制定的技术规范的数量有限，面对这些多样化的电子数据形态，取证标准和技术规范的数量仍然偏少。

第四节　可信电子数据取证标准和技术规范

一、取证标准和技术规范的选用因素分析

（一）电子数据鉴定标准体系框架

我国学者郭弘提出了电子数据取证标准拟分为4类的设计思路，分别为基础标准、方法标准、设备标准和管理标准。[①] 上海辰星电子数据司法鉴定中心及公安部第三研究所信息网络安全公安部重点实验室金波研究员等提出了电子数据鉴定标准体系框架[②]，如图5-1所示。

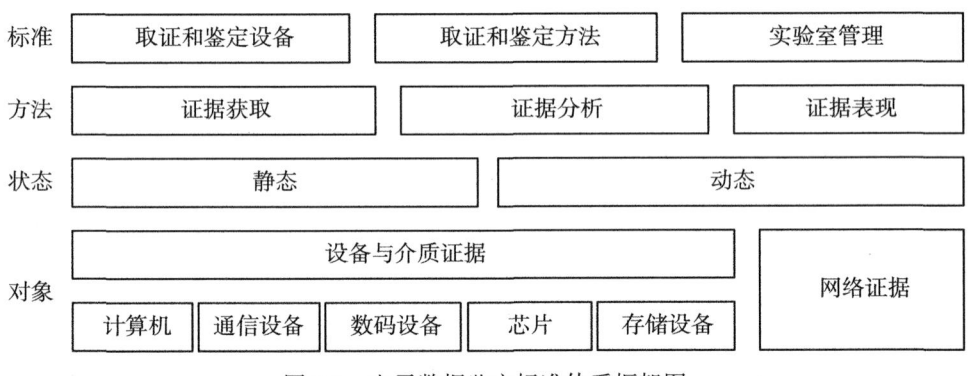

图 5-1　电子数据鉴定标准体系框架图

分析该鉴定标准体系框架，不难发现该体系框架包含三个基础因素，一是电子数据鉴定对象，包括设备和介质数据；二是电子数据鉴定对象的状态，主要分为静态和动态的电子数据；三是电子数据鉴定的过程和方法，强调了电子数据取证的3个阶段，即证据获取、证据分析和证据表现阶段。该体系框架在

[①] 郭弘：《电子数据取证标准体系综述》，载《计算机科学》2014年第10A期。
[②] 金波、杨涛、吴松洋、黄道丽、郭弘：《电子数据取证与鉴定发展概述》，载《中国司法鉴定》2016年第1期。

鉴定对象、鉴定对象状态和鉴定过程和方法的基础上提出了取证和鉴定设备标准、取证和鉴定方法标准和实验室管理标准的设计思路。

(二) 选择取证标准和技术规范的考虑因素

从取证的角度，取证包括证据提取、固定、移交、分析等各个取证阶段的工作，电子数据鉴定或电子数据分析是整个取证环节中的一环。在当前电子数据取证标准和技术规范还不够全面的前提下，对电子数据鉴定标准体系框架研究的重点无疑是对整个电子数据取证标准和技术规范的制定，对司法实践中实务人员选用取证标准和技术规范有着重要的借鉴和启示作用。借鉴电子数据鉴定标准体系框架提出的三个基础因素，笔者认为取证人员在选择取证标准和技术规范开展电子数据取证时需要考虑3个因素：取证过程规范性、取证对象的精准性、取证方法的针对性。

1. 取证过程的规范性

通俗点讲，取证过程指的是从证据获取到证据的法庭呈堂供证阶段。规范化的取证过程首先是电子数据的发现、固定和提取操作的规范，具体表现为电子数据取证应有事前准备阶段、现场勘查的证据提取和固定等规范操作。其次是电子数据分析或鉴定的规范，在侦查机关的电子数据取证实验室或第三方司法鉴定机构对电子数据进行全面分析操作的规范化。最后是电子数据陈述阶段的规范化。

2. 取证对象的精准性

这里的取证对象指的是取证的证据源。证据源包括介质载体和依附其载体上的不同证据形态的电子数据。常见的介质载体有电脑、移动硬盘、网络服务器、U盘、手机及各类存储卡、数码相机、摄像录音设备以及智能设备等。不同证据形态的电子数据包括网页、电子邮件、即时通信、登录日志、数据库、博客、微博客、朋友圈、贴吧、网盘等、通信群组、用户的身份认证信息、用户的注册信息、用户的通信记录、用户的转账支付记录、电子交易记录、用户数字证书等电子文件。不同的案件对应着不同的电子数据源，不同的证据源也影响着取证人员如何精确地选取取证标准和技术规范。[①]

3. 取证技术方法针对性

与传统取证不同，电子数据取证工作与技术是紧密相联的，取证技术方法

---

① 部分电子设备与存储介质及依附其载体上的电子数据取证标准和技术规范散见于公安部、司法部制定的相关取证标准和技术规范。

的重要载体是取证设备工具,电子数据取证离不开取证设备和取证技术方法的支持。取证人员在选择取证标准和技术规范开展电子数据取证时需要考虑取证技术,也需要考虑取证设备。取证设备的标准和技术规范包含取证设备的技术要求、设备的检测与校准方法等。取证技术又分为数据采集、固定、保存、检验分析与展示的技术,例如,电子数据固定保全技术方法、电子数据的关联分析技术方法等。

二、可信取证标准和技术规范的选择原则和规则

电子数据取证标准和技术规范的选择将影响法庭法官对电子数据取证操作的评价,影响到电子数据的证据资格有效性判断和电子数据的证据力判断,因此选择适合的取证标准和技术规范有助于提高电子数据的可信采纳。在案件侦查取证中,侦查取证人员应根据不同的案件情况,在电子数据取证过程中把握取证标准和技术规范选择原则,在取证工作中要规范取证过程的操作,合理细分取证对象,选择标准化的技术方法。

(一)可信取证标准和技术规范的选择原则

(1)应当遵守如下的顺序进行取证标准和技术规范的选用。首先是选择国家层面制定的电子数据取证标准和技术规范,其次选择公安部或司法部委托司法鉴定主管部门制定的电子数据取证标准和技术规范,最后是选用取证专业领域多数取证专家认可的电子数据取证标准和技术规范。

(2)在国家层面制定的和公安部、司法部等行业制定的取证标准和技术规范不全面的情况下,应该根据案件实际情况①,将电子数据取证过程划分为证据发现、固定、提取、分析或鉴定、报告生成等不同阶段,结合电子数据证据源、取证技术方法的要求,选择对应的取证标准和技术规范完成不同阶段的取证工作。

(3)在未有明确的标准和技术规范的指导下,在电子数据取证的不同阶段,根据证据源、取证技术方法要求的不同选择得到认证或已被公开使用并得到同行认可的,并且这些方法与技术能说明电子数据作为提供给法庭的证据是符合法律法规的,具有可信性、准确性、完整性,是能为法庭所接受的取证标

---

① 目前仅《网络游戏私服检验技术方法(GA/T 978-2012)》技术规范提供网络游戏私服的检验技术方法,用于网络游戏知识产权保护案件中涉案网络游戏是否为私服的检验。

准和技术规范。

（二）可信取证标准和技术规范的选择规则

取证过程的规范化、取证技术的标准化将直接影响到电子数据的证据资格有效性判断和电子数据的证据力判断。然而，当前我国电子数据取证标准体系缺乏统一规划，取证标准和技术规范体系涵盖范围不够全面，适应多样化证据形态的标准和技术规范缺乏。在司法实务中，不同类型的案事件有着不同电子数据源，自然而然在法庭上也会产生取证对象是否精准，取证方法是否具有针对性，取证过程是否规范的疑惑和质疑。笔者依托现有的取证标准和技术规范，以证据收集、固定、分析、报告为过程，提出了在取证过程中如何规范取证操作，如何选择标准化技术方法的若干运用规则。

一、准备阶段

第一条 全面了解案件，并根据案件具体情况，制定现场获取电子数据的目的、范围，人员分工，以及可能用到的电子数据取证设备。

第二条 明确现场获取电子数据时需采用的方法和步骤，以及证据获取的顺序，尤其是易失性证据的获取。

第三条 评估现场获取证据时可能造成的影响，并形成预案。

二、现场勘查

第四条 保护和记录现场。现场勘查作为电子数据取证最重要一环，取证人员进入现场后，应迅速封锁现场，进行人、机、物的隔离，查看现场的各个电子设备的使用情况和连接状态情况，保护现场的电子设备并做好现场记录，同时通过拍照和录像等方式对电子设备进行记录并予以编号保存。

三、证据获取

第五条 对于已经关闭的系统，应当扣押、封存载有电子数据的原始存储介质，封存电子设备和原始存储介质的前后应当拍摄或者录像并记录下来，应通过多个角度进行电子设备和原始存储介质封存前后的拍摄或录像，拍摄或录像应能清晰反映电子设备和原始存储介质封口或张贴封条处。

有特殊要求的电子设备和存储介质（如手机等无线设备），应当采取信号屏蔽、信号阻断或者切断电源等措施。应保证电子设备和存储介质的封存状态是完全屏蔽的。

第六条 对于已经关闭的系统，不便封存原始存储介质的，也可在关机状态下对电子设备和存储介质进行不拆机或拆机镜像提取。不拆机镜像获取可以通过类似 PE 启动的方式进行镜像获取，拆机镜像可以使用拷贝机进行镜像获取。①

第七条 即使能够扣押电子数据的原始存储介质，但其系统处于开机状态，也需进行易失性数据的提取和固定。有特殊要求的电子设备和存储介质（如智能手机等无线设备），应设置为飞行模式进行开机状态下的数据提取。

第八条 易失性数据提取和固定建议按以下步骤②：
（1）打开并未保存的文档。
（2）最近的聊天记录。
（3）用户名及密码。
（4）存储介质的状态信息。
（5）运行进程。
（6）操作系统信息。
（7）未来得及存储的数据。
（8）共享文档信息。
（9）网络用户连接信息。
（10）其他相关的文件信息、电子数据信息。

第九条 无法扣押电子数据的原始存储介质，但其系统处于开机状态，需进行易失性数据的提取和固定，进行开机状态下的镜像数据获取或在线取证。③

---

① 不拆机镜像可用特制的 Linux 系统，如 Paladin，Windows 系统如 Win FE 等。Windows PE 镜像环境下可用 X-Ways、FTK imager 等工具制作。拆机镜像工具有 Logicube 的 Talon E、Falcon、Cflab 的 WBD、SMD 等。参见《电子取证的一般流程》，载个人图书馆网，http：//www.360doc.com/content/16/1230/19/8534278_618953240.shtml，2019 年 12 月 17 日访问。

② 参见《电子数据证据现场获取通用规范》，载司法鉴定科学研究院官网，http：//www.ssfjd.com/Files/jsgf/4/27 电子数据证据现场获取通用规范.pdf，2019 年 12 月 17 日访问。

③ 在线取证（Online Forensics），也称网络取证（Network Forenscis）、远程取证（Remote Forensics）。在线取证的内容包括：以明文形式存在内存中的若干密码、执行的控制命令、与系统相连的若干网络设备信息、打开的网络端口及监听应用、用户登录信息，等等。参见 Remote Forensics，https：//www.securitywizardry.com/index.php/products/forensic-solutions/remote-forensics.html，2019 年 12 月 17 日访问。

在线取证中应在电子系统处于开机的状态下分析和提取系统的数据,包括:

(1)密码的检测,包括系统密码、保护存储密码、邮箱密码、WiFi 密码、网络密码等。

(2)打开的聊天工具及聊天信息记录。

(3)打开的邮件客户端中的邮件信息。

(4)打开的浏览器及网页信息。

(5)打开的应用程序及内容。

(6)系统连接的外设设备及信息,如手机助手、U 盘使用记录等。

(7)与其他取证活动相关的电子数据信息。

四、证据固定

第十条 从现场获取的上述所有电子数据,皆需计算电子数据和存储介质的完整性校验值,并进行记录。对于无法计算存储介质完整性校验值的,需记录说明不计算完整性校验值的理由。

第十一条 能扣押原始存储介质的,应当扣押、封存,并依照第五条规定的方法封存原始存储介质。无法扣押原始存储介质,可以提取电子数据的,应当在记录中注明不能扣押的原因、电子数据在原始存储介质的存放位置、提取的电子数据的出处或来源等情况。

第十二条 电子证据现场勘查和证据获取阶段,在整个过程中应有记录体现其操作。扣押和封存存储介质的前后,应当拍照,对扣押和封存的存储介质进行编号并贴上标识标记。开机状态或不在开机状态下从现场的电子系统或存储介质中提取电子数据时,对其关键步骤的操作应当采用录像形式。提取出的电子数据,应有必要的文字记录描述电子数据的提取方法,以及电子数据的出处和来源等情况。

不能扣押原始存储介质,又无法提取电子数据的,可采取打印、拍照、截屏,或者录像等方式固定相关电子数据,并详细、准确说明原因。

五、数据分析

第十三条 对于扣押的存储介质、电子设备,或从现场提取出的电子数据,应当制定数据恢复、提取、分析的电子数据工作目录。

移动终端设备、手机等设备的数据提取、分析数据,参阅《移动终端取证检验方法(GA/T 1170-2014)》《法庭科学电子物证手机检验技术规范(GA/

T 1069-2013）》《手机电子数据提取操作规范（SF/ZJD0401002-2015）》。

第十四条 未带操作系统的 U 盘、移动硬盘等扣押的存储介质，数据提取和分析检验，参阅《电子数据存储介质复制工具要求及检测方法（GA/T 754-2008）》《数字化设备证据数据发现提取固定方法（GA/T 756-2008）》。《电子数据存储介质写保护设备要求及检测方法（GA/T 755-2008）》。

第十五条 带操作系统的如主机硬盘等扣押的存储介质，建议对其物理对象的数据提取和分析，主要方法包括关键字搜索、文件内容复原技术[①]、分区表提取以及未使用区分析技术。关键字搜索等技术规范可参阅《电子物证数据搜索检验规程（GB/T 29362-2012）》。

第十六条 带操作系统的如主机硬盘等扣押的存储介质，对其基于文件系统数据的逻辑对象数据提取和分析，建议步骤如下：

（1）提取显示特征的文件系统信息，诸如目录结构、文件属性、文件名、日期和时间戳、文件大小和文件位置。

（2）通过比较计算的 Hash 值与真实的 Hash 值，来验证是否有数据的减少和已知文件的消失。

（3）通过存储介质如硬盘里的文件名和扩展名、文件头部、文件内容和位置，提取相关的文件。

（4）密码保护文件、加密文件和压缩文件的提取。

（5）删除文件的恢复。

（6）空闲区、未分配区的数据提取。

技术规范可参阅《电子物证数据搜索检验规程（GB/T 29362-2012）》《电子物证文件一致性检验规程（GB/T 29361-2012）》。

第十七条 不同案件类型和媒介需要不同的检查分析方法。用于网络游戏知识产权保护案中对涉案网络游戏是否为私服检查的技术规范可参阅《网络游戏私服检验技术方法（GA/T 978-2012）》。

案件中涉及 QQ、微信等即时通信记录的分析方法和技术规范可参阅《即时通讯记录检验技术方法（GA/T 1173-2014）》《即时通讯记录检验操作规范（SF/Z JD0402003-2015）》。

案件中涉及数据库分析的技术规范可参阅《数据库数据真实性鉴定规范（SF/Z JD0402002-2015）》。

[①] File Carving：磁盘之未配置空间内，自动寻找嵌附在这些硬盘空间的 doc、pdf 文件或 jpg 等图片文件。

在利用电子邮件进行犯罪的案件中，对电子邮件的分析方法和技术规范可参阅《电子邮件检验技术方法（GA/T 1172-2014）》《电子邮件鉴定实施规范（SF/Z JD0402001-2014）》。

案件中涉及恶意代码、破坏性程序分析的技术规范可参阅《破坏性程序检验操作规范（SF/Z JD0403002-2015）》。

数字版权侵权、软件侵权等案件中的分析方法和技术规范可参阅《电子物证软件功能检验技术规范（GA/T 828-2009）》《软件相似性检验技术方法（GA/T 1175-2014）》《电子物证软件一致性检验技术规范（GA/T 829-2009）》。

第十八条 没有标准和技术规范可借鉴应用的案件，在数据分析中，建议一般进行时间表/时间轴分析、隐藏数据分析、应用程序和文件分析、文件占有者和使用者分析。

时间表/时间轴分析中查看系统文件的时间及日期戳，并建立与案件相关的时间表/时间轴，同时查看系统和应用程序日志，包括错误日志、安装日志、连接日志、安全日志等。

数据隐藏分析包括：分析文件头部并关联对应的文件扩展名是否匹配，访问压缩文件、密码保护文件，主机保护区如 HPA 等。

应用程序和文件分析包括：文件名检查、文件内容检查、操作系统型号识别，安装应用程序与文件关联分析，文件之间关系分析，用户配置检查、应用程序存储文件及文件结构检查、文件元数据分析等。

文件占有者和使用者分析用于证实何人创建文件、修改文件和访问文件。其技术规范可参阅《计算机系统用户操作行为检验规范（SF/Z JD0403003-2015）》。

六、生成报告

第十九条 取证人员在取证完成后，需要对整个取证分析过程生成一个完整的报告，包括证据的获取过程、证据的整体情况描述、取证过程中所使用的工具及其版本、证据分析的步骤和方法、证据分析的结果。报告应该完整全面和准确。

第六章 电子数据取证技术

技术是关于某一领域有效的研究方法的综合,以及在该领域为实现特定目的而解决涉及问题的规则的全部。电子数据取证技术是对电子设备中可能涉案的电子数据进行发现、提取、保全、分析检验和报告生成的过程中所采用的一切技术手段。任何形式只要能够用以进行电子数据取证之用途,即可以纳入电子数据取证技术的范围。

电子数据取证技术支撑电子数据的识别,贯穿于整个电子数据取证过程中,电子数据取证技术是整个电子数据取证工作发挥关键作用的影响因素,其重要性不言而喻。电子数据取证技术直接影响甚至决定取证结果的证明能力和证明力。

随着互联网技术的发展,越来越多新的技术诞生并在社会生活中的诸多方面得到应用,也深刻地影响着电子数据取证工作。在当前司法实践中缺乏电子数据取证技术选择的评价情形下,如何正确运用科学可靠的取证技术是电子数据取证工作的核心要素之一,也是可信电子数据的内在要求之一。选取先进性、可靠性和适合性的电子数据取证技术不仅是取证结果之证据能力和证明力的重要保障,也是可信电子数据取证技术研究的重要问题。

第一节 电子数据取证技术概述

一、取证技术之于电子数据取证

(一)取证技术之于电子数据

电子数据取证工作主要是围绕电子数据进行的。通俗点讲,电子数据指在计算机或计算机系统运行过程中产生的,以其记录的内容来证明案件事实的电磁记录物。[1] 电子数据取证技术是一切能够用于电子数据取证工作的技术总和，电子数据取证技术可以看作对电子设备中可能涉案的电子数据进行发现、提取、保全、分析检验和报告生成的过程中所采用的一切技术手段。电子数据取证技术和电子数据之间关系紧密。

（1）电子数据的产生、存储和传输都必须借助于计算机技术、存储技术、网络技术等。首先，电子数据是在电子设备如计算机或计算机系统运行过程中产生的电磁记录，我们所谓的电子数据其实质上只是一堆按编码规则处理成的"0"和"1"二进制串，这种二进制串能够被计算机读懂，而人使用高级语言或者输入信息，计算机是读不懂的，必须经过数字化的转换过程生成二进制的机器语言。因此，对于这种看不见摸不着，具有内在无形性二进制数据，必须借助取证技术或取证工具去识别电子数据。

其次，电子数据又具有外在表现形式的多样性，可以文本、图形和图像的形式体现，也可以动画、音频及视频的形式体现。取证人员从未见到实际的数据，字母和数字这些数据经过转换得到的只是外在表现形式的一种描述，如何将这些数据信息有效地组织在一起，并翻译成人能看的外在表现形式，离不开电子数据取证技术。

（2）电子数据的有效应用离不开取证技术的支持。电子数据及其依附的环境可以很容易地被修改，可能是犯罪嫌疑人故意的修改，也可能是取证人员在收集中无意的修改，这种修改不会留下明显的失真信号。在电子数据分析阶段，当有人为因素或技术的障碍介入时，电子数据极容易被篡改、伪造、破坏或毁灭，并且与传统证据形式相比，被破坏后不留痕迹，难以凭肉眼判断。无论电子数据作为案件的侦查线索，还是成为法庭的呈堂证供，取证技术是查清和判断电子数据是否被改动过的技术保障。

（二）取证技术之于电子数据取证过程

按照取证的对象不同可以将电子数据取证分为基于主机取证和基于网络取证。基于主机取证的对象是存放在计算机硬盘、内存、外围设备中的文件、进程等信息；基于网络取证的对象是计算机网络中的报文信息和相应的服务的日志、审计信息。按照取证的时机不同，取证又分为实时取证和事后取证，事后取证，也称为静态取证，是指计算机在已遭受入侵的情况下，运用各种技术手

---

[1] 杨永川、李岩：《电子证据取证技术的研究》，载《中国人民公安大学学报（自然科学版）》2005年第1期。

段对其进行分析取证工作；实时取证，也称动态取证，指利用相关的网络取证工具，实时获取网络数据以此来分析攻击者的身份、企图，并获得攻击者的行为证据。

从取证过程的角度看，DFRWS 框架根据取证过程将取证技术分成如下六大类：识别类（Identification）、保存类（Preservation）、收集类（Collection）、检查类（Examination）、分析类（Analysis）、呈堂类（Presentation）。[①] 根据 DFRWS 技术框架，电子数据取证过程中涉及的取证技术有电子数据发现技术、电子数据保全技术、电子数据收集技术、电子数据检验技术、电子数据分析技术、电子数据呈堂技术等。[②] 从电子数据的发现到电子数据的呈堂供证整个过程，电子数据取证技术基本上贯穿每一个取证阶段。

1. 电子数据发现技术

电子数据发现是对被调查的计算机和相关设备及网络所提供的虚拟数字现场进行调查，去搜索和确认可能涉案的证据数据。电子数据发现环节所用到的具体技术包括关键词搜索技术、隐蔽代码发现技术、端口和漏洞扫描技术、网络数据包抓获技术、数据挖掘技术等。

2. 电子数据保全技术

电子数据保全用一定形式将电子数据固定下来，加以妥善保管，以便司法人员或律师分析、认定案件事实时使用。电子数据保全所应用到的具体技术包括数字摘要技术、数字签名技术、数字签名及时间戳技术、数据加密技术等。

3. 电子数据收集技术

电子数据收集是指面对众多未知和不确定性的数字信息，通过技术手段收集和获取确定性的、与案件相关的证据信息。电子数据收集所应用的具体技术包括软硬件的数据恢复技术、磁盘镜像技术、密码破解技术、数据复原技术、数据扫描技术等。

4. 电子数据检验技术

电子数据检验技术指的是在已收集好的电子数据基础上，结合案件进行合理解释、分析所涉及的技术，检验工作主要对已经收集来的电子数据进行检查、识别和提取。电子数据检验所应用的具体技术包括数据挖掘技术、数据解

---

① 参见刘志军：《电子证据完整性的几个关键技术研究》，武汉大学 2009 年博士学位论文。

② 杜春鹏著：《电子证据取证和鉴定》，中国政法大学出版社 2014 年版，第 82~84 页。

密技术、数据搜索技术等。

5. 电子数据分析技术

电子数据分析是指为了查明案件事实真相提供的证据分析，一般包括分析证实信息的存在、来源以及传播途径等。用于电子数据分析的具体技术包括日志分析技术、数据解密技术、数据挖掘技术、对比分析技术等。

6. 电子数据呈堂技术

电子数据呈堂指在对调查对象进行全面梳理和分析的基础上，进行数据汇总并得出分析意见。电子数据呈堂内容包括对证据的真实性和完整性的情况说明、对证据意义和不同证据之间的相互关系的理解，对电子数据生成过程中相关系统环境和网络环境的说明，以及对调查过程中发现的其他信息等进行说明或解释的情形。

二、电子数据取证技术的发展

(一) 电子数据取证发展

电子数据取证成立于 20 世纪 70 年代，其发展阶段可以分为：婴儿期（1985—1995 年），儿童期（1995—2005 年），青春期（2005—2010 年），新时期（2010—至今）。[1] 在婴儿期，个人电脑的普及和 Internet 网的出现带来了大量的计算机犯罪。参与取证的人员数量和人员所涉及的专业训练均较少，取证目标主要是大型机、个人计算机、公司的数据记录和计算机辅助欺诈[2]，在取证技术方面主要以数据恢复技术为主。在儿童期，取证目标从独立的个人计算机扩大到网络入侵、数据解密等专业化领域，出现了基于 Windows 界面取证工具，如 Expert Witness、Encase、FTK、iLook、ACES 等；基于 Linux 取证工具，如 TSK、SMART、HELEX 等，与此同时，网络取证技术和内存取证技术和对应的取证工具都得到了发展。

在青春期，取证目标更加多样化，取证的对象不仅包括文件系统、网络，还包括手机、MP3、PDA，以及网络社交系统、手机游戏平台、电子邮件、商业业务记录系统等。新时期（2010—至今），以云计算、大数据和物联网等为

---

[1] 许兰川、卢建明、王新宇、许桃：《云计算环境下的电子取证：挑战及对策》，载《刑事技术》2017 年第 2 期。

[2] 参见郭永健：《云计算冲击下的网络安全与云取证》，载百度文库，http://wenku.baidu.com/view/de336b70f46527d3240ce0e0.html，2019 年 4 月 6 日访问。

代表的新一代技术扩大了取证对象的范围。

(二) 取证技术的定义及发展

取证技术被定义为数字取证技术（Digital Forensics）、电子取证技术（Electric Forensics）、计算机取证技术（Computer Forensic）、网络取证技术（Networks Forensics）、计算机网络取证技术、Internet 取证技术、云取证技术等，其定义的角度各不相同。

"数字取证"这个术语是在 2001 年召开的数字取证研讨会上被提出并被建议使用的，用来描述本领域的所有内容，其后"数字取证"就成为了学术界普遍接受的技术性名词。数字取证指的是使用合法、合理、规范的技术或手段，从计算机或其他数字设备中对电子数据进行提取、固定、保存、分析和出示的过程。维基百科指出计算机取证、移动设备取证、取证数据分析、数据库取证等构成了数字取证。[1]

随着互联网应用的普及和网络犯罪案件的增多，相关的取证定义也由早期的传统计算机取证发展到了数字取证和网络取证。网络取证指的是通过对网络数据流、审计迹、主机系统日志等进行实时监控和分析，发现对网络系统的入侵行为，自动记录犯罪证据，并阻止入侵行为对网络系统的进一步入侵。[2] 网络取证主要侧重于对网络流及其他网络数据的监测、收集以及分析。网络取证一是通过网络取证技术监测、评估异常的网络数据流与非法访问，二是通过网络取证技术对存在于计算机、相关外设以及网络数据流中的数据，进行捕获、重组、解析、分析和归档，找到入侵者或入侵源，重构入侵场景，为法庭提供可信的、可靠的、有说服力的电子数据。[3]

后来随着先进的虚拟存储管理技术和互联网技术的发展，云存储和云计算正成为互联网发展的前沿并得到广泛的应用。云取证指的是通过科学原理、技术实践、推导和可验证的方法来进行电子数据的获取、保存、分析和出示，并

---

[1] 参见 "Digital Forensics"，https://en.wikipedia.org/wiki/Digital_forensics，2019 年 4 月 6 日访问。

[2] "网络取证"一词在 20 世纪 90 年代由计算机安全专家 Marcus Ranum 最早提出，但因为当时网络应用的范围还很有限，早期用的更多的术语则是电子取证或数字取证。

[3] Hunt R: "New Developments in Network Forensics Tools and Techniques", In 2012 18th IEEE International Conference on Networks (ICON), *IEEE*, 2012, pp. 376-381.

重建过去的云计算环境中的事件。① Ruan 等人将云取证定义为在云计算环境下应用的数字取证，是网络取证的一个子集②，如图 6-1 所示。

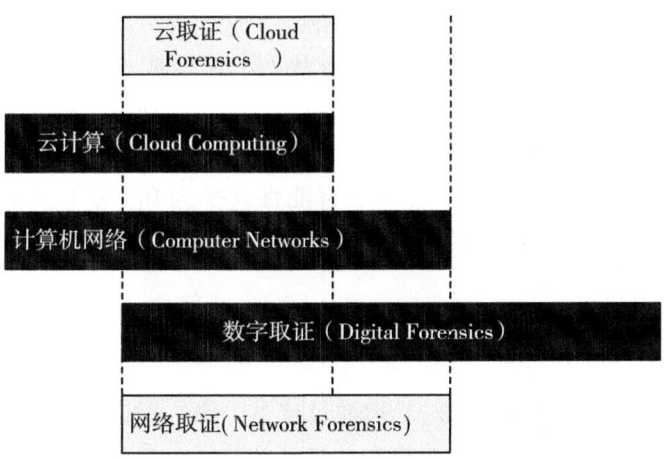

图 6-1 数字取证、网络取证、云取证之间的关系

总的来说，数字取证与当前发展中的网络取证、云取证一起成为电子数据取证的研究对象。数字取证的取证对象主要是计算机、数字设备及其依附于其上的电子数据。网络取证及云取证的取证对象主要是网络流及其他网络数据。

第二节　数字取证技术

一、计算机取证技术

（一）镜像技术

镜像技术就是使用专业的数据获取工具将嫌疑计算机硬盘或存储介质，如 U 盘、SD 卡、TF 卡、移动硬盘、光盘等中的数据，按 bit-to-bit 的方式进行精确的复制，并以文件的形式保存。镜像技术的作用是将证据进行固定，证据固

---

① K. Kent, S. Chevalier, T. Grance, and H. Dang: "Guide to Integrating Forensic Techniques into Incident Response", *NIST Special Publication*, 2006, pp. 800-886.

② Ruan K., J. Carthy, T. Kechadi, M. Crosbie: "Cloud Forensics", *7th IFIP Advances in Digital Forensics VII*, 2001, Vol. 361, pp. 35-46.

定必须符合严格的操作规范，同时证据文件格式还要符合法庭接受的标准。

目前，Linux DD 镜像格式和 Expert Witness 证据文件格式①是当前取证实践中通用的证据文件格式。以 Encase E01 镜像格式为例，其证据文件中包含有三个组成部分：文件头、校验值和数据块。这三部分组成了对于一个原始证据的描述，并可重新恢复成数据的原始状态。在生成 E01 格式证据文件时，要求用户输入与调查案件相关的信息，如调查人员、地点、机构、备注等。这些信息将随证据数据信息一同存入 E01 文件中。文件的每个字节都经过 32 位的 CRC 校验，这就使得证据被篡改的可能性几乎为 0。为了保证证据文件真实有效，获取证据的同时需要利用特定的哈希算法（例如 MD5 算法）计算并验证证据文件的哈希值。②

（二）恢复技术

数据恢复（Data Recovery）是指通过技术手段，将保存在电子设备③上丢失的电子数据进行抢救和恢复的技术。数据恢复涉及系统的硬件层面和软件层面，比如需要对硬件进行修复或者替换的操作技术归为硬件恢复技术，硬件恢复技术主要包括修理或替换硬件、读取盘片和修复伺服软件三种类型。软件层面的数据恢复主要是基于硬盘、优盘、软盘等介质上的存储原理展开的恢复技术操作。

例如，硬盘是以扇区为基本单位存放数据的，为了方便硬盘的管理，首先采用分区工具对硬盘进行分区，在硬盘的第一个扇区建立分区信息表。④ 接下来是进行格式化分区，将分区划分为文件分配区和数据区，其中目录文件分配表类似于书的章节目录，记录着文件的属性和大小等信息，数据区存储文件的内容。向硬盘里写文件时，系统先向文件分配表写入文件名称和大小，然后根据文件分配表中数据区的空闲空间、数据区的起始位置等信息，向数据区写入文件的内容，至此，文件的存放工作结束。

1. 删除操作及恢复

删除一个文件时，系统将在该文件的前面写一个删除标志，由系统通知文

---

① Encase 采用的 E01 镜像格式。
② 任雪飞、杨永川：《计算机取证技术综述》，载《信息网络安全》2011 年第 1 期。
③ 台式机硬盘、笔记本硬盘、服务器硬盘、存储磁带库、移动硬盘、U 盘、数码存储卡、MP3 等电子设备。
④ 在硬盘的第一个扇区标注硬盘的分区数量、每个分区的大小、起始位置等信息，也称主引导记录（MBR）。

件分配表去执行。该文件有了删除标志时,表示其占用的空间被"释放"了。当数据恢复时,只需要去掉该文件的删除标志,就可以恢复回删除文件的数据。①

2. 格式化操作及恢复

格式化操作是对文件分配表进行操作,没有对数据区做任何操作,系统通知文件分配表去将所有文件写上删除标志。此时文件目录里已没有了被删除的文件的内容,但实际上数据区的数据内容还存在着。当数据恢复时,只需要去掉这些文件的删除标志,就可以恢复被回格式化的文件数据。

3. 数据覆盖操作及恢复

在删除文件数据后,如果之后又有其他数据对其原有的部分或全部存储空间进行占据,则称之为数据覆盖。文件有了删除标志后,其被"释放"的空间可能就会被新文件占用,新文件的数据内容可能会覆盖有删除标志文件的数据区的数据内容。当数据恢复时,新数据只是覆盖掉数据分区的部分空间,去掉新内容占用的空间,在数据区未占用的空间,即未分配的空间和闲散空间里留有部分数据,在这些空间里能提取到少量的文件碎片。

数据恢复技术在电子数据取证中应用比较多,常见的应用服务有硬盘数据恢复、U 盘数据恢复、RAID 磁盘阵列数据恢复、手机系统数据恢复、Linux 系统内数据恢复,以及网络存储的相关数据恢复等。目前,市面上也有大量的数据恢复工具和软件②支持电子数据取证中的数据恢复应用,但在取证实践中,Linux 系统数据的恢复不常见,尤其是企业服务器数据较难恢复。

(三) 密码恢复

密码恢复指对受密码保护的原始数据及被加密的文件进行处理,因为明文中有冗余度,所以能够利用该特点恢复或破译密码。③

1. 穷举攻击法

---

① 前提是没有新的文件写入,该文件所占用的空间没有被新内容覆盖。

② 数据恢复的工具包括效率源 Data Compass、SalvationData、PC-3000、FinalData、Easy Recovery、Easy Undelete、PTDD、WinHex、R-STUDIO、DiskGenius、RAID Reconstructor、AneData 安易硬盘数据恢复软件、D-Recovery 达思数据恢复软件、易我数据恢复向导等。参见"数据恢复",载百度百科,https://baike.baidu.com/item/%E6%95%B0%E6%8D%AE%E6%81%A2%E5%A4%8D/3346763? fr=aladdin,2019 年 10 月 7 日访问。

③ Casey E.:"Digital Evidence and Computer Crime Forensic", *Computer and the Internet*, 2011, Vol. 11, p. 373.

穷举攻击法可以划分为穷举明文和穷举密钥两类，穷举密钥是指攻击者依次使用各种可能的解密密钥对截收的密文进行试译，如果某个解密密钥能够产生有意义的明文，则判断相应的密钥就是正确的解密密钥。当密钥空间扩大以后，采用穷举密钥的方法，在破解的过程中需要尝试更多的解密密钥，采用穷举攻击法进行破解需要付出的代价很可能超过密文破解产生的价值。

2. 统计分析法

统计分析法是通过分析明文和密文的统计规律来破解密文的一种方法。密文统计规律的获取是统计分析法的前提和条件，在获得密文的统计规律后，需进一步获得明文的统计规律，两者进行比较研究，发觉和提取明文和密文中的对应关系，进而完成密文破解。

3. 数学分析法

数学分析法是指攻击者针对密码系统的数学基础和密码学特性，利用一些已知量，如一些明文和密文的对应关系，通过数学求解破译密钥等未知量的方法。对于基于数学难题的密码系统，数学分析法是一种重要的破解手段。

（四）开机取证技术

开机取证就是在不关闭嫌疑人计算机系统，在系统运行时收集相关信息以完成的取证工作。因为在很多案件中，有一些即时聊天程序客户端并不会自动保存聊天记录信息，最佳的证据和信息源存于计算机内存中。还有一些案件，取证人员需要知道系统中是否有木马或者恶意程序的运行，在系统运行的时候，到底发生了哪些行为等。

开机取证分为本地开机取证和远程开机取证。本地取证是通过本地计算机系统的控制台输入命令，信息保存在本地硬盘、移动介质（闪存、USB 盘）或映射到本地的网络共享驱动器中。远程开机取证是调查取证人员在拥有远程登录权限后，通过网络获取远程系统信息的取证。批处理文件可以作为构建开机取证方法的基础，最简单的方法是取证人员编写具有弹性的批处理文件和脚本，或利用一些工具进行计算机运行系统的开机取证。①

开机取证要尽少量改变原有运行的系统信息，在数据收集时注意获取信息顺序。一般案发现场开机取证获取的信息包括：系统时间、当前登录用户、网络链接、进程信息、网络状态信息、命令行历史信息、剪贴板内容、共享信息等。

---

① 黄文汉：《基于 Windows 系统的开机取证方法研究》，载《电脑知识与技术》2012 年第 10X 期。

(五) 证据分析技术

证据分析是通过拼接在调查取证过程中收集来的零碎证据和信息，以便更好地判断受害者与罪犯之间所发生的事实真相的系统过程。推理就是将特定的案发现场的犯罪行为汇总起来用来推断是谁及在何时何地、采用何种方法做了什么事情，同时将相互关联的犯罪行为汇总分析，推断案犯的惯用手法，甚至是他们的犯罪动机。①

不同的犯罪案件适用不同的分析技术。一般来说，证据的时间分析技术、日志分析技术、数据隐藏分析技术、应用程序和文件分析技术、归属及持有者分析技术等是常见的证据分析技术。②

1. 时间分析技术

对于计算机而言，大多数操作系统保存了文件和文件夹的创建时间、最后一次更改时间以及其访问时间，这些日期时间戳对于确定对计算机进行了何种操作极其重要。除了文件日期时间戳之外，一些应用软件还在文件、日志和数据库中嵌入了日期时间信息，以便展示在计算机上各种活动的时间，诸如近期访问过的网页的时间。

主要的时间性推理分析方式有时间活动表、时间柱状图、坐标网格等。时间活动表用于建立一个文件创建时间、访问时间和修改时间的事件活动时间表，可以帮助取证人员识别证据模式和证据的不足，以便进一步揭露罪行或者发现其他的证据源。时间柱状图的时间信息可以突出某些犯罪特征、揭示突出罪犯重复的行为模式和反常情况。坐标网格用以强调案件发生的特征。

2. 日志分析技术

日志是按照一定策略来记录系统活动的文件。一般操作系统自身可以提供系统日志、安全日志和应用程序日志，防火墙和入侵检测系统等安全组件能提供相应的日志，这些日志可以完整记录所有操作、过程或事件，通过日志文件分析可以获得诸如用户 IP 来源、被访问文件、被访问端口、执行的任务或命令等信息，找寻与案件相关的证据信息。③ 常见的日志分析技术方法包括：日

---

① 王宁、刘志军、麦永浩：《电子证据取证中的推理分析技术》，载《信息网络安全》2010 年第 3 期。

② Hashem, Sherif、Abdalla, Salma："Computer forensics guidance model with cases study", In 3rd International Conference on Multimedia Information Networking and Security, MINES, 2011, pp. 564-571.

③ 蒋平、黄舒华、杨莉莉著：《数字取证》，中国人民公安大学出版社 2007 年版，第 69 页。

志文件的完整性和一致性的检查分析、网络和服务器端口关联日志的搜索分析，基于日志内容的完整性和一致性的检查分析，假冒 IP、假冒账号等异常行为的识别，日志信息的数据挖掘等。

3. 数据隐藏分析技术

数据隐藏指的是在公开的信息中秘密隐藏机密信息，机密信息通过公开的信息来实现传递。数据隐藏载体主要有图片、声音、视频和网页等多种类型，在实现信息嵌入时需要根据原始载体的特点，考虑嵌入的信息容量、嵌入的强度等因素选择合适的隐藏算法。如在音视频文件和图像中实现数据隐藏，可以利用人类视觉或者听觉系统对于这些载体的掩蔽效应实现秘密信息的嵌入。文本类数据可以通过调整字间距或者行间距的方法来实现信息嵌入。HTML 文件可以通过修改标记名称或者属性值的大小写等方式实现信息嵌入。①

数据隐藏分析就是通过各种方法，从一些看似正常的多媒体载体中，破译或找出被怀疑隐藏的秘密信息。目前常用的分析方法有感官检测、统计检测、特征检测。

二、移动数字设备取证技术

（一）移动数字设备取证的研究对象

无线通信技术的普及和智能终端应用的便捷带来了诸多的安全问题以及针对智能终端的犯罪活动。移动支付等涉及个人财产和隐私信息的应用层出不穷，导致针对移动通信系统的犯罪激增，移动数字取证也成为当前数字取证的主要工作之一。根据移动互联网的组成方式，移动数字取证分为 4 类，主要包括：移动设备取证，包括各种不同型号品牌的手机、平板电脑 PDA、自带设备办公 BYOD、各种不同的物联网终端等；移动数字系统取证，包括各种移动终端操作系统的取证；移动网络取证，包括对各种协议的分析和网络中传输的数据包的截取与提取分析；移动应用取证，包括对各种不同的应用采取不同的技术方法有针对性地进行证据获取和分析。②

从移动设备的证据源角度看，移动设备的数字数据分为 3 个部分，包括易

---

① 夏淑华：《信息隐藏技术及算法分析》，载《信息系统工程》2017 年第 3 期。
② 丁丽萍、岳晓萌、李彦峰：《移动数字取证技术》，载《中兴通讯技术》2015 年第 3 期。

变性数字数据、固定性数字数据及文件系统之数字数据。① 易变性数字数据包括设备识别记录器上的移动用户暂时识别码（TMSI）、区域识别码、基地台与手机位置电信讯息、GPS 轨迹记录器上卫星位置、接收机所在位置的坐标、移动速度、时间，RAM 上的密码、加密秘钥、用户名、应用程序数据、系统进程和服务数据。固定数据包括 SIM 卡上的电话号码、电话簿，国际移动用户识别号（IMSI）、国际移动设备识别码（IMEI），个人识别码（PIN 码）、解锁码（PUK）。文件系统数字数据包括个人讯息管理系统（PIM），包括电话簿、个人笔记、日志、地址簿、重要日期日历、通信、项目管理、Web E-mail、浏览网页记录、网络连接记录；Map Display 地图显示记录数据；文字、图形、声音、影像等格式文件与删除文档；个人电话联络、SMS 与 MMS 短讯、手机电子邮件等接收与传送记录，移动设备安装的各类 APP，系统状态、系统设置或配置等。

（二）移动数字设备取证技术

近年来，利用移动终端尤其是智能手机进行各类非法活动或犯罪的行为不断出现，与此同时，手机取证工具的发展也尤为迅速。国外的技术产品主要有以色列 Cellebrite 公司的 UFED Touch、瑞典 MicroSystemation 公司的 XRY、俄罗斯 Oxygen Forensics 公司的 Oxygen Forensic Suite、美国 AccessData 公司的 Mobile Phone Examiner Plus（简称 MPE+）、美国 Susteen 公司的 Secure View、美国 Paraben 公司的 Device Seizure、捷克 COMPELSON 公司的 Mobiledit Forensic、韩国 FINALDATA 公司的 FINALMobile Forensics 等。仅国产工具就有厦门美亚柏科的 DC-4501 系列、上海盘石软件的 SafeMobile、广州高奈特的全采通 108 系列、公安部第三研究所的取证先锋、大连睿海的 RH-6900、效率源的 SCE9168 等。②

移动设备取证分析可分为逻辑数据取证分析及物理数据取证分析。根据提取数字数据的不同手段和方式，自底向上可以将移动设备取证分为 5 个层次：

---

① 张志宋、戴天岳、沈明昌、贺宇才：《移动恶意代码攻击数字证据取证调查处理程序之研究》，载《计算机科学》2015 年第 B10 期。

② 参见《移动终端取证工具篇》，载微信公众号：电子数据取证与鉴定，https：//mp.weixin.qq.com/s?__biz=MzA4NTAzOTI4OA==&mid=401385845&idx=1&sn=99278ffc9b9200295621c4d1dcc79e72&scene=2&srcid=0215d94bM7MecotYIX5Kaoot&from=timeline&isappinstalled=0#wechat_redirect，2019 年 8 月 10 日访问。

人工分析、逻辑分析、十六进制镜像/JTAG、芯片分析，以及微读。①

1. 手工提取

手工提取是指直接在移动终端上通过按钮、触屏等方法浏览查看相关数据，并使用相机等翻拍设备记录证据。这种技术手段简单方便，但不足在于其只能在移动终端未设置密码或已知密码能正常开机的状态下提取，这种方式仅能获取已有数据，对于删除的数据无法进行提取和固定。

2. 逻辑提取

类似计算机系统中文件的拷贝，移动终端的逻辑提取就是当移动终端连接电脑后，对手机进行数据的同步传输，将移动终端设备中的短信、通话记录等传输到电脑中。在当前的移动数字设备取证中，大多数移动终端取证工具都能支持逻辑提取方式。

3. 十六进制镜像和 JTAG 提取

目前多数智能移动终端的 CPU 的底层协议是 JTAG，JTAG 的技术原理是通过向移动终端背后的 JTAG 点，向移动终端的 CPU 发指令，通过 JTAG 指令控制 CPU，将 FLASH 所有数据发给 CPU。② 取证实践中采用 JTAG 技术手段提取移动终端的完整镜像文件，可进行深度数据恢复。对移动终端进行十六进制镜像可以完整地获取移动终端存储芯片中的数据，只要在未覆盖的情况下，被删除数据通常都可以被提取。

4. 芯片分析

使用拆机清洗套件把移动终端存储芯片从移动终端设备上取出并清洗，把芯片放入适配器或置入芯片读取设备上，采用取证软件对芯片数据进行读取，或直接分析芯片本身的电路和协议，获取并分析原始镜像或相关数据。这种数据提取方式具有一定的破坏性，对于设备和检验人员来说都有相当的技术挑战。

5. 微读

FLASH 芯片被大量用于数字移动终端设备，FLASH 分为 NAND FLASH 和 NOR FLASH，NAND FLASH 芯片和 NOR FLASH 芯片用于存储资料，微读技术

---

① 参见"Guidelines on Mobile Device Forensics"，载维基百科，https://www.itbusinessedge.com/itdownloads/mobile-tech/guidelines-on-mobile-device-forensics.html，2019 年 8 月 11 日访问。

② 参见《物理提取：JTAG 提取技术》，载新浪博客，http://blog.sina.com.cn/s/blog_65f5ed270102vs2s.html，2019 年 8 月 11 日访问。

就是使用电子显微镜观察 NAND FLASH 芯片和 NOR FLASH 芯片在微观状态下的存储层,并进行数据还原的技术。这种技术属于电子数据取证技术领域的最尖端领域,目前还没有商业性的微读技术设备。

第三节 网络取证及云取证技术

一、网络取证技术

(一) 网络取证研究对象

简单地说,网络取证可以看作正在网络上传输的电子数据进行证据取证工作,网络取证主要侧重于对网络流以及其他网络数据的监测、收集以及分析。网络取证的目的是在犯罪事件进行时或网络数据传输过程中捕获数据,并提取和分析数据,用于指导相应的各种案件的侦破或为法庭提供可接受的、足够可靠和有说服性的电子数据。

网络取证的证据来源主要是由网络中的数据及其依附的电子设备组成,电子设备包括网卡、路由器、网关等网络设备、网络安全设备、应用软件。[1] 网络中的数据包括网络中运行的数据流、运行中产生的网站服务器日志记录、传统静态数据、动态数据(如寄存器、进程表、ARP 缓存等)。

究竟要捕获什么样的数据是网络取证考虑的首要问题。捕获的数据较多,但与案件无关是无用的,捕获的数据太少,提供的信息不足以支持案件的侦查也是无用的。因此,究竟要捕获什么样的数据就变成了对网络流的相关性,对捕获的数据的完整性的把握问题。[2] 相关性指在捕获网络流时捕获的数据要与案件相关,要采取一定技术过滤掉不相关的数据,数据的完整性指要求尽可能地捕获有关的网络数据,因为网络数据的传输是不可重复性的。

(二) 网络取证的证据获取和存储技术

网络取证中证据的存储可以利用完全备份、差异备份、增量备份等技术存

---

[1] 网络安全设备和应用软件包括 IDS、防火墙、反病毒软件日志、网络系统审计记录、网络流量监控记录等。参见胡东辉、夏东冉、史昕岭、樊玉琦、王丽娜、吴信东:《网络取证技术研究》,载《计算机科学》2015 年第 B10 期。

[2] 张有东、王建东、叶飞跃、陈惠萍、李涛:《网络取证及其应用技术研究》,载《小型微型计算机系统》2006 年第 3 期。

储系统中的所有可能成为证据的数据或是发生改变的数据,对于数据量较小的网络或计算机系统,其可以直接进行完全备份,即提取系统的硬件设备或存储设备,或是将数据备份到安全、稳定的取证设备中;对于大型的网络系统,其往往进行差异备份或增量备份,提取与之前不同的数据,如新产生的网络访问日志等。

网络取证的证据获取技术可以分为物理层、TCP/IP 层、网络应用层入手。在物理层,采用混杂模式设置主机网卡,在该网段内,主机就能接受同一物理通道中传输的信息,在此基础上,采用一定的技术或工具截取传输中的主要信息。在物理层采用的证据取证工具有 Wireshark、Sniffer、TCP Dump。TCP/IP 层获取技术是从网络上抓取数据包,调用路由器 IP 路由表对网络目的地址范围和如何到达路由器的信息进行分析处理。网络应用层获取技术是面向网络应用实现监控技术,Web 浏览、E-mail、NewsGroup、WebChat 和 Peer-to-Peer 网络事件等都是常见的网络应用。例如,电子邮箱是用于双方在网络上发送和接收邮件信息,同时也为双方在网络上提供存储资料,由于其含有丰富的证据来源,利用电子邮件可以获取重要的线索或潜在的证据,也可以追踪犯罪嫌疑人。取证人员可以在电子邮件网关上实施监控技术,设置一定的过滤机制和方法,这样满足条件的电子邮件就可以截取,同时对截取的电子邮件进行进一步的过滤、分类、分析和统计操作,提取需要的证据。[①]

(三) 数据挖掘技术

宽带网络应用及网络存储技术的不断发展,以及用户终端越来越广泛、社交网络越来越发达为 Web 服务带来的以人口基数为基础的可交互的庞大的数据量等,使得网络取证的电子数据是海量数据,使用数据挖掘技术从海量数据中提取所需要的数据是十分重要的。

数据挖掘(Data Mining)是从大量的数据中自动搜索隐藏于其中的有着特殊关系性(属于 Association Rule Learning)的信息的过程。数据挖掘也可以认为是采用技术和方法对数据进行规律寻找,用规律表示数据的技术方法。数据挖掘常用的方法有分类、回归分析、聚类、关联规则、神经网络方法、Web 数据挖掘等,这些方法从不同的角度对数据进行挖掘。数据挖掘技术的应用会随不同领域的应用而有所变化,每一种数据挖掘技术也会有各自

[①] 参见"Network Forensics",https://en.wikipedia.org/wiki/Network_forensics,2019年4月15日访问。

的特性和使用领域，针对不同问题和需求所制定的数据挖掘过程也会存在差异。数据源一般是数据库、数据仓库、Web 等，得到的数据称为数据集（DataSet）。

合适的数据挖掘技术和方法也能应用于网络取证分析中，不过拟先建立犯罪行为的特征库。犯罪行为特征库可以理解为对不同类型的犯罪行为进行分析，提取该类犯罪行为的特征并建立犯罪行为特征库，其后，在犯罪行为特征库的基础上，使用数据挖掘技术和方法去挖掘数据，比对分析、发现有用的信息，满足案件的侦查需要。

二、云取证技术

（一）云取证研究对象

云取证离不开云计算，对于到底什么是云计算？云计算自 2006 年在搜索引擎大会（SES San Jose 2006）上被首次提出以来，云计算的概念至少可以找到 100 种解释，现阶段广为接受的是美国国家标准与技术研究院（NIST）给出的定义。[1] 通俗地讲，云计算可以理解为整合资源，物尽其用、以按需方式提供服务，并按需收费，其中针对不同的付费对象和使用对象，云计算提供硬件资源、应用平台、应用三个层面的技术和服务。[2]

利用云平台进行大数据计算的取证云计算服务称为云取证。[3] 云取证指的是在云平台中通过云计算环境获取犯罪信息，向有关机构提交云平台中采集获取到的电子数据，进行证据的分析，形成结论性意见，对犯罪嫌疑人进行司法判定。

与其他取证形式相似，云取证的第一步也是确定证据源。云环境下证据来源有本地客户端和云服务提供端。嫌疑人在利用云环境传输和处理信息的过程中会有一些文件碎片、网址缓存等遗留在本地终端（个人电脑、笔记本、手机及其他智能终端）。

---

[1] 参见"云计算"，载 360 搜索·百科，https：//baike. so. com/doc/580575-614558. html，2019 年 4 月 15 日访问。

[2] IaaS（Infrastructure as a Service）基础设施即服务、PaaS（Platform as a Service）平台即服务）、SaaS（Software as a Service）软件即服务。

[3] 王雅实、王立梅：《云计算环境与电子取证的研究》，载《计算机科学》2016 年第 B12 期。

第六章 电子数据取证技术

文献将云计算服务的应用系统架构分为 9 大层次结构①，包括了网络层（Networking）、存储层（Storage）、服务层（Servers）、虚拟化层（Virtualization）、操作系统层（OS）、中间件层（Middleware）、程序运行层（Runtime）、数据层（Data）、应用层（Applications）。如图 6-2 所示，在 SaaS 和 PaaS 服务中，日志信息能被调查取证者获得，相比较 SaaS 服务，PaaS 服务订户能建立其自身的应用，可以获得一些额外的数据，在 IaaS 服务中能获得操作系统级的数据信息。

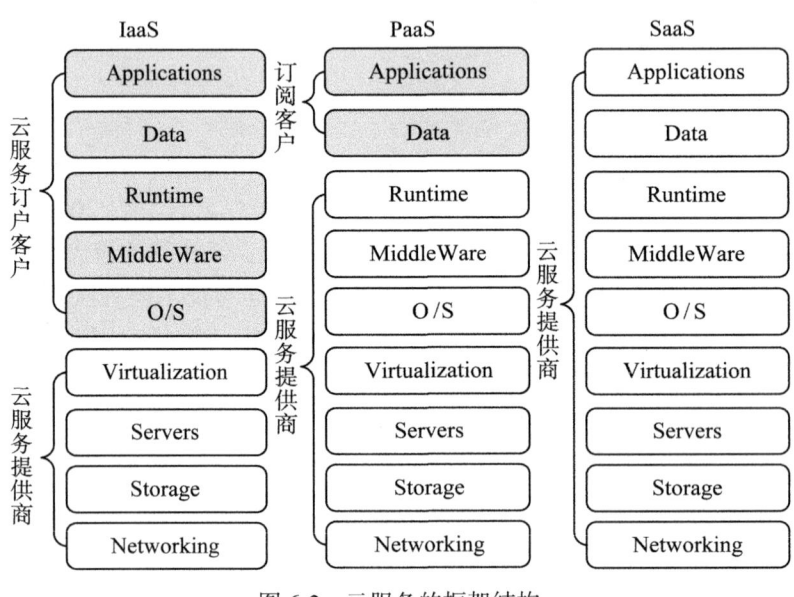

图 6-2 云服务的框架结构

（二）本地客户端取证技术

云计算借助云环境下的机器完成存储和计算工作，但是不管是何种云计算应用，都需要客户端或者浏览器端的参与，所以必然有不少关键数据会遗留在本地物理机器上。几种典型的云应用如 Amazon s3，Dropbox，Google Does，EverNote，大部分云产品都会在本地客户端（PC 端和手机端）留下一些重要

---

① Almulla, S, Iraqi, Y, Jones, A.："Cloud Forensics: A Research Perspective", In 9th International Conference on March 2013, Innovations in Information Technology（IIT），2013, pp. 17-19, 66, 71.

数据,如客户端留下的注册信息、安装信息、用户 Session、Cookie、浏览历史、下载历史、缓存数据等,而各类产品记录这些数据的目录也是固定的。

对本地客户端残余数据的取证工作方式与计算机取证、移动终端取证等方式相同,例如,使用开机取证工具收集本地终端的用户活动,利用数据恢复技术查找相关证据等。很多用户会使用本地数据与云数据的同步机制,在采用本地终端取证时,要了解订阅客户使用了哪些云服务和资源。凭借现有取证工具研究本地客户端残余数据数据,可能找到犯罪证据。

(三) 日志取证技术

日志是云取证过程中最重要的证据来源之一,但是在云环境下来自不同云服务提供商的数据格式并不统一,每个云服务提供商几乎都有自己的一套格式规范,日志的收集和分析都很困难。另外在 PaaS 和 SaaS 服务下,用户只能通过云服务提供商协助才能获取日志数据。而现有的日志通常是多用户数据混杂、包含大量与取证无关的冗余或敏感信息。

目前日志的获取和取证强调的是对第三方平台的研究,如通过第三方在云服务端和客户端构建日志模块,同步云服务端和客户端的日志记录,不需要云服务提供商来协助调查取证,方便取证者获得日志。如为保证云客户端数据的机密性,以第三方平台的形式存储虚拟机的日志,供取证调查者访问。如通过修改平台模块的 API,加入日志获取模块实现对虚拟化磁盘映像、API 日志和客户端防火墙日志的可信获取。[①]

三、电子数据保全常用技术

电子数据的保全就是在电子数据可能灭失或以后难以取得的情况下,通过各种技术手段把电子数据保存下来,并且用正确的方法加以管理,方便审判人员、检察人员或者律师进行分析、证明待证事实。电子数据保全既是数字取证也是网络取证过程中的重要一环,通常在取证过程中使用的技术有数字摘要、数字签名及数字时间戳技术、公证云技术。[②]

(一) 数字摘要

Hash 函数就是将任意长度的数据通过计算生成固定长度的数据,这个返

[①] 高运、伏晓、骆斌:《云取证综述》,载《计算机应用研究》2016 年第 1 期。
[②] 电子证据保全作为电子证据取证过程中重要的一个环节,其技术既可用于数字取证,也可用于网络取证,为行文所需,将此部分内容写作放入网络取证。

回的值被称为哈希值，或散列值。数字摘要，也称消息摘要，就是将不定长的数据（消息）作为输入参数，利用 Hash 函数，生成固定长度的内容，也称为是这个消息的消息摘要。这个过程是单项不可逆的且如果输入的消息不一样，就会产生不一样的消息摘要的值，利用这个特性，在取证过程中可以被用来证明电子数据如果在途中被改变了，则接收方可以通过对接收到的电子数据计算其消息摘要，这个消息摘要与前期的消息摘要进行比较，通过比较值就可知道电子数据是否被改变过，从而来保证电子数据的完整性。

在电子数据取证中，数字摘要的这个特性使得其成为电子数据文档化的重要工具，例如，在处理一个磁盘上的电子文件时，先计算消息摘要值，这样表示处理过程并没有改变数据。目前，MD5、SHA 是常使用的计算消息摘要的算法。

（二）数字签名及数字时间戳技术

数字摘要只有一个输入参数，就是消息本身，那么在数据的传输中就可能存在有人先截获数据，并计算其数字摘要的值，将这个值附在修改过的数据中一并发送给对方，因此数据的传输是不安全的。为解决这个问题，数字签名就被提出和应用了起来。数字签名的输入参数有两个：原始的数据和密钥，对原始数据进行数字摘要的计算，用密钥中的私钥对原始数据和数字摘要值进行加密，接收者收到这些数据后，用发送者的公钥进行解密。因为私钥是发送者独自拥有的，起着代表发送者签名的作用，同时接收者对原始数据也可进行消息摘要值的计算，比较两个数字摘要值，可起着认证原始数据的完整性的作用。由于公钥密码系统可以提供数字签名，也就成为了目前数字签名主要采用的技术，常见数字签名算法有 RSA 算法、椭圆曲线密码 ECC、ElGamal 系列密码等。

在电子数据取证中，可以把电子数据的数字摘要与时间信息结合起来使用，例如将电子数据的"当前时间"与数字摘要相结合，然后利用某个人在公钥密码系统中的个人私钥对这些结合的信息进行加密。在庭审中对电子数据有质疑时，可以通过某个人在公钥密码系统中的个人公钥进行解密，能证明该电子数据是否有过篡改，该电子数据由谁来操作，电子数据在什么时间被签名。

（三）电子数据公证平台

信息化时代产生的各类社会矛盾，越来越多地需要依赖电子数据来定纷止争。网络交易、即时聊天记录、电子邮件、电子合同、电子病历等都可能会成为各类社会纠纷的证据材料。但由于电子数据具有易失、易改、易变等特点，使得电子数据取证及其证明力问题受到关注，也产生了一系列电子数据公证平台。

电子数据公证平台是指由特定的网络公证机构，利用计算机和互联网技术，对互联网上的电子身份、电子交易行为、数据文件等提供证明以及证据保全等的公证行为。用户可以通过电子数据公证平台所提供的各种取证技术手段，以一定的形式将无形的电子数据加以固定并保存在电子数据公证平台所提供的平台用户数据库内及公证机构监督的公证数据库内。

电子邮件、即时聊天记录、网页信息、网络行为、电话语音等多种电子数据形式可以通过开展通话录音存证、现场录音存证、手机拍照存证、网页取证、远程服务器录像保全、本地客户端屏幕录像保全、网页实时截图保全、邮件取证等形式加以固定。

第四节　电子数据取证技术选择

一、电子数据取证技术选择的可信性问题

（一）新技术的应用增加了可信取证技术选择的难度

在以数字取证为主的电子数据取证中，其取证的步骤已经固化为证据发现识别、提取、固定保全、分析、报告几个步骤。虽然取证的对象不同，电子数据依附的设备不同，设备上装载的操作系统不同，但是取证的步骤是趋同的，所采用的取证技术也比较成熟。在证据提取阶段，可采用只读复制技术对硬盘或其他存储介质进行数据的复制，可采用开机取证技术提取易失性内存数据，也可采用数据恢复技术对已删除的文件内容或片段信息根据文件类型来恢复等。在证据分析阶段，针对不同操作系统环境下的外设使用痕迹信息、删除文件痕迹信息、使用浏览器痕迹信息、文件使用或下载痕迹信息、程序安装及执行痕迹信息等可采取相应的证据分析技术。从技术角度看数字取证过程，这些取证技术都是相对比较成熟、安全和可靠的，有些由这些技术开发出的取证工具设备已经通过了可靠性测试或者在取证实践中得到普遍性接受和应用。

随着互联网技术和计算机技术的发展，新应用环境犯罪也不断涌现。大量犯罪行为的实施均借助网络技术的运用而实现，犯罪规模和危害程度不断扩大，犯罪分工更加精细，犯罪手法更加复杂。对于电子数据取证而言，一方面互联网技术的发展和用户使用互联网载体习惯的改变，作为犯罪的工具——新型智能终端被大量使用，如云存储系统、Xbox、PS4 游戏主机、iCloud、可穿戴设备等。① 另一方面，从电子数据取证的证据来源来看，基于大数据、人工智能带动的公有云计算的市场需求空间，取证的来源数据越来越多地从终端设备向云端迁移，同时很多涉网犯罪行为的电子数据也向云端迁移。

涉网犯罪的日趋多发，新技术的应用增加了电子数据取证的难度。为打击涉网犯罪，国内外许多学术团队、研究团队、技术企业、机构以及个人提出了一些解决技术方案或开发出了技术性的原型系统。取证人员在取证过程中若选择这些技术方法，则面临着许多可信性问题，例如，该技术是否经过测试，是否能完整地提取证据？技术的可靠性多大，技术实施过程中若失败，对原有证据的损坏多大？该技术的原型系统的错误率多大，是否在一定的误差范围内？等等。

（二）司法实践对电子数据取证技术评估的需求

司法实践中，科学技术的发展使得在诉讼中对科学技术的认定事实有着巨大的需求和普遍的使用。采用科学技术产生的科学证据具有"科学性"，但不一定在司法实践中标明科学证据具有证明力，事实上，司法实践中的科学技术有时有很大的不确定性，有些科学技术方法的有效性还有待验证，仅凭科学证据就决定证据是否被采纳，在司法实践中是很有危险性的。如果要使科学证据成为法庭上被认定的证据，需要对科学证据所采用的科学技术、科学方法进行评估或设定一些应用规则。

就科学技术方法评估或科学证据的采纳规则方面，美国法庭在 1993 年以前对科学证据的采纳一直遵循 1923 年 Frye VS United Stadtes 案的法则——科学证据应具"普遍接受性"或"权威认可性"，即"法庭将接受一个公认的科学理论或科学发现演绎出的专家证言，但从中做演绎推理的东西必须有足够根基并在其领域得到普遍承认"。②③

---

① 金波、杨涛、吴松洋、黄道丽、郭弘：《电子数据取证与鉴定发展概述》，载《中国司法鉴定》2016 年第 1 期。

② Edward J. Imwinkelried、王进喜、甄秦峰：《从过去 30 年美国使用专家证言的法律经历中应吸取的教训》，载《证据科学》2007 年第 5 期。

③ 张凤芹：《Daubert 案与科学证据的采纳》，载《证据科学》1996 年第 4 期。

1993年以后，随着道伯特 VS 美里尔·道药品公司案的出现，美国联邦最高法院提出了科学证据采纳的道伯特（DAUBERT）标准新规则，该标准指出科学技术和其他专门知识不一定必须得到其领域的普遍接受，科学技术和其他专门知识具有相关性和可靠性，科学证据也可被采纳。

确定科学证据的可靠性应当从以下四个方面来进行判断①：

（1）依靠科学技术与科学理论方法形成的科学证据，其技术方法是否可以被重复验证。

（2）依靠科学技术与科学理论方法形成的科学证据，其技术方法是否有同行的复核，或者该技术方法被公开出版过。

（3）依靠科学技术与科学理论方法形成的科学证据，其技术方法是否有已知的或潜在的错误率。

（4）依靠科学技术与科学理论方法形成的科学证据，其技术方法在该领域内相关科学团体普遍接受性和接受程度。

对于电子数据取证而言，从一定程度上讲，电子数据取证和鉴定工作实际上几乎就是对各种取证技术的具体应用。法官接纳和采信电子数据，其内心必会衡量拟接纳的电子数据所提出的科学技术和科学方法是否有恰当的验证方法，或科学上存在着已知的有力理据支持等。

二、可信电子数据取证技术的选择规则

（一）取证技术选择的原则

技术评估也称技术评价，可以认为是科学技术对社会的影响进行的综合多方面性的分析，为决策提供咨询的一种手段，一般的技术评估通过建立综合评价的指标体系来进行考评。

电子数据取证技术目前还未建立一套评价指标体系，取证操作中取证技术的选择主要依赖于取证人员的操作经验和对其的技术判断，这种模式难以保障取证中获取证据的可信性。笔者认为取证人员在取证技术的选择方面应把握几个技术选择的原则，技术的成熟及可靠性、技术的先进及可行性、技术的推广及适用性。

（1）技术的成熟及可靠性。取证中所涉及的电子数据取证技术应通过可

---

① 参见《道伯特（DAUBERT）标准——采纳科学证据的新规则》，载新浪博客，http：//blog.sina.com.cn/s/blog_6ee061060101kb5w.html，2019年4月20日访问。

靠性测试，或符合标准和控制、或有证明能说明提供的技术方法或理论的错误率，并在一定范围内。①

（2）技术的先进及可行性。取证过程中尚未有成熟及可靠性的取证技术时，电子数据取证中选择的取证技术应具有一定的先进性。技术的指标、参数、结构、方法、特征等表明该技术具备创新性，例如，由知名的技术公司提出的技术方法，已发表的文章表明该技术方法经同行评审过的等。技术可行性表明该技术具有可操作性的、可验证性。

（3）技术的推广及适用性。不是所有的取证技术都是成熟可靠的、都是经过可靠性测试的，并非现有的取证技术能应对取证中所有可能的情形。采用这些取证技术要考虑该项技术的推广程度、适用程度，较为有利的情形是该取证技术是否得到取证人员的普遍接受。

（二）可信电子数据取证选择的规则

电子数据是现代科学技术的产物，电子数据取证技术在整个电子数据取证工作中发挥着关键作用，直接影响甚至决定着取证结果。当前学术界和实务部门也缺乏电子数据取证技术选择的有效评价，如何正确运用科学可靠的取证技术是电子数据取证工作急需解决的问题之一。笔者从电子数据取证技术的先进性、可靠性和适合性入手，架构了司法实践中可信电子数据取证技术的选择规则。

第一条 电子数据取证工作是电子数据取证技术的具体应用，电子数据取证技术直接影响甚至决定取证结果的证据能力和证明力。

第二条 电子数据取证过程中，选择取证技术应把握技术的成熟及可靠性、技术的先进及可行性、技术的推广及适用性原则。

第三条 电子数据取证过程中，选择取证技术应优先考虑依标准规范而制定的技术方法，以国际标准组织、区域组织或国家标准发布的技术方法依次为序进行取证技术的选择。

第四条 在没有标准的技术方法或统一技术方法的情况下，在电子数据取证过程中，选择取证技术应考虑选择通过错误率测试的，或提供的方法或理论错误率在一定范围内的技术方法，如取证设备制造商制定的技术方法、实验室自行制定并通过验证的技术方法等。

---

① 邹锦沛、陈航、徐菲：《计算机网络取证和调查的科学研究》，载《中兴通讯技术》2016年第1期。

第五条 在没有标准组织提出，或经过测试的技术方法的情况下，在电子数据取证过程中，选择取证技术应考虑知名的技术组织公布的技术方法。

第六条 在没有标准组织提出，或经过测试的技术方法的情况下，在电子数据取证过程中，选择取证技术也可考虑经过同一领域的其他专家学者加以评审后认可的技术方法，如来源于有关科学书籍和期刊发布的技术方法。

第七条 在没有标准组织提出，或未经过测试，也未有同行评审技术方法等情况下，在电子数据取证过程中，选择取证技术应考虑该项技术的推广程度、适用程度，如普遍接受程度如何。

第八条 并非现有的技术方法可以应对所有的情形。对于自行设计的技术方法，如针对取证中某些特定情形自行编写的代码等，该技术方法应该具有良好的可重复性、可操作性和可验证性。

第七章　电子数据取证工具

取证工具是取证技术的重要承载与集中体现，电子数据取证活动除了考虑取证的技术性外，也要考虑取证工具的使用。取证人员是否拥有足够多的、适合高效的取证工具，在很大程度上影响着电子数据取证的成功。

电子数据取证中电子数据的获取和分析依赖电子数据取证工具的使用，取证工具的可靠与否直接关系到所取得电子数据的真实可靠性和完整性。法庭对电子数据是否采纳往往要考虑取证工具是否经过测试或认证，或者该工具在哪些地方取得了重大的成功，也即它们的普遍应用性如何等。

在目前电子数据取证的司法实践应用中，可用的取证工具数量种类多，但是对取证工具缺乏评价标准，也没有一套评价机制。案件不同，选用的取证工具也不同，如何评价这些取证工具，并使其获取的电子数据具有可靠性、有效性、可信性是当前一个急需解决的问题。电子数据取证工具必须要满足相应的证据科学标准才能使获取的证据适格地进入法庭程序。选择适合的取证工具有助于提高获取的电子数据的可信程度，保障电子数据满足证据能力的要求并发挥其证明能力。

第一节　电子数据取证工具的发展及分类

一、电子数据取证工具的发展

（一）电子数据取证工具的作用

电子数据取证工具指的是确保调查数字犯罪时保护证据的完整性、可靠性等所使用的一些辅助工具。电子数据取证工具在证据科学层面的意义为：运用取证工具实现符合法律程序要求的调查取证过程，通过对电子数据的固定、恢复、提取、保全、分析等，最后生成符合司法规范的证据分析报告。①

取证工具对于电子数据取证而言，美国数字调查专家 Warren G. Kruse II 和 Jay G. Heiser 在《计算机取证：应急响应精要》书中曾经作过如下描述："取证调查的成功与否有很大一部分取决于调查人员使用的收集、保存和处理证据的工具。为了在这一领域中取得成功，你必须拥有大量的工具……"② 取证人员是否拥有足够多的、适合高效的取证工具，在很大程度上影响着电子数据取证的成功。

（二）电子数据取证工具的发展

20 世纪 80 年代，计算机取证的研究就引起了研究机构（尤其是美国军方）的重视，电子数据取证开始被业界重视的重要标志是 FBI 在 1984 年成立的计算机分析响应组（CART）。在这个时期，计算机取证的理论、技术和方法从无到有并被逐步建立。20 世纪 90 年代中期，司法机关对电子数据的收集技术、相关的取证工具的需求较为强烈，学术界也较为热烈地讨论数字取证技术，也产生了一批相关取证工具产品。③ 在这个阶段，学术上一些数据挖掘、智能推理、神经网络、知识发现等方法被引入该领域的技术研究方面，与此同时，受商家和所应用的技术所驱动，取证工具的开发和使用成为此领域的热点。

在此期间，比较典型的工具产品有：美国 GUIDANCE 软件公司开发的 Encase 软件，适用于 Windows、Linux 和 MAC OS 等多种平台；美国计算机取证公司开发的对数据进行镜像的备份系统的 DIBS 软件；英国 Vogon 公司开发的 Flight Server 软件，适用于 PC、Mac 和 Unix 等系统。还有一些常用的工具，例如，将软盘镜像备份到硬盘上的 LISTDRV，用于对数据分析的 DISKIMAG；搜索未分配的或者空闲的空间，并能将搜索得到的信息传到指定文件的 FREESECS 等。④

随着对电子数据取证需求的加大，国内外相关厂商陆续开发出越来越多的

---

① 蒋平、黄淑华、杨丽丽著：《数字取证》，中国人民大学出版社 2007 年版，第 145 页。
② 杜春鹏著：《电子证据取证和鉴定》，中国政法大学出版社 2014 年版，第 96 页。
③ 孙波：《计算机取证方法关键问题研究》，中国科学院研究生院（软件研究所）2004 年博士学位论文。
④ 孙波、孙玉芳、张相锋、梁彬：《电子数据取证研究概述》，载《计算机科学》2005 年第 2 期。

取证工具,如数据恢复工具、在线取证工具、数字终端设备取证工具、密码破解工具、数据的关联分析工具、不同操作系统平台的取证工具,等等。整体来说,在电子数据取证早期阶段,有许多非专用的取证工具,如网上开源代码、资深调查专家针对特定案件情形编写代码等,后期一些厂商也将这些非专用取证工具进行强化或集成开发成专用的取证工具,比较典型的取证工具有Encase、FTK等。

二、电子数据取证工具的分类

研究角度的不同,电子数据取证工具分类也是多样的。笔者通过文献梳理,发现当前对电子数据取证工具的分类主要有按取证工具功能的分类、按取证过程的分类、按硬件软件的分类、按商用开源与否的分类。

(一) 按工具功能的工具分类

取证工具依工具功能划分为三大类:实时响应工具、取证复制工具和取证分析工具。[1]

1. 实时响应类工具

实时响应类证据主要是开机状态下的易失性数据,包括打开并未保存的文档、登录的用户名和密码、运行的进程列表、文件的时间信息、网络用户的连接信息、打开的套接字列表等,由于系统关闭后这些数据便会全部丢失,而且不可能恢复。

Windows系统中一些常用的实时响应工具包括:md.exe(系统内置)、PsLoggedOn(www.Foundsfone.com)、rasusers(Wlndows NT资源工具包(NTRK))、netStat(系统内置)、Fport(www.foundstone.com)、PsList、ListDlls、rmtshare(Windows NT资源工具包(NTRK))、netcat(www.atstake.com)、cryptcat(http://sourceforge.net)等。

2. 取证复制工具

取证复制工具指包含每个比特源信息的文件,采用原始的比特流格式,对硬盘数据进行备份。这个过程是制作司法鉴定复件或者制作合格的司法鉴定复件的过程。

具体包括:Unix系统命令dd,dd工具用于将二进制数据流从一个文件复制到另外一个文件中;采用客户机/服务器模式的开放数据复制工具(ODD),

---

[1] 殷联甫:《计算机取证工具分析》,载《计算机系统应用》2005年第8期。

允许调查人员对一个局域网上的多合计算机系统同时进行司法鉴定复制；Safeback、Encase 工具。

3. 取证分析工具

常见的取证分析工具主要有同时具有取证复制和取证分析功能的 EnCaSe、AccessData 公司的 FTK（Forensic Toolkit）、The Coroner's Tookit（TCT 工具包）、ForensiX、New TechnoIogies Inc.（NTI）等。

（二）按取证过程的工具分类

通俗地讲，调查取证过程一般是证据的获取、保全、分析和报告的过程，因此按照证据取证的过程可对取证工具进行分类。①

1. 证据获取工具

证据获取工具就是用来从这些证据源中得到准确的数据。证据来源包括主机系统方面的和网络方面的。针对证据获取，关于主机系统取证的工具有主机系统及文件基本信息的获取工具；磁盘映像工具，如 Safe Back、SnapBack、Linux "dd"、DIBS PERU 等；磁盘擦除工具和反删除工具，如 NTI 公司的 DiskScrub 工具、Unrm、Higher Ground Software lnc. 的软件 Hard Drive Mechanic 等；磁盘特殊区域数据获取工具，如 NTI 公司的 GetFree 工具等；磁盘特殊文件获取工具。

网络信息获取工具用来监测网络信道，获取特定的可成为证据的信息。常用的网络信息获取工具有 windump、iris、tcpdump、ngrep、snort、sniflit、dsniff、grave-robber 等。还有一些获取本地网络状态信息的工具，如 netstat、route、arp 等。

2. 证据保全工具

在电子数据取证过程中，为了保全证据通常使用数字摘要、数据签名和数字时间戳技术。可以利用 Hash 函数的单向不可逆性，通过比较前后数字摘要的不同，验证电子数据的完整性，也可将电子数据的数字摘要与时间信息结合起来，采用数字签名技术，验证电子数据的完整性。

Md5sum、CRCMd5、DiskSig、DiskSig pro、Seized 等是常用的数字证据保全工具，其中 Md5sum 用 MD5 算法对给定的数据计算 MD5 校验和；CRCMd5 可以对给定的数据计算 CRC 和 MD5 校验和；DiskSig 验证映像文件拷贝精确性

---

① 陈祖义、龚俭、徐晓琴：《计算机取证的工具体系》，载《计算机工程》2005 年第 5 期。

的 CRC 哈希工具；DiskSig pro 验证映像文件拷贝精确性的 CRC 或 MD5 哈希工具；Seized 保证用户无法对正在被调查的计算机或系统进行操作。

3. 证据分析工具

证据分析内容包括分析计算机的类型，采用的操作系统类型，是否有隐藏的分区，有无可疑外设，有无远程控制和木马程序及当前计算机系统的网络环境等。

New Technology 公司的 Ptable 工具可以用来分析硬盘驱动器的分区情况；New Technology 公司的 FileList 工具是一个磁盘目录工具，浏览文件系统的目录树；16 进制编辑器 UltraEdit32 和 winhex 等工具来检查磁盘的主引导记录和引导扇区；Net Threat Analyzed 使用人工智能中的模式识别技术，分析 slack 磁盘空间、未分配磁盘空间、自由空间中所包含的信息，研究 Swap 文件、缓存文件、临时文件及网络流动数据；Ethereal 能在 UINX 和 Windows 系统中运行，能捕捉通过网络的流量并进行分析，能重构诸如上网和访问网络文件等；Quick View Plus 文件浏览器等。

4. 证据归档工具

证据归档对涉及计算机犯罪的时间、地点、直接证据信息、系统环境信息、取证过程，以及取证专家对电子数据的分析结果和评估报告等进行归档处理。

证据归档工具比较典型的是 NTI 公司的软件 NTIDOC，可用于自动记录电子数据产生的时间、日期及文件属性。还有 Guidance Software 公司的 Encase 工具等。

（三）按硬件软件的工具分类

以证据的来源为标准，取证技术可分为单机取证技术、网络取证技术和相关设备取证技术，而应用于取证的工具可以分为软件工具和硬件工具两大类。①

1. 电子数据取证硬件工具

电子数据取证硬件工具主要包括数据复制设备、写保护设备（只读设备）、分析检验设备、接口转换设备、数据保护擦除设备等。② 数据复制设备

---

① 丁丽萍、王永吉：《计算机取证的技术方法及工具研究》，载《信息安全与通信保密》2005 年第 8 期。

② 杜春鹏著：《电子证据取证和鉴定》，中国政法大学出版社 2014 年版，第 101 页。

包括硬盘复制设备和光盘复制设备;写保护设备可以通过硬件或软件方式实现对嫌疑人硬盘或其他存储器中的原始数据采取"读"信号而不允许"写"信号获取电子数据;分析检验设备用于分析检验涉案介质中的电子数据;接口转换设备用于通过接口转换设备将之互联互通;数据保护擦除设备用以快速擦除不同规格的硬盘中的数据,防止将其被再次恢复。

2. 电子数据取证软件工具

从功能上划分,主要包括查看软件、镜像软件、数据恢复软件、密码破解软件、检验分析软件等。其中查看软件是查看数据文件的阅读工具,如 Quick View Plus、Conversion Plus 等,也包括一些图片检查工具,如 TnumbsPlus 等;检验分析软件中常见的 EnCase、FTK 都是集成化的综合检验分析软件,如 Encase 集成了基于 Windows 界面的取证应用程序,其功能包括数据浏览、搜索、磁盘浏览、数据预览、建立案例、建立证据文件、保存案例等。

(四) 按商用开源与否的工具分类

在电子数据取证早期阶段,少有商业的专业取证工具,非专用取证工具成为当时电子数据取证的唯一选择,随着对电子数据取证的需求,国内外每年都有各种各样的工具不断涌现或更新。有学者将取证工具分为商业取证工具、开源(免费)取证工具和为执法部门服务的专用取证工具。①

1. 专用法证工具②

专用法证工具也是商业取证工具,专用法证工具指为执法部门提供全面、彻底的数据获取、分析和发现能力的软件,分析结论受法院认可。③

(1) Encase 系列取证分析工具。EnCase 是 Guidance Software 公司推出的取证产品,该软件是一款目前国际上主流的数据分析取证软件,在执法部门、司法部门及公司监察部门等得到最为广泛的运用。Encase 能物理获取而非逻辑获取目标盘上的数据,获取的方式多样化,并通过预览到证据盘文件形式进

---

① 参见 Larry E. Daniel, Lars E. Daniel. "Overview of Digital Forensics Tools". https://www.sciencedirect.com/science/article/pii/B9781597496438000055, 2019 年 10 月 17 日访问。

② 除了文中介绍的工具外,国际上的 FINALForensics、Smart、ilook、Paraben、Helix3 Ente rp rise、Virtual Forensic Computing、Belkasoft Forensic Studio、i2 Analyst's Notebook、Intella 电子邮件分析软件、Mount Image Pro,国内的盘石介质取证分析系统(SafeAnalyzer)、取证大师(Forensics Master)都是出色的计算机法证工具。

③ 黄淑华、赵志岩:《数字取证工具及应用》,载《警察技术》2012 年第 1 期。

第七章　电子数据取证工具

行数据获取，对新的证据文件格式（Ex01 和 LEFx）直接加密，这是其功能之一。另一个 Encase 的主要功能特色是多样化的证据分析手段，也是其核心功能之一，主要包括文件恢复、文件签名验证、哈希分析、强大搜索引擎、查看和解析证据文件中复合文件的组成成分、用于 Enscripts 脚本开发的环境的内置开发平台等。① 自 Encase v7 后，其又增加了对平板电脑和多种操作系统智能手机的支持。

（2）FTK 司法分析软件。由美国 AccessData 公司推出的 FTK（Forensic Toolkit）软件内置 Outside In Viewer 技术，可查看超过 270 种不同格式的文件，可自定义的过滤选项能满足用户从上万份文件中快速查找所需的证据，全文索引功能可即时生成搜索结果，具有超强的图像和互联网信息搜索功能。FTK 电子邮件和压缩文件分析是 FTK 的特色之一，可查看、搜索、打印、导出电子邮件信息和附件，可恢复删除部分邮件信息。

（3）X-Ways Forensics 综合取证分析工具。X-ways Forensics 是由德国 X-ways 出品的一个法证分析软件，它其实是 Winhex 的一个法证授权版，跟 Winhex 界面完全一样。它可以运行在所有可用的 Windows 版本上。X-Ways Forensics 可进行完整数据获取的磁盘克隆和镜像；可分析 RAW/dd/ISO/VHD/VMDK 格式原始数据镜像文件中的完整目录结构；支持对 JBOD、RAID0、RAID5、RAID5EE、RAID 6、Windows 动态磁盘和 LVM2 等磁盘阵列；支持 FAT12/16/32、NTFS、Ext2/3/4、CDFS/ISO9660/Joliet、UDF 文件系统；支持多种哈希计算方法。X-Ways Forensics 具备多种数据恢复功能，可对特定文件类型恢复；其强大的物理搜索和逻辑搜索功能，可同时搜索多个关键词；可创建证据文件中的文件和目录列表；可以运行在 Windows FE 等 Windows 环境中，配合 F-Response 可进行远程计算机分析等。

（4）Nuix 电子邮件数据分析系统。澳大利亚 Nuix 公司的 FBI Forensic Desktop 目前是世界领先的电子邮件及电子数据图形化分析工具，版本 V3 之后不再只针对电子邮件进行分析，已成为专业的海量电子数据分析工具，通过分析服务器/多工作站的协同工作，可快速分类、预览各种数据。Nuix Forensic Desktop 支持邮件格式的种类覆盖所有常见的邮件类型，具备强大的图形展示功能，目前 Nuix 拥有多国语言版本，可提供简体中文、英文等版本。

（5）NetAnalsis 分析软件。NetAnalsis 软件由 Digital Detective 公司推出，

---

① 参见"Encase"，载百度百科，https：//baike.baidu.com/item/Encase/5780175，2019 年 10 月 15 日访问。

用于对互联网历史访问纪录进行分析和恢复。NetAnalsis 软件功能包括直接从写保护的物理和逻辑磁盘中查找记录；从未分配空间、Swap 交换文件、DD 镜像和二进制文件中查找、恢复历史记录；能自动过滤并分类搜索词汇；NetAnalysis 还支持关键词库和 SQL 查询等。

2. 开源代码的取证工具

犯罪安全与计算机取证公司在 2011 年列举出了常见的开源（免费）的取证工具，在 2017 年 11 月 29 日进行了各取证工具的最近版本的更新。[①] 开源的取证工具种类包括磁盘和数据捕获工具、文件分析工具、互联网分析工具、文件查看器、电子邮件分析工具、注册表分析工具、移动设备分析工具、Mac OS 分析工具、一般性取证工具以及一些以供参考的取证工具，笔者归纳整理其开源代码的取证工具如表 7-1 所示。

表 7-1　　　　　　　　　开源代码的取证工具

取证工具分类（开源）	取证工具列表
磁盘和数据捕获工具 Disk tools and data capture	Arsenal Image Mounter、DumpIt、EnCase Forensic Imager、Encrypted Disk Detector、EWF MetaEditor、FAT32 Format、Forensics Acquisition of Websites、FTK Imager、Guymager、Live RAM Capturer、NetworkMiner、Nmap、Magnet RAM Capture、OSFClone、OSFMount
文件查看器 File viewers	BKF Viewer、DXL Viewer、E01 Viewer、MDF Viewer、MSG Viewer、OLM Viewer、Microsoft PowerPoint 2007 Viewer、Microsoft Visio 2010 Viewer、VLC
文件和数据分析工具 File and data analysis	Advanced Prefetch Analyser、analyzeMFT、bstrings、CapAnalysis、Crowd Response、Crowd Inspect、Dcode、Defraser、eCryptfs Parser、Encryption Analyzer、ExifTool、File Identifier、Forensic Image Viewer、Ghiro、Highlighter、Link Parser、LiveContactsView、PECmd、RSA Netwitness Investigator、Memoryze、MetaExtractor、MFTview、PictureBox、PsTools、Shadow Explorer、SQLite Manager、Strings、Structured Storage Viewer、Windows File Analyzer、Xplico

---

① 参见"Free Computer Forensic Software"，https：//forensiccontrol.com/resources/free-software/#general，2019 年 12 月 17 日访问。

续表

取证工具分类（开源）	取证工具列表
注册表分析工具 Registry analysis	AppCompatCache Parser、ForensicUserInfo、Process Monitor、RECmd、Registry_Decoder、Registry Explorer、RegRipper、Regshot、ShellBags Explorer、USB Device Forensics、USB Historian、USBDeview、User Assist Analysis、PasswordFox、UserAssist、Windows Registry Recovery
互联网分析工具 Internet analysis	Browser History Capturer、Browser History Viewer、Chrome Session Parser、ChromeCacheView、Cookie Cutter、Dumpzilla、Facebook Profile Saver、IECookiesView、IEPassView、MozillaCacheView、MozillaCookieView、MozillaHistoryView、MyLastSearch、PasswordFox、OperaCacheView、Web Historian、Web Page Saver
电子邮件分析工具 Email analysis	EDB Viewer、Mail Viewer、MBOX Viewer、OST Viewer、PST Viewer
移动设备分析工具 Mobile devices	iPBA2、iPhone Analyzer、ivMeta、Rubus、SAFT
Mac OS 分析工具 Mac OS tools	Audit、Disk Arbitrator、Epoch Converter、FTK Imager CLI for Mac OS、IORegInfo、mac_apt、PMAP Info、Volafox
数据分析套件 Data analysis suites	Autopsy、Backtrack、Caine、Deft、Digital Forensics Framework、Forensic Scanner、Kali Linux、Paladin、SIFT、The Sleuth Kit、Volatility Framework
应用分析软件 Application analysis	Dropbox Decryptor、Google Maps Tile Investigator、KaZAlyser、LiveContactsView、SkypeLogView
一般性工具 General	Agent_Ransack、Computer Forensic Reference Data Sets、EvidenceMover、FastCopy、File Signatures、HexBrowser、HashMyFiles、MobaLiveCD、Mouse Jiggler、Notepad++、NSRL、Quick Hash、USB Write Blocker、Volix、Windows Forensic Environment、
以供参考的取证工具 For Reference	HotSwap、iPhone Backup Browser、IEHistoryView、LiveView、Ubuntu guide、WhatsApp Forensics

第二节 电子数据取证工具的评估

一、电子数据取证工具评估需求

（一）取证工具评估的标准要求

电子数据取证工具必须满足相应的证据和科学标准才能够使获取的证据适格进入法庭程序。什么样的证据应该适用什么样的取证工具，进行怎样的操作过程才能使获取的电子数据具有可靠性、有效性、可信性也是司法实践中一个实际需要解决的问题。

任何科学证据的提取、检验等都有人的参与，人的客观局限性可能导致科学证据的错误或误差，人也可能有偶然和恶意的行为存在于科学证据的形成过程中，基于上述问题，在司法实践中也需要对科学证据依赖的理论基础，以及采用科学技术严密性等问题进行证明。1993年在美国的 Daubert 诉 Merrell Dow 制药公司的案件中，对科学证据（取证技术及取证工具）提出了进行评估的四个标准[1]：

(1) 理论或技术是否能够（或者已经）经受检验。
(2) 是否存在众所周知的或潜在的误差率，是否有控制技术实施的现存和维持标准。
(3) 理论或技术是否可以相互检阅或发表。
(4) 理论或技术方法是否在相关科学领域内获得"普遍的接受"。

（二）司法实践对取证工具评估的需求

商用尤其是专用取证软件具有良好的用户界面、较快的取证速度、证据获取或分析时的正确率。开源性（免费）取证工具具备多用户环境、命令行或 GUI 界面的柔性工作平台、日志备份能力以及更好的容错性，较多的使用群体等显著特征。[2] 层出不穷的新技术被应用到犯罪中，取证的复杂性也不断增

---

[1] 刘志军、麦永浩：《取证工具及产品的评估方法浅探》，载《警察技术》2006年第4期。

[2] Radhika Padmanabhan, Karen Lobo, Mrunali Ghelani, Dhanika Sujan："Comparative Analysis of Commercial and Open Source Mobile Device Forensic Tools", In 2016 Ninth International Conference on Contemporary Computing (IC3), 2016, pp. 1-6.

加，面对复杂的计算机犯罪或网络犯罪案件，单一的取证工具不足以解决案件中所有的问题。

取证实践过程中，不同案件所使用的取证工具类型可能不同，可供选择的取证工具也非常多。有取证调查者或用户从取证工具的功能、取证工具优质服务、取证工具价格、取证工具品牌、可试用等因素来考虑并选取相应的取证工具。任何一款软件不能解决取证过程中面临的所有问题，取证实践中有足够多的取证人员由于某个开源软件或免费软件能帮助其完成某项工作而选择该软件，有些基于考虑软件的成本，尤其是软件厂商的强制更新和升级产生的额外昂贵费用等因素使得取证人员不得不选择一些非认证的软件。在司法实践中，一般采用专门的商用取证工具。专用取证工具对于快速、准确、全面定位和发现证据有着十分重要的作用，但是很多案件中仅仅使用常见的专用取证工具很难达到取证的目的。有相当多的案件同时需要使用一些非专用的工具，甚至需要取证人员自行开发相关取证工具。

目前国内外开发应用的取证工具种类繁多，但缺乏对取证工具的评价机制，对于这些取证工具的评估和认证较少涉及。① 整体上来说，当前应用的取证工具是功能特色各异，总体上缺乏一定评估标准、手段和体系，取证工具的评估也是司法实践面临的一个问题。

二、国内电子数据取证工具及评估方法的提出

（一）官方认可的取证工具分析

公安部发布了4个由公安部物证鉴定中心起草的电子物证检验方面技术规范：GA/825-2009《电子物证数据搜索检验技术规范》、GA/826-2009《电子物证数据恢复检验技术规范》、GA/828-2009《电子物证软件功能检验技术规范》、GA/829-2009《电子物证软件一致性检验技术规范》，公安部认可国外专业软件作为有法律效力的电子数据取证工具中包括11款数据恢复软件，分别为Encase、Forensic Toolkit、X-Ways Forensis、FinalData、EasyRecovery、File Recovery、PhotoRecovery、Recovery My File、Recover4all、R-Studio、Macforensiclab；还包括3款数据搜索软件，分别为Encase、Forensic Toolkit、X-Way Forensic，以及

---

① 杜春鹏著：《电子证据取证和鉴定》，中国政法大学出版社2014年版，第125页。

操作系统提供的资源（文件）管理器①。

（二）学理上的取证工具相关评估方法分析

许榕生教授在《国际电子数据取证的操作规程标准化动态》一文中指出，只有当科学团体认为这些工具是准确和可靠的，它们才能用于电子数据司法鉴定工作，其国内最早提出应该用更好的方法来检查和评估电子数据取证鉴定工具的人。丁丽萍、王永吉在《论计算机取证工具软件及其检测》一文中提出对电子数据取证软件的检测包括对取证软件的检测和检查两部分，包括检查生产产品企业的资质、检查提交产品的各种文档，撰写检测计划，按照计划对产品做详细检测并根据记录的结果撰写详细的检测报告等方面。②

国内刘志军，麦永浩提出鉴定工具的三个验证方法：一是源代码检测法，对鉴定工具的源代码检测有助于找出软件中潜在的各种错误和缺陷，说明程序能正确执行它应用的功能；二是正式检验与非正式检验，借鉴 CFTT 的思路，在我国设立专门的取证产品检测机构，同时也选用另外一种工具检查电子数据来核实结果，从而确保获得相同结果，即正式检验是由国家专门检测机构负责实施，一些组织和个人可以执行非正式的检验；三是同级评审法，就是让另外一个电子数据取证人员利用多种鉴定工具对调查结果复查，以确保调查结果的可靠性、一致性、可信性。③

国内罗威丽和杨永川在《电子数据司法鉴定工具可靠性评估研究》一文中指出，对电子数据司法鉴定工具的评估应从对评测规范入手进行研究，在建立技术规范和评测标准的基础上，制定电子数据司法鉴定工具强制认证认可实施细则，自下而上地建立对电子数据鉴定工具的认证认可体系。电子数据司法鉴定工具可靠性评估体系分为 3 个阶段：工具基本认可、工具的定性评估和工具定量评估，其评估的可靠度依次递增：工具定量评估>工具定性评估>工具基本认可。④

国内刘晓宇，翟晓飞，扬雨春从计算机取证的特点和取证分析工作中遇到

---

① 仇新梁、李敏：《国家电子物证检验标准分析》，载《保密科学技术》2010 年第 3 期。

② 杜春鹏著：《电子证据取证和鉴定》，中国政法大学出版社 2014 年版，第 127 页。

③ 刘志军、麦永浩：《取证工具及产品的评估方法浅探》，载《警察技术》2006 年第 4 期。

④ 罗威丽、杨永川：《电子数据司法鉴定工具可靠性评估研究》，载《刑事技术》2010 年第 2 期。

的特殊情况出发，实现了对取证分析工具在功能和性能方面的评估，其中功能测试包括多编码转换、时区校正、校验等基本功能要求，性能测试包括对非正常文件分区表解析、特殊关键词搜索、文件恢复等内容。①

国内秦海权、赵利为了对磁盘镜像类取证软件的检测，根据此类取证软件的工作原理，在 Linux 系统下，开发了一套包括磁盘初始化、磁盘内容检测、磁盘比较和磁盘分区信息获取等模块组成的系统，对磁盘镜像类取证软件的检测和实现进行了分析研究。②

三、国外电子数据取证工具的评估方法

国外研究多关注于数字取证实现方法的可行性，较少关注取证工具的使用。由于取证调查者较少有可用的资源去评价他们的取证工具，故对数字取证工具的评估和有效性的研究也不是很多。目前存在的电子数据取证工具评估有 Carrer's 的抽象层次模型方法、NIST 的取证工具评估标准方法、黑盒测试法。③

（一）Carrer's 的抽象层次模型方法

Carrer 最早提出了取证的识别和分析阶段的数字取证工具评估模型和方法，该模型中提出了抽象层误差和软件实现中 bugs 产生的误差，如图 7-1 所示。

图 7-1　Carrer's 的抽象层次模型

该模型和方法，对于软件测试者而言，测试者需要拥有取证工具内部的专

---

① 刘晓宇、翟晓飞、杨雨春：《计算机取证分析工具测试方法研究》，载《第 23 届全国计算机安全学术交流会论文集》2008-10-12。
② 秦海权、赵利：《磁盘镜像类取证软件的检测研究》，载《第 24 次全国计算机安全学术交流会论文集》2009-09-04。
③ 参见 F Flandrin，WJ Buchanan，R Macfarlane，B Ramsay："A Smales：Evaluating Digital Forensic Tools（DFTs）"，载豆丁网，http：//www.docin.com/p-1647124189.html，2019 年 4 月 21 日访问。

门取证知识，尤其是面对开源代码，缺少文档的取证工具的评估，测试者很难进行取证工具的评估，而且评估程序耗时且复杂，测试者需要比取证调查者更多的技能知识，该方法不适于大规模的软件测评。

（二）NIST 的取证工具评估标准方法

美国国家标准和技术研究所（National Institute of Standards and Technology，NIST）实施的电子数据鉴定工具检测计划（Computer Forensic Tool Testing，CFTT），其目标就是通过开发通用的工具规范（Specification）、检测过程、检测标准、检测硬件和检测软件，以建立用于检测电子数据取证软件的方法。CFTT 的评测结果主要用于：取证工具研发厂商对取证工具功能做改进，便于取证用户选取合适的取证工具，便于相关部门了解工具性能。美国司法实践中对于经过了 CFTT 检测的取证工具一般就可以认定其取证工具是可靠的，其取证工具所获得的电子数据是有效的。

（三）黑盒测试法

黑盒检测法由 Wilsdom 提出，黑盒法不需要访问源代码，具备软件开发实现的知识。黑盒测试法分为 6 个步骤：取证工具软件获取、取证工具软件功能识别、测试案例和参考集选取、可接受结果范围、执行测试和评估测试结果、测试结果发布。该方法使得任何人都可以成为电子数据取证工具的测试者，对被测取证工具的功能执行做实际检测，同时测试能适应不同的环境，并且测试结果接近真实。黑盒法理论上可行，但实践上从未实行过。

（四）其他评估方法

Bechett 依据 ISO/IEC17025：2005（CNAS-CL01）《检测和校准实验室能力认可准则》对认可的定义说明，提出评估取证软件应该提供工具的可靠性信息，并提出了一种参考集的数字取证工具的认可和验证模型方法。[①] 佛罗里达大学国家法庭科学中心和工程技术系的 J. Philip Craiger 在其 "Law Enforcement and Digital Evidence" 一文中提出了源代码查看法（Code Walkthrough）、比较确认法（Compare Validation）。源代码查看法要求工具厂

[①] Beckett, Jason; Slay, Jill: "Digital Forensics: Validation and Verification in a Dynamic Work Environment", In Proceedings of the 40th Annual Hawaii International Conference on System Sciences, 2007, pp. 266-276.

商提供其产品的源代码,由源代码测试确定其所能实现的预定功能。比较确认法是在缺乏已经经过验证的参考数据的情况下,将类似功能或类型的工具进行比较检验的方法。①

第三节　可信电子数据取证工具

一、取证工具的可信性问题

(一) 电子数据取证工具的可靠性质疑

对于取证工具的可靠性,传统证据研究中较少讨论,因为取证工具对证据的影响相对较小。电子数据的获取及分析等直接依赖取证工具,取证工具的可靠与否直接关系到所取得电子数据的真实性、完整性等的可信判断。

取证实践中,没有任何一款取证工具能适应所有的案件,不同的案件所选择的取证工具可能不同,可供选择的工具也有很多。在案件的侦查取证中,取证人员可能选择商用取证工具,可能选择开源取证工具,可能针对具体的案件选择自行编程的取证工具,可能是多种取证工具的组合取证活动。在取证人员选择的这些取证工具中,有些商用取证工具可能是经过认证的,但有些商用取证工具可能出于商业秘密和竞争考虑不愿意公开源代码,所以没有经过认证但却得到了普遍应用。有些开源软件是经过认证的,有些开源软件或免费软件是没有认证的等。

任何取证工具包括商用软件都有可能在研发生产过程中存在漏洞、设计错误和编码错误。江苏警官学院的黄步根教授曾指出工具错误和提取错误②是取证工具一般存在的两类错误,工具错误源自代码中的漏洞,提取错误则源自算法错误。给出每个程序的提取错误率比较容易,确定工具的执行错误率就比较困难。③ 对于这种错误率,如果取证工具经过了认证测试,其取证获得的证据在法庭上可以采纳,但是取证工具没有经过认证测试,法庭法官就会产生这种错误率的存在是否是众所周知的,是否有控制技术实施,是否经过事前或者事

---

① 杜春鹏著:《电子证据取证和鉴定》,中国政法大学出版社 2014 年版,第 128 页。
② 黄步根:《存储介质上电子证据的发现和提取技术》,载《计算机应用与软件》2008 年第 1 期。
③ 徐军:《计算机取证的证明力》,载《数字图书馆论坛》2009 年第 9 期。

后进行验证过的等问题，进而判断取证工具的可靠程度，评估利用这些取证工具所获取的电子数据的可信程度有多大。

例如，在一些网络犯罪案件中，有时需要借用一些传统的网络安全工具来实时分析网络数据流，但从电子数据取证角度看，利用这些工具进行电子数据的提取和分析，法庭法官内心中不得不产生疑问，例如，该工具是否存在误报和漏报数据，其检测结论是否全面或完全准确，另外对网络数据进行分析时是否改变了部分的原始数据等。

在电子数据取证过程中，电子数据的取得和分析直接依赖电子数据取证工具，取证工具的可靠与否直接关系到所取得电子数据的真实可靠性和完整性。法庭对电子数据是否采纳往往要考虑取证工具是否经过测试或认证，或者该工具它们在哪些地方取得了重大的成功，也即它们的普遍应用性如何。[1]

（二）电子数据取证工具的功能性质疑

当前应用的取证工具是功能特色各异，即使是完成同一个取证功能所采用的技术实现也有所不同。例如，用硬盘磁盘查看时，其取证工具有物理查看方式、逻辑查看方式、综合具查看方式，其中逻辑查看方式是只检查文件系统展示的磁盘上的数据，用综合查看工具查看磁盘时，其采用的方式既可以是物理查看的方式，也可以逻辑查看的方式。但是无论是哪一种查看磁盘的方式，都有自身的局限性。例如，当搜索关键词的时候，物理搜索方式以扇区为单位进行，由于组成一个文件的扇区并不必相邻，这种方式不能找到被不相邻扇区所割开的关键词，另一面，物理查看能够恢复所有的损耗空间或未占用空间，并且可以对比文件找出不同。[2]

在取证实践中，常常发现不同取证工具对同一涉案电子设备进行电子数据取证时，其收集出的结果不尽相同。以收集电子数据取证工具为例，有些取证工具会改变获取文件内容的原始属性，即使是知名的取证公司生产的专业取证工具，其特定版本的软件也可能存在这样或者那样的问题，在有些条件下会产

---

[1] 参见 Mary Brandel："Rules of Evidence-Digital Forensics Tools"，https：//www.csoonline.com/article/2117658/investigations-forensics/rules-of-evidence---digital-forensics-tools.html，2019年11月21日访问。

[2] 刘志军、麦永浩：《取证工具及产品的评估方法浅探》，载《警察技术》2006年第4期。

生不科学或不完备的结果,例如 Encase 和 FTK 等。①

在取证实践上,没有具体哪个取证工具或产品可以完成所有的取证工作,在面对复杂的、多源的、错综复杂的犯罪案件,取证人员需要选择多种取证工具完成取证工作。在选取取证功能不完备或取证功能针对性不强的取证工具进行取证工作时,其所获电子数据的某些信息内容有可能不真实。电子数据取证工具的取证功能是否完善是影响电子数据可信判断的另一重要因素。

总的来说,电子数据取证活动需要借助一定的取证工具设备对电子数据实施专门技术性的操作。取证工具作为取证技术的重要载体体现,故而利用取证工具完成电子数据取证工作需要考虑电子数据取证技术自身的原理和技术要求,也需要考虑电子数据取证工具其在法律意义上的要求。取证工具是否具有可靠性,可靠性程度如何,取证工具在功能上是否具备较为完整全面地提取数据信息的能力,能否正确地分析数据信息等是在司法实践中需要考虑的问题。

二、可信电子数据取证工具的选择规则

(一) 取证中选择电子数据取证工具的原则

随着高新技术的发展和犯罪手段的不断更新,技术实现的取证工具不断涌现,为取证源源不断提供了取证支持。虽有官方机构认可或经过知名组织认证的取证工具,但数量不多,面对繁多的取证工具,总体上还缺乏一定的评估和指标评价体系。借鉴美国 Daubert 准则的相关内容,从法律层面对取证工具应用进行分析,笔者认为取证实践中选择电子数据取证工具应遵循如下几个原则。

1. 适用性原则

案件的性质和特点决定了取证工具的选用类型和选择方式。不同的案件、不同的取证环境和场景的取证人员应采取不同的取证工具,取证工具的选用应视取证案件的实际情况来定。从科学角度看,取证工具要能够为案件服务,通过能为案件提供实际的应用这一目的来确定电子数据取证工具的适用性。

2. 优先性原则

官方机构认可或经过知名组织认证的取证工具表明该取证工具或者该工具

---

① 廖根为:《数字取证工具对电子数据证据的影响及法律规制》,载《计算机科学》2014 年第 10A 期。

所采用的技术能够（或者已经）经受检验。因此，在取证实践中，在选择取证工具开展取证时应当遵循这类工具优先选择的原则。

3. 可重复性原则

不是所有的取证工具都经过检验，在取证目的和任务确定的前提下，应选择具备相同功能的多种取证工具进行取证，保障取证结果的有效性。从科学的角度看，取证工具或取证工具采用的理论或技术是可以相互检阅的。

4. 可复核性原则

在考虑取证工具或其所采用的技术方法是否可信时，法庭都会关心这一工具或其采用的技术方法是否得到了适当的支持，是否经其他人的复核。但是由于技术的飞速发展，取证工具的推陈出新，而且这种可复核性需要时间的积累，所以在取证实践中为节省时间，提高效率，应尽量选择圈内广泛认可或者被圈内同行复核过的取证工具。

（二）可信电子数据取证工具选择规则

电子数据收集提取、固定及分析直接依赖取证工具，取证工具的可靠与否直接关系到所取得电子数据的真实性、完整性等可信判断。然而在目前电子数据取证的司法实践应用中，可用的取证工具数量种类多，取证工具功能特色各异，总体上缺乏一定评估标准、手段和体系，取证工具的评估也是司法实践面临的一个问题。借鉴美国 Daubert 准则的相关内容，笔者从法律层面对取证工具应用进行分析，提出了可信电子数据取证工具的选择规则，其具体的运用规则如下。

第一条 电子数据取证工具是指在对计算机犯罪、网络犯罪的调查取证过程中，为保护证据的真实性、完整性和证据的有效性所使用的一些辅助工具。取证工具作为相关取证技术的重要承载和体现，应用于电子数据的发现、保全、手机、检验、分析和呈堂的每个阶段。

第二条 电子数据取证自身效能以及对其的运用是否正确将直接影响所获得的电子数据的证据能力有无或证明力强弱，正确采取和运用适合的取证工具是确保所获得的电子数据能否被法庭采纳的重要环节。

第三条 从电子数据取证工具的选取角度，将电子数据取证工具分为：已经验证的取证工具、未认证但能提供验证的取证工具、未认证但能提供部分验证的取证工具、未认证不能提供验证的取证工具、未认证但广泛使用的取证工具。

已经验证的取证工具指的是用于取证的计算机硬件和软件产品，其性能、质量、稳定性经过国家有关权威部门认证或承认的取证工具。

未认证但能提供验证的取证工具指的是用于取证的计算机硬件和软件产品，未经国家有关权威部门的认证，但产品的性能能通过事后认证，能确认产品的质量可靠。一般具备设计开发的软件或程序有软件源代码，并且具备产品功能和性能规定说明文档。

未认证但能提供部分验证的取证工具指的是用于取证的计算机硬件和软件产品，未经国家有关权威部门的认证，但产品的性能能通过事后部分的认证，也能确认产品质量的可靠性。如具备设计开发的软件或程序有软件源代码，或具备产品功能和性能规定说明文档。

未认证也不能提供验证的取证工具指的是用于取证的计算机硬件和软件产品，未经过国家有关权威部门的认证，但产品的性能不能通过事后的认证，产品质量可靠性难以确定，通过互联网下载了声称某功能的软件，无源代码、产品功能和性能规定说明文档，也难以确定软件的开发者等。

未认证但广泛使用的取证工具指的是用于取证的计算机硬件和软件产品，未经过国家有关权威部门的认证，但在取证领域该取证工具所依赖的理论、技术方法是具有普遍性的。如收集易失性电子数据证据的一些取证软件采用批处理命令设计，这些命令一般均是操作系统维护或计算机网络维护中常用的管理命令，经过计算机用户长期使用并未发现异常，因此，可推定该取证工具具有较好的可靠性和稳定性。

第四条　在取证过程中，根据实际取证需求，优先选用国家专门的检测机构或权威部门认定的取证产品。①

第五条　在取证过程中，根据案件调查的需要，将涉案的电子数据源分为不同类型，制定证据的取证需求。根据不同的取证需求，建议选择在公开的地方采用有证明文件并经过相关部门核查过的取证工具，如经过 CFTT 认证或 NIST 发布的取证工具。②

---

① 公安部认可国外专业软件中数据恢复软件 11 款：Encase、Forensic Toolkit、X-Ways Forensis、FinalData、EasyRecovery、File Recovery、PhotoRecovery、Recovery My File、Recover4all、R-Studio、Macforensiclab；数据搜索软件 3 款：Encase、Forensic Toolkit、X-Way Forensic，以及操作系统提供的资源（文件）管理器。参见仇新梁、李敏：《国家电子物证检验标准分析》，载《保密科学技术》2010 年第 3 期。

② 笔者归纳整理了经过 CFTT 认证或 NIST 发布的常用取证工具，见表 7-2。

表 7-2 经过 CFTT 认证或 NIST 发布的常用取证工具

一、磁盘镜像

工具名称	发布方 发布时间	运行环境	源盘接口支持	目标盘接口支持	获取数据类型	数据获取方法	镜像文件格式	支持镜像文件恢复	摘要算法	工具链接网址
PC-3000 Data Extractor V5.5.2	ACE Lab 2016.10	Windows	host-dependent IDE/PATA, SATA, SCSI, SAS, SD card, CompactFlash	host-depende-nt, SAS, SATA, SCSI, IDE/PATA	整盘镜像, 分区, 用户自定义扇区	磁盘-磁盘克隆, 磁盘-文件镜像	raw(dd), .e01, .aff, 虚拟磁盘格式	支持	MD5, SHA1	http://www.acelab.eu.com/data-extractor-express.php
Solo-101 Forensics	Intelligent Computer Solutions, Inc 2011.7	standalone device	IDE/PATA, SATA, USB2	IDE/PATA, SATA, USB2, Ethernet	整盘镜像, 分区, 用户自定义扇区	磁盘-磁盘克隆, 磁盘-文件镜像	raw(dd), .e01	支持	MD5, CRC-32, SHA1, SHA2-256	http://www.ics-iq.com/Image-MASSter-Solo-101-Forensic-Drive-Duplicator-p/f.gr-0054-000a.htm
SuperImager 7" Field Imaging and Triage Platform unit V 1.4.2.3 有测试报告	MediaClone, Inc. 2014.8	Windows, standalone device	IDE/PATA, SATA, USB2, USB3, SD card, CompactFlash, iSCSI(网络)	IDE/PATA, SATA, USB2, USB3, Compact FlashEthernet	整盘镜像, 用户自定义扇区	磁盘-磁盘克隆, 磁盘-文件镜像	raw(dd), .ex01, .e01, 虚拟磁盘格式	支持	MD5, SHA1, SHA2-256	http://www.media-clone.com/cleanDS/SIM0001Brochures.pdf

续表

工具名称	发布方 发布时间	运行环境	源盘接口支持	目标盘接口支持	获取数据类型	数据获取方法	镜像文件格式	支持镜像文件恢复	摘要算法	工具链接网址
X-Ways Forensics V 16.7	X-Ways Software Technology AG 2012.10	Windows	host-dependent (software tool)	host-dependent (software tool)	整盘镜像、分区、用户自定义嗣区	磁盘-磁盘克隆、磁盘-文件镜像	raw(dd)、.e01	支持	MD5, SHA1, CRC-32, SHA-256	http://www.x-ways.com
Solo-4 Forensics	Intelligent Computer Solutions, Inc 2008.9	standalone device	IDE/PATA, SATA, SAS, USB2, IEEE1394, CompactFlash	IDE/PATA, SATA, SAS, CompactFlash, Ethernet	整盘镜像	磁盘-磁盘克隆、磁盘-文件镜像	raw(dd)、.e01、虚拟磁盘格式	支持	MD5, CRC-32, SHA2-256, SHA1, SHA2-512, SHA3-512	http://www.ics-iq.com/Image MASSter-Solo-4-Forensic-Hard-Drive-Duplicator-p/f.gr-0035-000e.htm
SuperImager 8" Field Unit V 1.4.4.1	MediaClone, Inc. 2014.2	Windows, standalone device	IDE/PATA, SATA, SCSI, SAS, Mini Pcle USB2, IEEE1394, CompactFlash	IDE/PATA, SATA, SCSI, USB2, USB3, CompactFlash, Ethernet	整盘镜像、用户自定义嗣区	磁盘-磁盘克隆、磁盘-文件镜像	raw(dd)、.ex01、.e01	支持	MD5, SHA1, SHA2-256	http://www.media-clone.net/SuperImager-8-Field-Unit-SAS-SATA-and-USB-3-0-p/sif-0017-00b.htm

续表

工具名称	发布方 发布时间	技术参数							
		运行环境	源盘接口支持	目标盘接口支持	获取数据类型	数据获取方法	镜像文件格式	支持镜像文件恢复	摘要算法	工具链接网址
X-Ways Imager有测试报告	X-Ways Software Technology AG	Windows	host-dependent (software tool)	host-dependent (software tool)	整盘镜像、用户自定义扇区	磁盘-磁盘、磁盘-文件镜像	raw(dd)、.e01	支持	CRC-32、MD5、SHA1、SHA2-256	http://www.x-ways.com
SuperImager Rugged 12" Field Computer Forensic Imaging and Field Platform	MediaClone, Inc. 2014.1	Windows, standalone device	IDE/PATA、SATA、SCSI	IDE/PATA、SATA、SCSI	整盘镜像、用户自定义扇区	磁盘-磁盘、磁盘-文件镜像	raw(dd)、.e01、.ex01	支持	MD5、SHA1、SHA-256	http://www.media-clone.net/SuperImager-Rugged-12-LCD-SAS-SATA-and-USB-3-0-p/sir-0024-00b.htm
Atola Insight ForensicV4.8	Atola Technology 2014.4	Windows	IDE/PATA、SATA、SAS、PCIe、USB3、SD card、CompactFlash	SATA、USB3、Ethernet	整盘镜像、分区、用户自定义扇区	磁盘-磁盘、磁盘-文件镜像	raw(dd)、Expert Witness(.e01)	支持	MD5、SHA1、SHA2-256、SHA2-512	http://atola.com/products/insight/
Data Recovery System (DRS) V16.7.1.122	XLY Salvationdata Technology INC. 2015.6	Windows	IDE/PATA、SATA、USB2、USB3	IDE/PATA、SATA、SCSI、USB2、USB3、CompactFlash、Ethernet	整盘镜像	磁盘-磁盘、磁盘-文件镜像	raw(dd)	支持	MD5	http://www.salvationdata.com/drs-data-recovery-system.html

167

续表

工具名称	发布方 发布时间	运行环境	源盘接口支持	目标盘接口支持	获取数据类型	数据获取方法	镜像文件格式	支持镜像文件恢复	摘要算法	工具链接网址
DC3DD V7.1.604 有测试报告	Defense Cyber Crime Center (DC3) 2012.10	Windows Mas OS Linux	host-dependent (software tool)	host-dependent (software tool)	整盘镜像、分区、用户自定义扇区	磁盘-磁盘、磁盘克隆、磁盘-文件镜像	raw(dd)	支持	MD5、SHA1、SHA2-256	http://www.dc3.mil
Forensic Replicator V4.3	Paraben Corporation 2012.9	Windows	host-dependent (software tool)	host-dependent (software tool)	整盘镜像、分区	磁盘-文件镜像	raw(dd)、虚拟磁盘格式	支持	MD5、SHA1	http://www.paraben.com/forensic-replicator.html
IlookIXimagerV 3.0/4.0	perlustro lp 2012.10	定制 boot 环境	host-dependent (software tool)	host-dependent (software tool)	整盘镜像、分区	磁盘-磁盘、磁盘克隆、磁盘-文件镜像	Ilook 文件格式、虚拟磁盘格式	支持	MD5、SHA2-512、SHA1、SHA2-256、SHA3-256	http://www.perlustro.com
OSForensics V 4.0.1 有测试报告	PassMark Software 2016.12	Windows	host-dependent (software tool)	host-dependent (software tool)	整盘、分区、自定义扇区	磁盘-文件镜像	raw(dd)、.e01、.aff、虚拟磁盘格式	支持	MD5	http://osforensics.com/whatsnew.html

二、删除文件恢复

工具名称	发布方 发布时间	运行环境	支持的文件系统	覆盖文件的识别	工具链接网址
Autopsy V3.0	The Sleuth Kit 2012.10	Windows	FAT12,FAT16,FAT32,NTFS,EXT2,EXT3	不支持	http://www.sleuthkit.org/autopsy
Belkasoft Evidence Center V5.3	Belkasoft 2013.4	Windows	FAT12,FAT16,FAT32,NTFS,exFAT,EXT2,EXT3	支持	http://forensic.belkasoft.com/en/bec/en/evidence_center.asp
BitRecover Data Recovery Wizard V2.0	BitRecover 2015.6	Windows	FAT12,FAT16,FAT32,NTFS,ReFAT	支持	http://www.bitrecover.com/data-recovery-software/
BlackLight V2015R3.1	BlackBag Technologies 2015.10	Windows Mac	FAT12,FAT16,FAT32,NTFS	支持	https://www.blackbagtech.com/software-products/blacklight-1/blacklight.html
Data Recovery System (DRS) V16.7.1.122	XLY Salvationdata Technology INC. 2015.6	Windows	FAT12,FAT16,FAT32,NTFS,ReFAT,exFAT,EXT2,EXT3,EXT4	支持	http://www.salvationdata.com/drs-data-recovery-system.html
DFF V1.3	ArxSys 2013.2	Windows Linux	FAT12,FAT16,FAT32,NTFS,EXT2,EXT3,EXT4	支持	http://www.digital-forensic.org
Disk Drill V3.0	CleverFiles 2016.8	Windows Mac	FAT12,FAT16,FAT32,NTFS,ReFAT,exFAT,EXT2,EXT3,EXT4	不支持	http://www.cleverfiles.com/

续表

工具名称	发布方 发布时间	运行环境	支持的文件系统	覆盖文件的识别	工具链接网址
Forensic Toolkit (FTK) V5.1	AccessData 2014.1	Windows	FAT12、FAT16、FAT32、NTFS、exFAT、EXT2、EXT3、EXT4	支持	http://www.accessdata.com/products/digital-forensics/ftk
ILooKIX V2.136	perlustro lp 2012.10	Windows	FAT12、FAT16、FAT32、NTFS、exFAT、EXT2、EXT3、EXT4	支持	http://www.perlustro.com
Magnet AXIOM V1.0.5	Magnet Forensics 2016.9	Windows、Mac、Linux	FAT12、FAT16、FAT32、NTFS、exFAT、EXT2、EXT3、EXT4	支持	http://www.magnetforensics.com
OSForensics V4.0.1 有测试报告	PassMark Software 2016.12	Windows	FAT12、FAT16、FAT32、NTFS、exFAT、EXT2、EXT3、EXT4	支持	http://osforensics.com/whatsnew.html
P2 Commander V4.0	Paraben Corporation 2015.4	Windows	FAT12、FAT16、FAT32、NTFS、EXT2、EXT3	支持	http://www.paraben.com/p2-commander.html
PC-3000 Data Extractor V5.5.2	ACE Lab 2016.10	Windows	FAT12、FAT16、FAT32、NTFS、exFAT、EXT2、EXT3、EXT4	支持	http://www.acelab.eu.com/data-extractor-express.php
Stellar Phoenix Windows Data Recovery-Professional V7	Stellar Data Recovery 2017.2	Windows	FAT16、FAT32、NTFS、exFAT	支持	https://www.stellarinfo.com/windows-data-recovery-professional.php

续表

工具名称	发布方 发布时间	运行环境	支持的文件系统	覆盖文件的识别	工具链接网址
TestDisk V7.0	CGSecurity 2015.4	Windows Mac、Linux	FAT12、FAT16、FAT32、NTFS、exFAT、EXT2	不支持	https://www.cgsecurity.org/wiki/TestDisk
The Sleuth Kit V4.0	The Sleuth Kit 2012.10	Windows Mac、Linux	FAT12、FAT16、FAT32、NTFS、EXT2、EXT3	不支持	http://www.sleuthkit.org/sleuthkit
X-Ways Forensics V16.7	X-Ways Software Technology AG 2012.10	Windows	FAT12、FAT16、FAT32、NTFS、exFAT、EXT2、EXT3、EXT4	支持	http://www.x-ways.com

三、内存取证/开机取证

工具名称	发布方 发布时间	技术参数			工具链接网址
		支持二进制 RAM dump	支持 memory 分析	提取内存对象	
Active Defense V1.2.5	HBGary 2008.1	支持	支持	process list, process status (active, hidden, or exited), processes as .exe files, EPROCESS list, kernel module list, driver list, DLL lists, TCPT_OBJECTs, open handles, open files by process, open registry handles by process, open network sockets, open network connections, TCP connections, passwords	http://www.hbgary.com

第七章 电子数据取证工具

续表

工具名称	发布方 发布时间	支持二进制 RAM dump	支持memory 分析	提取内存对象	工具链接网址
Belkasoft Live RAM Capturer V1.0 有测试报告	Belkasoft 2013.4	支持	不支持	仅支持RAM数据导出	http://forensic.belkasoft.com/en/ram-capturer
DC3 Memory Analysis Tool (DMAT) V1.1 有测试报告	Defense Cyber Crime Center (DC3) 2012.10	不支持	支持	仅提供内存数据分析	http://www.dc3.mil
DFF V1.3	ArxSys 2013.2	支持	支持	process list, process status (active, hidden, or exited), processes as .exe files, EPROCESS list, kernel module list, driver list, DLL lists, open handles, open files by process, open network sockets, open network connections, TCP connections	http://www.digital-forensic.org
IlookIXimager V4.0	perlustro lp 2012.11	支持	不支持	仅支持RAM数据导出	http://www.perlustro.com
Internet Evidence Finder (IEF) V6.8	Magnet Forensics 2016.9	支持	支持	process list, open network connections, open network sockets, TCP connections, browser artifacts (e.g., in-private browsing history), cloud service artifacts (e.g., Dropbox, Flickr, Google Drive), social network artifacts, webmail artifacts (e.g., GMail, Hotmail, Yahoo), P2P remnants, Instant Messenger histories	http://www.magnetforensics.com

续表

工具名称	发布方 发布时间	支持二进制 RAM dump	支持memory 分析	提取内存对象	工具链接网址
Internet Evidence Finder（IEF）Triage V6.8	Magnet Forensics 2016.9	支持	支持	browser artifacts（e.g., in-private browsing history）,cloud service artifacts（e.g., Dropbox, Flickr, Google Drive）,social network artifacts, webmail artifacts（e.g., GMail, Hotmail, Yahoo）,P2P remnants,Instant Messenger histories	http://www.magnetforensics.com
Magnet RAM Capture V1.1	Magnet Forensics 2014.9	支持	不支持	仅提供内存数据导出	http://www.magnetforensics.com
Magnet AXIOM V1.0.5	Magnet Forensics 2016.9	不支持	支持	browser artifacts（e.g., in-private browsing history）,cloud service artifacts（e.g., Dropbox, Flickr, Google Drive）,social network artifacts, webmail artifacts（e.g., GMail, Hotmail, Yahoo）,P2P remnants,Instant Messenger histories	http://www.magnetforensics.com
Mac Memory Reader V3.0.2	ATC-NY 2012.7	支持	不支持	仅支持RAM数据导出	http://cybermarshal.com/index.php/cyber-marshal-utilities/mac-memory-reader
OSForensics V4.0.1 有测试报告	PassMark Software 2016.12	支持	支持	process list, process status（active, hidden, or exited）, open handles, open registry handles by process, open network connections	http://osforensics.com/whatsnew.html
Responder Professional V2.0.6.9	HBGary 2008.4	支持	支持	process list, process status（active, hidden, or exited）, processes as .exe files, EPROCESS list, kernel module list, driver list, DLL lists, TCPT_OBJECTs, open handles, open files by process, open registry handles by process, open network sockets, open network connections, TCP connections, passwords	http://www.hbgary.com

173

续表

工具名称	发布方 发布时间	技术参数			工具链接网址
		支持二进制 RAM dump	支持 memory 分析	提取内存对象	
Mem Marshal V1.0	ATC-NY 2012.8	不支持	不支持	process list, process status（active, hidden, or exited）, EPROCESS list, kernel module list, driver list, DLL lists, open files by process, open registry handles by process, open network sockets, open network connections	http://menmarshal.com/
MacQuisition V2015R1	BlackBag Technologies 2015.8	支持	不支持	仅提供内存数据分析	https://www.blackbagtech.com/software-products/macquisition-1/macquisition.html
Windows Memory Reader V1.0	ATC-NY 2012.12	支持	不支持	仅支持 RAM 数据导出	http://cybermarshal.com/index.php/cyber-marshal-utilities/windows-memory-reader

四、移动设备取证工具

工具名称	发布方 发布时间	技术参数					工具链接网址
		运行 环境	移动设备 数据分析	移动设备 数据提取	支持数据 提取方式	支持移动 设备类型	支持 SIM 卡克隆	
Android Ripping Tool (ART)	High Tech Crime Institute 2013.8	Windows	不支持， 仅数据 提取	支持	逻辑提取	智能手机（Android），平板电脑（Android）	不支持	http://htcilabs.com/products/dart/

续表

工具名称	发布方 发布时间	运行环境	移动设备数据分析	移动设备数据提取	支持数据提取方式	支持移动设备类型	支持SIM卡克隆	工具链接网址
BlackLight V 2015R3.1	BlackBag Technologies 2015.10	Windows Mac	支持	支持	逻辑提取	智能手机（Android）、智能手机（iPhone）、平板电脑（Apple）	不支持	https://www.blackbagtech.com/software-products/blacklight-1/blacklight.html
DART V 2.0.1.18 有测试报告	High Tech Crime Institute 2014.4	Windows	支持	支持	逻辑提取	智能手机（Android、iPhone、Windows、BlackBerry、Palm）、平板电脑（Android、Apple及其他）、非智能手机、部分中国产手机、PDA设备、GPS设备	支持	http://htcilabs.com/products/dart/
DC3 iPhone Analyzer 有测试报告 V 1.0.721	Defense Cyber Crime Center (DC3) 2012.10	Mac	不支持	支持	n/a	智能手机(iPhone)	不支持	http://www.dc3.mil
Device Seizure V7.0 有测试报告	Paraben Corporation 2015.2	Windows	支持	支持	逻辑提取 物理提取 SIM卡提取	智能手机（Android、iPhone、Windows、BlackBerry、Symbian、Palm）、平板电脑（Android、Apple及其他）、非智能手机、PDA设备、GPS设备	支持	http://www.paraben.com/device-seizure.html
Elcomsoft Blackberry Backup Explorer	Elcomsoft Co Ltd 2013.1	Windows	支持	支持	n/a	智能手机(BlackBerry)	不支持	http://elcomsoft.com/ebbe.html
Elcomsoft iOS Forensic Toolkit	Elcomsoft Co Ltd 2013.1	Windows	不支持	支持	逻辑提取 物理提取	智能手机(iPhone)	不支持	http://elcomsoft.com/eift.html

续表

工具名称	发布方 发布时间	运行环境	移动设备数据分析	移动设备数据提取	支持数据提取方式	支持移动设备类型	支持SIM卡克隆	工具链接网址
Hex Raptor V5.3 有测试报告	Forensic Telecommunications Services Ltd 2012.8	Windows	支持	支持	逻辑提取 物理提取	智能手机（Symbian）、非智能手机	不支持	http://www.ForensicTS.com
Internet Evidence Finder（IEF）V6.8	Magnet Forensics 2016.9	Windows	支持	不支持	n/a	智能手机（Android、iPhone、Windows）、平板电脑（Android、Apple及其他）	不支持	http://www.magnetforensics.com
iXAM V 2.3.3 有测试报告	Forensic Telecommunications Services Ltd 2012.5	Windows	支持	支持	逻辑提取 物理提取	智能手机（iPhone）、平板电脑（Apple）	不支持	http://www.ixam-forensics.com/
Lantern V4.5 有测试报告	Katana Forensics Inc. 2013.1	Mac	支持	支持	逻辑提取 物理提取	智能手机（Android、iPhone）	不支持	http://katanaforensics.com/products/
Magnet AXIOM V1.0.5	Magnet Forensics 2016.9	Windows	支持	支持	逻辑提取 物理提取	智能手机（Android、iPhone、Windows）、平板电脑（Android、Apple）	不支持	http://www.magnetforensics.com
MD-NEXT V1.15	HancomGMD 2016.1	Windows	不支持	支持	逻辑提取 物理提取 SIM卡提取 手工提取	智能手机（Android、iPhone、Windows、BlackBerry）	不支持	http://www.hancomgmd.com/eng/home.php?go＝Bmenu_02&item_num＝33

第三节 可信电子数据取证工具

续表

工具名称	发布方 发布时间	运行环境	移动设备分析数据提取	移动设备数据提取	支持数据提取方式	支持移动设备类型	支持SIM卡克隆	工具链接网址
MD-RED V1.0.2	HancomGMD 2016.1	Windows	支持	支持	逻辑,物理,SIM,手工	智能手机(Android、iPhone、Windows、BlackBerry)	不支持	http://www.hancomg-md.com/eng/home.php?go=Bmenu_02&item_num=34
Mobile Marshal V1.0.2	ATC-NY 2013.1	Windows	支持	不支持	n/a	智能手机(Android、BlackBerry)、平板电脑(Apple)	不支持	http://atc-nycorp.com/
Mobile Track Visualization Forensics(MTF) V V2.3.0.493	XLYSalvationdata Technology INC. 2015.5	Windows	支持	支持	逻辑提取	智能手机(Android、iPhone)、部分中国产智能手机	不支持	http://www.salvationda-ta.com/mtf-mobile-track-visualization-forensics.html
Mobilyze V 2015R1	BlackBag Tech 2015.5	Windows Mac	不支持	支持	逻辑提取	智能手机(Android、iPhone)、平板电脑(Apple)	不支持	https://www.black-bagtech.com/mobilyze.html
MPE+(Mobile Phone Examiner)V5.5	AccessData 2014.1	Windows	支持	支持	逻辑,物理,手工	智能手机(Android、iPhone、Windows、BlackBerry、Palm)、平板电脑(Android、Apple及其他)、非智能手机、PDA设备、GPS设备	支持	http://www.accessdata.com/products/digital-forensics/mobile-phone-examiner
Phone Forensics Express V2.1	Compelson 2015.5	Windows	不支持	支持	逻辑提取 SIM卡	智能手机(Android、iPhone、Windows、BlackBerry、Palm)、平板电脑(Android、Apple及其他)、非智能手机、PDA设备	不支持	http://www.mobiledit.com/forensic-express

第七章 电子数据取证工具

续表

工具名称	发布方 发布时间	运行环境	移动设备数据分析	移动设备数据提取	支持数据提取方式	支持移动设备类型	支持SIM卡克隆	工具链接网址
Secure View V3 有测试报告	Susteen Inc. 2011.3	Windows standalonedevice	支持	支持	逻辑提取、SIM卡	智能手机（Android、iPhone、Windows、BlackBerry、Palm）、平板电脑（Android、Apple）、非智能手机	不支持	http://www.secureview.us/secureview3
SIMiFOR V 1.52 有测试报告	Forensic Telecommunications Services Ltd	Windows	支持	支持	逻辑、物理、SIM、手工	智能手机（Android、iPhone、Windows、BlackBerry）	不支持	http://www.forensicts.co.uk/SubCategory.aspx?ID=67&SMID=55
UFED Physical Analyzer V3.6 有测试报告	Cellebrite Mobile Synchronization Ltd.	Windows	支持	支持	逻辑提取、物理提取	智能手机（iPhone）、平板电脑（Apple）、GPS设备	不支持	http://www.cellebrite.com
UFED Touch Ultimate V1.8	Cellebrite Mobile Synchronization Ltd. 2012.6	Windows	支持	支持	逻辑提取、物理提取、SIM卡	智能手机（Android、iPhone、Windows、BlackBerry、Symbian、Palm）、平板电脑（Android、Apple及其他）、非智能手机、PDA设备、GPS设备	支持	http://www.cellebrite.com
viaExtract V1.7 有测试报告	viaForensics 2010.6	Windows Mac Linux	支持	支持	逻辑提取、物理提取	智能手机（Android）	不支持	http://www.viaforensics.com/products/viaextract
XRY V7.0 有测试报告	Micro Systemation AB (MSAB) 2016.4	Windows	支持	不支持	逻辑提取、物理提取、SIM卡提取、手工提取	智能手机（Android、iPhone、Windows、BlackBerry、Symbian、Palm）、平板电脑（Android、Apple及其他）、非智能手机、PDA设备、GPS设备	支持	https://www.msab.com/products/current-releases/

续表

工具名称	发布方 发布时间	技 术 参 数					工具链接网址
		运行环境	移动设备数据分析	移动设备数据提取	支持数据提取方式	支持移动设备类型	支持SIM卡克隆	
SmartPhone Forensic System (SPF) V3.43.6.0	XLY Salvationdata Technology INC 2013.2	Windows	支持	不支持	逻辑提取 物理提取 SIM卡提取 手工提取	智能手机（Android，iPhone，Windows，BlackBerry，Symbian，Palm），平板电脑（Android、Apple及其他），非智能手机、PDA设备	支持	http://www.salvationdata.com/spf-smartphone-forensic-system.html
UFED CHINEX	Cellebrite Mobile Synchronization Ltd. 2011.10	standalone device	支持		逻辑提取 物理提取 SIM卡提取	部分中国产手机	不支持	http://www.cellebrite.com/mobile-forensic-products/ufed-chinex.html

五、字串搜索工具

工具名称	发布方 发布时间	技 术 参 数				工具链接网址
		运行环境	可用搜索技术	先进搜索特征	目前搜索区域支持	
Autopsy V3.0	The Sleuth Kit 2012.10	Windows	indexed search	关键字搜索 规则表示/模式匹配	搜索支持：未分配区、文件、文件名、压缩文件和容器文件中的文件、Email	http://www.sleuthkit.org/autopsy
BlackLight V2015R3.1	BlackBag Technologies 2015.10	Windows Mac	simultaneous/live search	关键字搜索 规则表示/模式匹配	搜索支持：未分配区、文件、文件名、压缩文件和容器文件中的文件、Email，Internet历史记录	https://www.blackbagtech.com/software-products/blacklight-1/blacklight.html

续表

工具名称	发布方 发布时间	运行环境	可用搜索技术	先进搜索特征	目前搜索区域支持	工具链接网址
DFF V1.3	ArxSys 2013.2	Windows Linux	simultaneous/ live search	关键字搜索 规则表示/模式匹配 模糊搜索	搜索支持:未分配区、文件名、文件空闲区	http://www.digital-forensic.org
dtSearch Product Line V7 有测试报告	dtSearch Corp.	Windows Linux	simultaneous/ live search indexed search	关键字搜索 规则表示/模式匹配 模糊搜索	搜索支持:未分配区、文件名、文件空闲区	http://www.dtsearch.com/PLF_forensics_2.html
OSForensics V4.0.1 有测试报告	PassMark Software 2016.12	Windows	simultaneous/ live search indexed search	关键字搜索 规则表示/模式匹配 十六进制搜索	搜索支持:未分配区、文件名、Email、文件和容器文件中的文件、历史记录	http://osforensics.com/whatsnew.html
Recoll V1.22.4	recoll.org 2016.12	Windows Linux	indexed search	关键字搜索 规则表示/模式匹配 截词搜索 语音搜索	搜索支持:文件、文件名、压缩文件和容器文件中的文件、Email	http://www.recoll.org
Magnet AXIOM v1.0.5	Magnet Forensics 2016.9	Windows	indexed search	关键字搜索 规则表示/模式匹配	搜索支持:文件名、Email、Internet 历史记录	http://www.magnetforensics.com
P2 Enterprise V1.5	Paraben Corporation 2012.9	Windows	simultaneous/ live search	关键字搜索 规则表示/模式匹配	搜索支持:文件、文件名、压缩文件和容器文件中的文件、Email、Internet 历史记录	http://www.paraben-enterprise.com/p2-enterprise-pro.html

六、web 浏览器取证工具

工具名称	发布方 发布时间	运行环境	技术参数		工具链接网址
			支持的浏览器类型		
BlackLight V2015R3.1	BlackBag Technologies 2015.10	Windows、Mac OS	Safari、Firefox、Chrome、Internet Explorer		https://www.blackbagtech.com/software-products/blacklight-1/blacklight.html
BURP V1.7.17	PortSwigger Ltd 2016.11	Windows、Mac OS、Linux	Safari、Bing Toolbar、Firefox、Chrome、Google Maps、Google Toolbar、Internet Explorer、Opera、360 Safe Browser、Xbox Internet Explorer		https://portswigger.net/burp/
Chrome Thief V1.0	David Enos Bluedangerforyou 2016.5	Windows	Chrome		https://www.linkedin.com/pulse/free-open-source-google-chrome-forensics-tool-written-david-enos?trk=prof-post
Internet Evidence Finder（IEF） V6.8	Magnet Forensics 2016.9	Windows、Mac OS、Linux	Safari、Bing Toolbar、Firefox、Chrome、Google Maps、Google Toolbar、Internet Explorer、Opera、360 Safe Browser、Xbox Internet Explorer		http://www.magnetforensics.com
Magnet AXIOM V1.0.5	Magnet Forensics 2016.9	Windows、Mac OS、Linux	Safari、Bing Toolbar、Firefox、Chrome、Google Maps、Google Toolbar、Internet Explorer、Opera、360 Safe Browser、Xbox Internet Explorer		http://www.magnetforensics.com
OSForensics V4.0.1 有测试报告	PassMark Software 2016.12	Windows	Safari、Firefox、Chrome、Internet Explorer		http://osforensics.com/whatsnew.html

第六条 根据案件的实际情况,在需选取未认证但能提供验证的取证工具时,在取证过程中,应文件记录取证过程和本次取证结果,在法庭中应同时提供软件程序的源代码和具备产品功能和性能规定说明文档。

第七条 根据案件的实际情况和取证需求,在需选取未认证但能提供部分验证的取证工具时,在取证过程中,应文件记录取证过程和本次取证结果,在法庭中应提供软件程序的源代码或具备产品功能和性能规定说明文档。同时通过另外一种或几种相似性取证工具复查用以确保取证结果之准确、可靠。

第八条 在取证过程中,选用未认证也不能提供验证的取证工具操作电子数据的取证,原则上通过该取证工具获取的电子数据应予以排除。在针对同样的案例、同样的取证功能需求,采用多款相似性取证工具的取证结果比较一致或在一定的允许存在的误差率内,在法庭中应提供文件记录各自的取证过程和取证结果,以及取证的分析。

第九条 在取证过程中,选用了未认证但广泛使用的取证工具,在法庭中应提供该取证工具成功应用案例的说明,或该取证工具应用场景说明等,同时附上文件记录的取证的过程和本次的取证结果。

参 考 文 献

一、中文著作类

[1] 何家弘：《电子证据立法研究》，法律出版社 2002 年版。
[2] 刘品新：《中国电子证据立法研究》，中国人民大学出版社 2005 年版。
[3] 汪建成、刘广三：《刑事证据学》，群众出版社 2000 年版。
[4] 徐立根：《物证技术学》，中国人民大学出版社 1999 年版。
[5] 毕玉谦：《证据法要义》，法律出版社 2003 年版。
[6] 韩鹰：《对电子证据的法律研究》，法律出版社 2001 年版。
[7] 皮勇：《刑事诉讼中的电子证据规则研究》，中国人民公安大学出版社 2004 年版。
[8] 麦永浩，孙国梓，许榕生，戴士剑：《计算机取证与司法鉴定》，清华大学出版社 2009 年版。
[9] 陈光中：《刑事诉讼法》，北京大学出版社 2013 年版。
[10] 刘品新：《电子取证的法律规制》，中国法制出版社 2010 年版。
[11] 蒋平，黄淑华，杨丽丽：《数字取证》，中国人民大学出版社 2007 年版。
[12] 杜春鹏：《电子证据取证和鉴定》，中国政法大学出版社 2014 年版。

二、中文论文类

[1] 赵长江，李翠：《电子数据概念之重述》，载《重庆邮电大学学报（社会科学版）》2015 年第 6 期。
[2] 冯大同：《国际贸易中应用电子数据交换所遇到的法律问题》，载《中国法学》1993 年第 5 期。
[3] 刘满达：《论数据电文的证据价值》，载《法学》1999 年第 8 期。
[4] 韩波：《论加拿大〈统一电子证据法〉的立法价值》，载《政治与法律》2001 年第 5 期。
[5] 徐静村：《电子证据：证据学的一个新领域》，载《重庆邮电学院学报》

2003年第1期。

[6] 刘品新：《论电子证据的定位：基于现行法律的思辨》，载《法商研究》2002年第4期。

[7] 邹荣合：《电子数据证据及其在刑事侦查中的运用》，载《铁道警官高等专科学校学报》2005年第4期。

[8] 李鹏，金达峰：《电子数据证据之重铸》，载《广东青年干部学院学报》2004年第55期。

[9] 李鹏：《电子数据证据及其司法运用》，载《江苏警官学院学报》2004年第1期。

[10] 戴莹：《电子证据及其相关概念辨析》，载《中国刑事法杂志》2012年第3期。

[11] 李扬：《论电子证据在我国新修〈民事诉讼法中的法律地位〉》，载《重庆邮电大学学报（社会科学版）》2012年第6期。

[12] 刘文斌：《"电子证据"与"电子数据"考辨——以2012版刑事诉讼法对证据制度的调整为背景》，载《天津法学》2015年第1期。

[13] 姜宇航：《电子证据基本问题初探》，载《法制与社会》2013年第4期。

[14] 刘哲伟：《民事电子证据：从法条独立到实质独立》，载《证据科学》2015年第6期。

[15] 赵廷光：《信息时代的电脑犯罪与刑法立法》，载《法商研究》1997年第2期。

[16] 龙宗智：《证据分类制度及其改革》，载《法学研究》2005年第5期。

[17] 刘品新：《论电子证据的原件理论》，载《法律科学（西北政法大学学报）》2009年第5期。

[18] 王宁，黄凤林：《QQ电子证据的认证规则构建》，载《计算机科学》2015年第B10期。

[19] 刘显鹏：《电子证据的证明能力与证明力之关系辨析》，载《北京交通大学学报（社会科学版）》2013年第2期。

[20] 李主峰，刚继斌：《从立法到司法：刑事诉讼中电子证据之认证》，载《学术交流》2013年第7期。

[21] 徐海林，邓洋：《职务犯罪侦查中电子证据的可采性》，载《山西省政法管理干部学院学报》2015年第2期。

[22] 朱健：《从新〈民事诉讼法〉看电子证据的科学定位》，载《法律适用》2013年第12期。

[23] 刘品新：《电子证据的关联性》，载《法学研究》2016 年第 6 期。
[24] 刘志军：《电子证据完整性的几个关键技术研究》，武汉大学 2009 年博士学位论文。
[25] 杨宁芳：《试论言词证据的逻辑结构及其适应价值》，载《湖北大学学报（哲学社会科学版）》2017 年第 2 期。
[26] 汪诸豪：《美国法中基于品格证据的证人弹劾》，载《比较法研究》2015 年第 2 期。
[27] 李峰：《证人调查：民事庭外作证的立法向度》，载《法律科学（西北政法大学学报）》2017 年第 1 期。
[28] 牟绿叶：《弹劾证据规则的中国模式——以弹劾侦查人员的证言为切入点的分析》，载《暨南学报（哲学社会科学版）》2014 年第 1 期。
[29] 李璐：《刑事诉讼证据真实性的理性辨思——以新刑事诉讼法为背景的探讨》，载《福建警察学院学报》2014 年第 1 期。
[30] 陈浩：《即时通讯记录作为证据的司法认证研究》，载《证据科学》2017 年第 1 期。
[31] 程军伟：《笔迹鉴定相关理论问题的考量》，载《中国司法鉴定》2011 年第 3 期。
[32] 张斌：《证据概念的学科分析——法学、哲学、科学的视角》，载《法学研究》2013 年第 1 期。
[33] 罗文华，孙道宁，赵力：《电子数据证据评价问题研究》，载《河北法学》2017 年第 12 期。
[34] 孙国梓，耿伟明，陈丹伟，申涛：《基于可信概率的电子数据取证有效性模型》，载《计算机学报》2011 年第 7 期。
[35] 赵志岩，石文昌：《基于证据链的电子证据可信性分析》，载《计算机科学》2016 年第 7 期。
[36] 张学渊，梁雄健：《关于通信网可靠性定义的探讨》，载《北京邮电大学学报》1997 年第 2 期。
[37] 刘立霞：《审查判断电子证据的真实性研究》，载《云南大学学报（法学版）》2003 年第 2 期。
[38] 姚磊：《论侦查取证程序的结构——以程序的功能为标准》，载《大连海事大学学报（社会科学版）》2014 年第 1 期。
[39] 李娜：《电子证据取证程序研究》，载《河北公安警察职业学院学报》2017 年第 4 期。

[40] 何建波:《国内外电子数据取证标准规范研究》,载《保密科学技术》2016年第3期。

[41] 郭弘:《电子数据取证标准体系综述》,载《计算机科学》2014年第10A期。

[42] 陈忠义:《论电子数据取证及其技术挑战》,载《计算机科学》2016年第B12期。

[43] 廖根为:《数字取证工具对电子数据证据的影响及法律规制》,载《计算机科学》2014年第B10期。

[44] 万毅:《取证主体合法性理论批判》,载《江苏行政学院学报》2010年第5期。

[45] 万毅:《证据"转化"规则批判》,载《政治与法律》2011年第1期。

[46] 谢丹、王兆衡:《试述刑事诉讼取证主体的范围及立法完善》,载《齐齐哈尔大学学报(哲学社会科学版)》2011年第4期。

[47] 何凌:《电子证据司法鉴定刍议》,载《苏州教育学院学报》2008年第2期。

[48] 刘晓燕:《我国刑事侦查程序反思与完善》,载《安徽农业大学学报(社会科学版)》2008年第2期。

[49] 刘耀、杜春鹏:《计算机证据取证程序探析》,载《中国法学教育研究》2014年第3期。

[50] 刘尊:《基于需求的网络电子取证过程模型》,载《计算机应用与软件》2005年第11期。

[51] 丁丽萍、王永吉:《多维计算机取证模型研究》,载《信息网络安全》2005年第10期。

[52] 张有东、王建东、叶飞跃、陈惠萍、李涛:《网络取证及其应用技术研究》,载《小型微型计算机系统》2006年第3期。

[53] 吴思颖:《电子证据取证模型研究》,重庆邮电大学2014年硕士论文。

[54] 谢登科:《电子数据的鉴真问题》,载《国家检察学院学报》2017年第5期。

[55] 戴士剑、钟建平、鲁佑文:《检察机关侦查部门电子数据取证问题研究》,载《湖南大学学报(社会科学版)》2017年第2期。

[56] 喻海松:《〈关于办理网络犯罪案件适用刑事诉讼程序若干问题的意见〉的理解与适用》,载《人民司法》2014年第17期。

[57] 何军:《大数据与侦查模式变革研究》,载《中国人民公安大学学报

(社会科学版)》2015 年第 1 期。

[58] 党凌云,郑振玉,宋丽娟:《2014 年度全国司法鉴定情况统计分析》,载《中国司法鉴定》2015 年第 4 期。

[59] 金波,杨涛,吴松洋,黄道丽,郭弘:《电子数据取证与鉴定发展概述》,载《中国司法鉴定》2016 年第 1 期。

[60] 郭弘,夏荣:《电子数据取证标准的研究与展望》,载《信息网络安全》2016 年第 S1 期。

[61] Edward J. Imwinkelried,王进喜,甄秦峰:《从过去 30 年美国使用专家证言的法律经历中应吸取的教训》,载《证据科学》2007 年第 5 期。

[62] 张凤芹:《Daubert 案与科学证据的采纳》,载《证据科学》1996 年第 4 期。

[63] 邹锦沛,陈航,徐菲:《计算机网络取证和调查的科学研究》,载《中兴通讯技术》2016 年第 1 期。

[64] 孙波:《计算机取证方法关键问题研究》,中国科学院研究生院(软件研究所)2004 年博士学位论文。

[65] 孙波,孙玉芳,张相锋,梁彬:《电子数据取证研究概述》,载《计算机科学》2005 年第 2 期。

[66] 殷联甫:《计算机取证工具分析》,载《计算机系统应用》2005 年第 8 期。

[67] 陈祖义,龚俭,徐晓琴:《计算机取证的工具体系》,载《计算机工程》2005 年第 5 期。

[68] 丁丽萍,王永吉:《计算机取证的技术方法及工具研究》,载《信息安全与通信保密》2005 年第 8 期。

[69] 黄淑华,赵志岩:《数字取证工具及应用》,载《警察技术》2012 年第 1 期。

[70] 刘志军,麦永浩:《取证工具及产品的评估方法浅探》,载《警察技术》2006 年第 4 期。

[71] 仇新梁,李敏:《国家电子物证检验标准分析》,载《保密科学技术》2010 年第 3 期。

[72] 罗威丽,杨永川:《电子数据司法鉴定工具可靠性评估研究》,载《刑事技术》2010 年第 2 期。

[73] 刘晓宇,翟晓飞,杨雨春:《计算机取证分析工具测试方法研究》,载《第 23 届全国计算机安全学术交流会论文集》2008 年。

［74］秦海权，赵利：《磁盘镜像类取证软件的检测研究》，载《第 24 次全国计算机安全学术交流会论文集》2009 年。

［75］黄步根：《存储介质上电子证据的发现和提取技术》，载《计算机应用与软件》2008 年第 1 期。

［76］徐军：《计算机取证的证明力》，载《数字图书馆论坛》2009 年第 9 期。

［77］杨永川，李岩：《电子证据取证技术的研究》，载《中国人民公安大学学报（自然科学版）》2005 年第 1 期。

［78］许兰川，卢建明，王新宇，许桃：《云计算环境下的电子取证：挑战及对策》，载《刑事技术》2017 年第 2 期。

［79］黄文汉：《基于 Windows 系统的开机取证方法研究》，载《电脑知识与技术》2012 年第 10X 期。

［80］王宁，刘志军，麦永浩：《电子证据取证中的推理分析技术》，载《信息网络安全》2010 年第 3 期。

［81］夏淑华：《信息隐藏技术及算法分析》，载《信息系统工程》2017 年第 3 期。

［82］丁丽萍，岳晓萌，李彦峰：《移动数字取证技术》，载《中兴通讯技术》2015 年第 3 期。

［83］张志宋，戴天岳，沈明昌，贺宇才：《移动恶意代码攻击数字证据取证调查处理程序之研究》，载《计算机科学》2015 年第 B10 期。

［84］胡东辉，夏东冉，史昕岭，樊玉琦，王丽娜，吴信东：《网络取证技术研究》，载《计算机科学》2015 年第 B10 期。

［85］王雅实 王立梅：《云计算环境与电子取证的研究》，载《计算机科学》2016 年第 B12 期。

［86］高运，伏晓，骆斌：《云取证综述》，载《计算机应用研究》2016 年第 1 期。

［87］王震，张伟：《关于刑侦部门电子物证检验工作的探索》，载《黑龙江科技信息》2016 年第 25 期。

三、英文论文类

［1］Zedeh L: "Fuzzy sets". *Information and Control*, 1965, Vol. 8, No. 3, pp. 383-353.

［2］Liu B, Liu Y: "Expected value of fuzzy variable and fuzzy expected value models". *IEEE Transactions on Fuzzy Systems*, 2002, Vol. 10, No. 4, pp. 445-450.

[3] Gary Palmer: *A road map for digital forensic research*. Technical Report DTRT0010-01, DFRWS, November 2001, pp. 15-20.

[4] Radhika Padmanabhan, Karen Lobo, Mrunali Ghelani, Dhanika Sujan: "Comparative analysis of commercial and open source mobile device forensic tools". In 2016 Ninth International Conference on Contemporary Computing (IC3), 2016, pp. 1-6.

[5] Beckett, Jason, Slay, Jill: "Digital forensics: Validation and verification in a dynamic work environment". In Proceedings of the 40th Annual Hawaii International Conference on System Sciences, 2007, pp. 266-276.

[6] Casey E.: "Digital evidence and computer crime forensic", *Computer and the Internet*, 2011, 11 (3): 373.

[7] Hunt R: "New developments in network forensics Tools andtechniques". In 18th IEEE International Conference on Networks (ICON), *IEEE*, 2012, pp. 376-381.

[8] K. Kent, S. Chevalier, T. Grance, and H. Dang: "Guide to integrating forensic techniques into incident response". *NIST Special Publication*, 2006, pp. 800-806.

[9] Ruan K., J. Carthy, T. Kechadi, M. Crosbie: "Cloud Forensics", *7th IFIP Advances in Digital Forensics VII*, 2011, pp. 35-46.

[10] Hashem, Sherif, Abdalla, Salma: "Computer forensics guidance model with cases study". In 3rd International Conference on Multimedia Information Networking and Security, *MINES*, 2011, pp. 564-571.

[11] Almulla, S, Iraqi, Y, Jones, A.: "Cloud forensics: A research perspective". *Innovations in Information Technology (IIT)*, 2013, pp. 17-19, 66.

四、中英文网络文献

[1] 人民公安大学教授谈大数据如何改变现代侦查, http://www.sohu.com/a/134919772_743147.

[2] 自由心证_360百科, https://baike.so.com/doc/6156986-6370202.html.

[3] 网络公证_百度百科, https://baike.baidu.com/item/网络公证/12751979.

[4] 技术_360百科, https://baike.so.com/doc/10043547-10543521.html.

参考文献

[5] 第三方电子数据平台固定电子证据的调查研究（上），http：//www.sohu.com/a/162395457_505860.

[6] 刘继雁：《网络诈骗犯罪中的管辖权争议》，http：//cqfy.chinacourt.org/article/detail/2013/07/id/1020700.shtml.

[7] 《侦查破案的一般步骤》，http：//blog.sina.com.cn/s/blog_490138c9010002r9.html.

[8] 王高阳：《电子取证的一般流程》，https：//mp.weixin.qq.com/s/a8eg5KTwodQIivo6HsMJQ.

[9] 第43次《中国互联网络发展状况统计报告》（全文），http：//www.cac.gov.cn/2019-02/28/c_1124175677.htm.

[10] 腾讯安全2017年度互联网安全报告，https：//guanjia.qq.com/news/n1/2258.html.

[11] 《刘晓宇谈公安机关电子数据取证工作的现状、应用和挑战》，https：//mp.weixin.qq.com/s/9ykSHc73flnZkBGIrIG10A.

[12] 《电子数据取证标准——英国篇》，http：//mp.weixin.qq.com/s/Sd0XOji_G8BB0voywXUbrg.

[13] 道伯特（DAUBERT）标准——采纳科学证据的新规则，http：//blog.sina.com.cn/s/blog_6ee061060101kb5w.html.

[14] 郭永健：《云计算冲击下的网络安全与云取证》，http：//wenku.baidu.corn/view/de336b70f46527d3240ce0e0.html.

[15] "数据恢复"，https：//baike.baidu.com/item/%E6%95%B0%E6%8D%AE%E6%81%A2%E5%A4%8D/3346763?fr=aladdin.

[16] 《移动终端取证工具篇》，https：//mp.weixin.qq.com/s?__biz=MzA4NTAzOTI4OA==&mid=401385845&idx=1&sn=99278ffc9b9200295621c4d1dcc79e72&scene=2&srcid=0215d94bM7MecotYIX5Kaoot&from=timeline&isappinstalled=0#wechat_redirect.

[17] 《物理提取：JTAG提取技术》，http：//blog.sina.com.cn/s/blog_65f5ed270102vs2s.html.

[18] "云计算"，https：//baike.so.com/doc/580575-614558.html.

[19] Encase_百度百科，https：//baike.baidu.com/item/Encase/5780175.

[20] Guidelines for Evidence Collection and Archiving，http：//www.rfc-base.org/rfc-3227.html.

[21] Larry E. Daniel, Lars E. Daniel. Overview of Digital Forensics Tools, ht-

tps：//www.sciencedirect.com/science/article/pii/B9781597496438000055.

[22] Free Computer Forensic Software，https：//forensiccontrol.com/resources/free-software/#general.

[23] F Flandrin，WJ Buchanan，R Macfarlane，B Ramsay："A Smales：Evaluating Digital Forensic Tools（DFTs）"，http：//www.docin.com/p-1647124189.html.

[24] Mary Brandel："Rules of Evidence-Digital Forensics Tools"，https：//www.csoonline.com/article/2117658/investigations-forensics/rules-of-evidence-digital-forensics-tools.html.

[25] "Digital forensics"，https：//en.wikipedia.org/wiki/Digital_forensics.

[26] "Guidelines on Mobile Device Forensics"，https：//www.itbusinessedge.com/itdownloads/mobile-tech/guidelines-on-mobile-device-forensics.html.

[27] "Network forensics"，https：//en.wikipedia.org/wiki/Network_forensics.

[28] 司法部颁司法鉴定技术规范一览表：http：//www.moj.gov.cn/government-public/content/2019-08/15/tzwj.3229954.html.

附　　录

作为对本书所涉内容的有效补充，本附录收录了近年来电子数据的主要司法解释和规范性文件。现行体制是将诸电子数据规范分散规定于各司法解释和规范性文件中，包括司法机关针对电子数据的收集、保全、审查、认定等问题进行规范的若干司法解释和程序规定，也有工商行政管理总局针对工商行政管理机关开展电子数据取证工作的指导意见、中华全国律师协会针对律师开展电子数据取证、质证和认证工作的操作指南、司法部司法鉴定管理局颁布的电子数据司法鉴定通用实施规范等。

出于篇幅考虑，本附录根据电子数据取证主体的不同，仅节选了电子数据取证的若干司法解释和规范性文件，包括最高人民法院、最高人民检察院、公安部联合出台的《关于办理刑事案件收集提取和审查判断电子数据若干问题的规定》（法发〔2016〕22号），公安部出台的《公安机关办理刑事案件电子数据取证规则》（2019年），中华全国律师协会出台的《律师办理电子数据证据业务操作指引》（2012年）中的电子数据取证规定，国家工商行政管理总局关于工商行政管理机关电子数据证据取证工作的指导意见（工商市字〔2011〕248号），司法部司法鉴定管理局颁布的《电子数据司法鉴定通用实施规范》（2014年）。至于其他的关于电子数据取证的司法解释和规范性文件，读者如果感兴趣可根据书里表中的提示进行相应的查询。

附录1 近年来关于电子数据的主要司法解释和规范性文件

序号	司法解释和规范性文件名称	发布部门	涉及电子数据的条款	功能描述
1	最高人民法院、最高人民检察院、海关总署关于办理走私刑事案件适用法律若干问题的意见（法〔2002〕139号）	最高人民法院、最高人民检察院、海关总署	第2条	关于电子数据证据的收集、保全问题的规定
2	《计算机犯罪现场勘验与电子数据检查规则》（公信安〔2005〕161号）	公安部	共8章39条	计算机犯罪现场勘验与电子数据检查工作的规范
3	《公安机关电子数据鉴定规则》（公信安〔2005〕281号）	公安部	共10章55条	公安机关电子数据鉴定工作的规范
4	最高人民检察院《电子数据鉴定程序规则（试行）》（2009）	最高人民检察院	共5章26条	人民检察院电子数据鉴定工作程序的规范
5	《电子数据的固定采集与展示业务操作指引》（苏律协发〔2009〕14号）	江苏省律师协会	共5章92条	律师开展电子数据固定、采集并运用的方式方法的规定
6	《关于办理网络赌博犯罪案件适用法律若干问题的意见》（公通字〔2010〕40号）	最高人民法院、最高人民检察院、公安部	第5条	关于电子数据的收集与保全问题作出专门的规定
7	《关于办理死刑案件审查判断证据若干问题的规定》（法发〔2010〕20号）	最高人民法院、最高人民检察院、公安部、国家安全部、司法部	第29条	电子数据的审查内容作出规定
8	国家工商行政管理总局关于工商行政管理机关电子数据证据取证工作的指导意见（工商市字〔2011〕248号）	国家工商行政管理总局	共10条	工商行政管理机关电子数据证据取证工作较为详细规定

续表

序号	司法解释和规范性文件名称	发布部门	涉及电子数据的条款	功能描述
9	最高人民法院《关于审理证券行政处罚案件证据若干问题的座谈会纪要》（法〔2011〕225号）	最高人民法院	第2条	当事人向人民法院提供电子数据证据证明待证事实，电子数据证据应当符合四点要求的规定
10	最高人民法院《关于适用刑事诉讼法若干问题的解释》（法释〔2012〕21号）	最高人民法院	第4章65条、第93条、第94条	对电子数据的审查判断作出专门规定
11	《律师办理电子数据证据业务操作指引》（2012年）	中华全国律师协会	共6章68条	律师办理电子数据证据的取证、举证与质证的操作规定
12	公安机关办理刑事案件程序规定（2012年，公安部令第127号）	公安部	第63条	对电子数据收集、提交审查提出简要规定
13	人民检察院刑事诉讼规则（试行）（高检发释字〔2012〕2号）	最高人民检察院	第9章第5节和第6节、第11章第1节	对电子数据搜查、调取及审查作出规定和要求
14	《关于办理网络犯罪案件适用刑事诉讼程序若干问题的意见》（公通字〔2014〕10号）	最高人民法院、最高人民检察院、公安部	第13条至18条	电子数据取证和审查认定的一般原则、重点内容和具体程序作出规定
15	《公安机关执法细则》（2016年第3版）	公安部	第7章第1节至第6节	限公安机关内部适用，规范计算机犯罪现场勘验与电子数据检查
16	《关于办理刑事案件收集提取和审查判断电子数据若干问题的规定》（法发〔2016〕22号）	最高人民法院、最高人民检察院、公安部	共5章30条	对电子数据的收集与提取、移送与展示、审查与判断作出规定

续表

序号	司法解释和规范性文件名称	发布部门	涉及电子数据的条款	功能描述
17	《公安机关办理刑事案件电子数据取证规则》（2019年）	公安部	共5章61条	电子数据收集和提取、检查和侦查实验、检验与鉴定的程序规定

附录2 最高人民法院 最高人民检察院 公安部《关于办理刑事案件收集提取和审查判断电子数据若干问题的规定》

（法发〔2016〕22号）

为规范电子数据的收集提取和审查判断，提高刑事案件办理质量，根据《中华人民共和国刑事诉讼法》等有关法律规定，结合司法实际，制定本规定。

一、一般规定

第一条 电子数据是案件发生过程中形成的，以数字化形式存储、处理、传输的，能够证明案件事实的数据。

电子数据包括但不限于下列信息、电子文件：

（一）网页、博客、微博客、朋友圈、贴吧、网盘等网络平台发布的信息；

（二）手机短信、电子邮件、即时通信、通讯群组等网络应用服务的通信信息；

（三）用户注册信息、身份认证信息、电子交易记录、通信记录、登录日志等信息；

（四）文档、图片、音视频、数字证书、计算机程序等电子文件。

以数字化形式记载的证人证言、被害人陈述以及犯罪嫌疑人、被告人供述和辩解等证据，不属于电子数据。确有必要的，对相关证据的收集、提取、移送、审查，可以参照适用本规定。

第二条 侦查机关应当遵守法定程序，遵循有关技术标准，全面、客观、及时地收集、提取电子数据；人民检察院、人民法院应当围绕真实性、合法性、关联性审查判断电子数据。

第三条 人民法院、人民检察院和公安机关有权依法向有关单位和个人收集、调取电子数据。有关单位和个人应当如实提供。

第四条 电子数据涉及国家秘密、商业秘密、个人隐私的，应当保密。

第五条 对作为证据使用的电子数据，应当采取以下一种或者几种方法保护电子数据的完整性：

（一）扣押、封存电子数据原始存储介质；

（二）计算电子数据完整性校验值；

（三）制作、封存电子数据备份；

（四）冻结电子数据；

（五）对收集、提取电子数据的相关活动进行录像；

（六）其他保护电子数据完整性的方法。

第六条 初查过程中收集、提取的电子数据，以及通过网络在线提取的电子数据，可以作为证据使用。

二、电子数据的收集与提取

第七条 收集、提取电子数据，应当由二名以上侦查人员进行。取证方法应当符合相关技术标准。

第八条 收集、提取电子数据，能够扣押电子数据原始存储介质的，应当扣押、封存原始存储介质，并制作笔录，记录原始存储介质的封存状态。

封存电子数据原始存储介质，应当保证在不解除封存状态的情况下，无法增加、删除、修改电子数据。封存前后应当拍摄被封存原始存储介质的照片，清晰反映封口或者张贴封条处的状况。

封存手机等具有无线通信功能的存储介质，应当采取信号屏蔽、信号阻断或者切断电源等措施。

第九条 具有下列情形之一，无法扣押原始存储介质的，可以提取电子数据，但应当在笔录中注明不能扣押原始存储介质的原因、原始存储介质的存放地点或者电子数据的来源等情况，并计算电子数据的完整性校验值：

（一）原始存储介质不便封存的；

（二）提取计算机内存数据、网络传输数据等不是存储在存储介质上的电子数据的；

（三）原始存储介质位于境外的；

（四）其他无法扣押原始存储介质的情形。

对于原始存储介质位于境外或者远程计算机信息系统上的电子数据，可以通过网络在线提取。

为进一步查明有关情况，必要时，可以对远程计算机信息系统进行网络远程勘验。进行网络远程勘验，需要采取技术侦查措施的，应当依法经过严格的批准手续。

第十条 由于客观原因无法或者不宜依据第八条、第九条的规定收集、提取电子数据的，可以采取打印、拍照或者录像等方式固定相关证据，并在笔录中说明原因。

第十一条 具有下列情形之一的，经县级以上公安机关负责人或者检察长批准，可以对电子数据进行冻结：

（一）数据量大，无法或者不便提取的；

（二）提取时间长，可能造成电子数据被篡改或者灭失的；

（三）通过网络应用可以更为直观地展示电子数据的；

（四）其他需要冻结的情形。

第十二条 冻结电子数据，应当制作协助冻结通知书，注明冻结电子数据的网络应用账号等信息，送交电子数据持有人、网络服务提供者或者有关部门协助办理。解除冻结的，应当在三日内制作协助解除冻结通知书，送交电子数据持有人、网络服务提供者或者有关部门协助办理。

冻结电子数据，应当采取以下一种或者几种方法：

（一）计算电子数据的完整性校验值；

（二）锁定网络应用账号；

（三）其他防止增加、删除、修改电子数据的措施。

第十三条 调取电子数据，应当制作调取证据通知书，注明需要调取电子数据的相关信息，通知电子数据持有人、网络服务提供者或者有关部门执行。

第十四条 收集、提取电子数据，应当制作笔录，记录案由、对象、内容、收集、提取电子数据的时间、地点、方法、过程，并附电子数据清单，注明类别、文件格式、完整性校验值等，由侦查人员、电子数据持有人（提供人）签名或者盖章；电子数据持有人（提供人）无法签名或者拒绝签名的，应当在笔录中注明，由见证人签名或者盖章。有条件的，应当对相关活动进行录像。

第十五条 收集、提取电子数据，应当根据刑事诉讼法的规定，由符合条件的人员担任见证人。由于客观原因无法由符合条件的人员担任见证人的，应当在笔录中注明情况，并对相关活动进行录像。

针对同一现场多个计算机信息系统收集、提取电子数据的，可以由一名见证人见证。

第十六条 对扣押的原始存储介质或者提取的电子数据，可以通过恢复、破解、统计、关联、比对等方式进行检查。必要时，可以进行侦查实验。

电子数据检查，应当对电子数据存储介质拆封过程进行录像，并将电子数据存储介质通过写保护设备接入到检查设备进行检查；有条件的，应当制作电子数据备份，对备份进行检查；无法使用写保护设备且无法制作备份的，应当注明原因，并对相关活动进行录像。

电子数据检查应当制作笔录，注明检查方法、过程和结果，由有关人员签名或者盖章。进行侦查实验的，应当制作侦查实验笔录，注明侦查实验的条件、经过和结果，由参加实验的人员签名或者盖章。

第十七条 对电子数据涉及的专门性问题难以确定的，由司法鉴定机构出具鉴定意见，或者由公安部指定的机构出具报告。对于人民检察院直接受理的案件，也可以由最高人民检察院指定的机构出具报告。

具体办法由公安部、最高人民检察院分别制定。

三、电子数据的移送与展示

第十八条 收集、提取的原始存储介质或者电子数据，应当以封存状态随案移送，并制作电子数据的备份一并移送。

对网页、文档、图片等可以直接展示的电子数据，可以不随案移送打印件；人民法院、人民检察院因设备等条件限制无法直接展示电子数据的，侦查机关应当随案移送打印件，或者附展示工具和展示方法说明。

对冻结的电子数据，应当移送被冻结电子数据的清单，注明类别、文件格式、冻结主体、证据要点、相关网络应用账号，并附查看工具和方法的说明。

第十九条 对侵入、非法控制计算机信息系统的程序、工具以及计算机病毒等无法直接展示的电子数据，应当附电子数据属性、功能等情况的说明。

对数据统计量、数据同一性等问题，侦查机关应当出具说明。

第二十条 公安机关报请人民检察院审查批准逮捕犯罪嫌疑人，或者对侦查终结的案件移送人民检察院审查起诉的，应当将电子数据等证据一并移送人民检察院。人民检察院在审查批准逮捕和审查起诉过程中发现应当移送的电子数据没有移送或者移送的电子数据不符合相关要求的，应当通知公安机关补充移送或者进行补正。

对于提起公诉的案件，人民法院发现应当移送的电子数据没有移送或者移送的电子数据不符合相关要求的，应当通知人民检察院。

公安机关、人民检察院应当自收到通知后三日内移送电子数据或者补充有关材料。

第二十一条 控辩双方向法庭提交的电子数据需要展示的，可以根据电子数据的具体类型，借助多媒体设备出示、播放或者演示。必要时，可以聘请具有专门知识的人进行操作，并就相关技术问题作出说明。

四、电子数据的审查与判断

第二十二条 对电子数据是否真实，应当着重审查以下内容：

（一）是否移送原始存储介质；在原始存储介质无法封存、不便移动时，有无说明原因，并注明收集、提取过程及原始存储介质的存放地点或者电子数据的来源等情况；

（二）电子数据是否具有数字签名、数字证书等特殊标识；

（三）电子数据的收集、提取过程是否可以重现；

（四）电子数据如有增加、删除、修改等情形的，是否附有说明；

（五）电子数据的完整性是否可以保证。

第二十三条 对电子数据是否完整，应当根据保护电子数据完整性的相应方法进行验证：

（一）审查原始存储介质的扣押、封存状态；

（二）审查电子数据的收集、提取过程，查看录像；

（三）比对电子数据完整性校验值；

（四）与备份的电子数据进行比较；

（五）审查冻结后的访问操作日志；

（六）其他方法。

第二十四条 对收集、提取电子数据是否合法，应当着重审查以下内容：

（一）收集、提取电子数据是否由二名以上侦查人员进行，取证方法是否符合相关技术标准；

（二）收集、提取电子数据，是否附有笔录、清单，并经侦查人员、电子数据持有人（提供人）、见证人签名或者盖章；没有持有人（提供人）签名或者盖章的，是否注明原因；对电子数据的类别、文件格式等是否注明清楚；

（三）是否依照有关规定由符合条件的人员担任见证人，是否对相关活动进行录像；

（四）电子数据检查是否将电子数据存储介质通过写保护设备接入到检查设备；有条件的，是否制作电子数据备份，并对备份进行检查；无法制作备份且无法使用写保护设备的，是否附有录像。

第二十五条 认定犯罪嫌疑人、被告人的网络身份与现实身份的同一性，可以通过核查相关 IP 地址、网络活动记录、上网终端归属、相关证人证言以及犯罪嫌疑人、被告人供述和辩解等进行综合判断。

认定犯罪嫌疑人、被告人与存储介质的关联性，可以通过核查相关证人证言以及犯罪嫌疑人、被告人供述和辩解等进行综合判断。

第二十六条 公诉人、当事人或者辩护人、诉讼代理人对电子数据鉴定意见有异议，可以申请人民法院通知鉴定人出庭作证。人民法院认为鉴定人有必要出庭的，鉴定人应当出庭作证。

经人民法院通知，鉴定人拒不出庭作证的，鉴定意见不得作为定案的根据。对没有正当理由拒不出庭作证的鉴定人，人民法院应当通报司法行政机关或者有关部门。

公诉人、当事人或者辩护人、诉讼代理人可以申请法庭通知有专门知识的人出庭，就鉴定意见提出意见。

对电子数据涉及的专门性问题的报告，参照适用前三款规定。

第二十七条 电子数据的收集、提取程序有下列瑕疵，经补正或者作出合理解释的，可以采用；不能补正或者作出合理解释的，不得作为定案的根据：

（一）未以封存状态移送的；

（二）笔录或者清单上没有侦查人员、电子数据持有人（提供人）、见证人签名或者盖章的；

（三）对电子数据的名称、类别、格式等注明不清的；

（四）有其他瑕疵的。

第二十八条 电子数据具有下列情形之一的，不得作为定案的根据：

（一）电子数据系篡改、伪造或者无法确定真伪的；

（二）电子数据有增加、删除、修改等情形，影响电子数据真实性的；

（三）其他无法保证电子数据真实性的情形。

五、附则

第二十九条 本规定中下列用语的含义：

（一）存储介质，是指具备数据信息存储功能的电子设备、硬盘、光盘、优盘、记忆棒、存储卡、存储芯片等载体。

（二）完整性校验值，是指为防止电子数据被篡改或者破坏，使用散列算法等特定算法对电子数据进行计算，得出的用于校验数据完整性的数据值。

（三）网络远程勘验，是指通过网络对远程计算机信息系统实施勘验，发现、提取与犯罪有关的电子数据，记录计算机信息系统状态，判断案件性质，分析犯罪过程，确定侦查方向和范围，为侦查破案、刑事诉讼提供线索和证据的侦查活动。

（四）数字签名，是指利用特定算法对电子数据进行计算，得出的用于验证电子数据来源和完整性的数据值。

（五）数字证书，是指包含数字签名并对电子数据来源、完整性进行认证的电子文件。

（六）访问操作日志，是指为审查电子数据是否被增加、删除或者修改，由计算机信息系统自动生成的对电子数据访问、操作情况的详细记录。

第三十条 本规定自 2016 年 10 月 1 日起施行。之前发布的规范性文件与本规定不一致的，以本规定为准。

附录3 公安部《公安机关办理刑事案件电子数据取证规则》（2019年）

第一章 总 则

第一条 为规范公安机关办理刑事案件电子数据取证工作，确保电子数据取证质量，提高电子数据取证效率，根据《中华人民共和国刑事诉讼法》《公安机关办理刑事案件程序规定》等有关规定，制定本规则。

第二条 公安机关办理刑事案件应当遵守法定程序，遵循有关技术标准，全面、客观、及时地收集、提取涉案电子数据，确保电子数据的真实、完整。

第三条 电子数据取证包括但不限于：

（一）收集、提取电子数据；

（二）电子数据检查和侦查实验；

（三）电子数据检验与鉴定。

第四条 公安机关电子数据取证涉及国家秘密、警务工作秘密、商业秘密、个人隐私的，应当保密；对于获取的材料与案件无关的，应当及时退还或者销毁。

第五条 公安机关接受或者依法调取的其他国家机关在行政执法和查办案件过程中依法收集、提取的电子数据可以作为刑事案件的证据使用。

第二章 收集提取电子数据

第一节 一般规定

第六条 收集、提取电子数据，应当由二名以上侦查人员进行。必要时，可以指派或者聘请专业技术人员在侦查人员主持下进行收集、提取电子数据。

第七条 收集、提取电子数据，可以根据案情需要采取以下一种或者几种措施、方法：

（一）扣押、封存原始存储介质；

（二）现场提取电子数据；

（三）网络在线提取电子数据；
（四）冻结电子数据；
（五）调取电子数据。

第八条 具有下列情形之一的，可以采取打印、拍照或者录像等方式固定相关证据：

（一）无法扣押原始存储介质并且无法提取电子数据的；

（二）存在电子数据自毁功能或装置，需要及时固定相关证据的；

（三）需现场展示、查看相关电子数据的。

根据前款第二、三项的规定采取打印、拍照或者录像等方式固定相关证据后，能够扣押原始存储介质的，应当扣押原始存储介质；不能扣押原始存储介质但能够提取电子数据的，应当提取电子数据。

第九条 采取打印、拍照或者录像方式固定相关证据的，应当清晰反映电子数据的内容，并在相关笔录中注明采取打印、拍照或者录像等方式固定相关证据的原因，电子数据的存储位置、原始存储介质特征和所在位置等情况，由侦查人员、电子数据持有人（提供人）签名或者盖章；电子数据持有人（提供人）无法签名或者拒绝签名的，应当在笔录中注明，由见证人签名或者盖章。

第二节　扣押、封存原始存储介质

第十条 在侦查活动中发现的可以证明犯罪嫌疑人有罪或者无罪、罪轻或者罪重的电子数据，能够扣押原始存储介质的，应当扣押、封存原始存储介质，并制作笔录，记录原始存储介质的封存状态。

勘验、检查与电子数据有关的犯罪现场时，应当按照有关规范处置相关设备，扣押、封存原始存储介质。

第十一条 对扣押的原始存储介质，应当按照以下要求封存：

（一）保证在不解除封存状态的情况下，无法使用或者启动被封存的原始存储介质，必要时，具备数据信息存储功能的电子设备和硬盘、存储卡等内部存储介质可以分别封存；

（二）封存前后应当拍摄被封存原始存储介质的照片。照片应当反映原始存储介质封存前后的状况，清晰反映封口或者张贴封条处的状况；必要时，照片还要清晰反映电子设备的内部存储介质细节；

（三）封存手机等具有无线通信功能的原始存储介质，应当采取信号屏蔽、信号阻断或者切断电源等措施。

第十二条 对扣押的原始存储介质,应当会同在场见证人和原始存储介质持有人(提供人)查点清楚,当场开列《扣押清单》一式三份,写明原始存储介质名称、编号、数量、特征及其来源等,由侦查人员、持有人(提供人)和见证人签名或者盖章,一份交给持有人(提供人),一份交给公安机关保管人员,一份附卷备查。

第十三条 对无法确定原始存储介质持有人(提供人)或者原始存储介质持有人(提供人)无法签名、盖章或者拒绝签名、盖章的,应当在有关笔录中注明,由见证人签名或者盖章。由于客观原因无法由符合条件的人员担任见证人的,应当在有关笔录中注明情况,并对扣押原始存储介质的过程全程录像。

第十四条 扣押原始存储介质,应当收集证人证言以及犯罪嫌疑人供述和辩解等与原始存储介质相关联的证据。

第十五条 扣押原始存储介质时,可以向相关人员了解、收集并在有关笔录中注明以下情况:

(一)原始存储介质及应用系统管理情况,网络拓扑与系统架构情况,是否由多人使用及管理,管理及使用人员的身份情况;

(二)原始存储介质及应用系统管理的用户名、密码情况;

(三)原始存储介质的数据备份情况,有无加密磁盘、容器,有无自毁功能,有无其它移动存储介质,是否进行过备份,备份数据的存储位置等情况;

(四)其他相关的内容。

第三节 现场提取电子数据

第十六条 具有下列无法扣押原始存储介质情形之一的,可以现场提取电子数据:

(一)原始存储介质不便封存的;

(二)提取计算机内存数据、网络传输数据等不是存储在存储介质上的电子数据的;

(三)案件情况紧急,不立即提取电子数据可能会造成电子数据灭失或者其他严重后果的;

(四)关闭电子设备会导致重要信息系统停止服务的;

(五)需通过现场提取电子数据排查可疑存储介质的;

(六)正在运行的计算机信息系统功能或者应用程序关闭后,没有密码无法提取的;

（七）其他无法扣押原始存储介质的情形。

无法扣押原始存储介质的情形消失后，应当及时扣押、封存原始存储介质。

第十七条 现场提取电子数据可以采取以下措施保护相关电子设备：

（一）及时将犯罪嫌疑人或者其他相关人员与电子设备分离；

（二）在未确定是否易丢失数据的情况下，不能关闭正在运行状态的电子设备；

（三）对现场计算机信息系统可能被远程控制的，应当及时采取信号屏蔽、信号阻断、断开网络连接等措施；

（四）保护电源；

（五）有必要采取的其他保护措施。

第十八条 现场提取电子数据，应当遵守以下规定：

（一）不得将提取的数据存储在原始存储介质中；

（二）不得在目标系统中安装新的应用程序。如果因为特殊原因，需要在目标系统中安装新的应用程序的，应当在笔录中记录所安装的程序及目的；

（三）应当在有关笔录中详细、准确记录实施的操作。

第十九条 现场提取电子数据，应当制作《电子数据现场提取笔录》，注明电子数据的来源、事由和目的、对象、提取电子数据的时间、地点、方法、过程、不能扣押原始存储介质的原因、原始存储介质的存放地点，并附《电子数据提取固定清单》，注明类别、文件格式、完整性校验值等，由侦查人员、电子数据持有人（提供人）签名或者盖章；电子数据持有人（提供人）无法签名或者拒绝签名的，应当在笔录中注明，由见证人签名或者盖章。

第二十条 对提取的电子数据可以进行数据压缩，并在笔录中注明相应的方法和压缩后文件的完整性校验值。

第二十一条 由于客观原因无法由符合条件的人员担任见证人的，应当在《电子数据现场提取笔录》中注明情况，并全程录像，对录像文件应当计算完整性校验值并记入笔录。

第二十二条 对无法扣押的原始存储介质且无法一次性完成电子数据提取的，经登记、拍照或者录像后，可以封存后交其持有人（提供人）保管，并且开具《登记保存清单》一式两份，由侦查人员、持有人（提供人）和见证人签名或者盖章，一份交给持有人（提供人），另一份连同照片或者录像资料附卷备查。

持有人（提供人）应当妥善保管，不得转移、变卖、毁损，不得解除封存状态，不得未经办案部门批准接入网络，不得对其中可能用作证据的电子数据增加、删除、修改。必要时，应当保持计算机信息系统处于开机状态。

对登记保存的原始存储介质，应当在七日以内作出处理决定，逾期不作出处理决定的，视为自动解除。经查明确实与案件无关的，应当在三日以内解除。

第四节 网络在线提取电子数据

第二十三条 对公开发布的电子数据、境内远程计算机信息系统上的电子数据，可以通过网络在线提取。

第二十四条 网络在线提取应当计算电子数据的完整性校验值；必要时，可以提取有关电子签名认证证书、数字签名、注册信息等关联性信息。

第二十五条 网络在线提取时，对可能无法重复提取或者可能会出现变化的电子数据，应当采用录像、拍照、截获计算机屏幕内容等方式记录以下信息：

（一）远程计算机信息系统的访问方式；

（二）提取的日期和时间；

（三）提取使用的工具和方法；

（四）电子数据的网络地址、存储路径或者数据提取时的进入步骤等；

（五）计算完整性校验值的过程和结果。

第二十六条 网络在线提取电子数据应当在有关笔录中注明电子数据的来源、事由和目的、对象，提取电子数据的时间、地点、方法、过程，不能扣押原始存储介质的原因，并附《电子数据提取固定清单》，注明类别、文件格式、完整性校验值等，由侦查人员签名或者盖章。

第二十七条 网络在线提取时需要进一步查明下列情形之一的，应当对远程计算机信息系统进行网络远程勘验：

（一）需要分析、判断提取的电子数据范围的；

（二）需要展示或者描述电子数据内容或者状态的；

（三）需要在远程计算机信息系统中安装新的应用程序的；

（四）需要通过勘验行为让远程计算机信息系统生成新的除正常运行数据外电子数据的；

（五）需要收集远程计算机信息系统状态信息、系统架构、内部系统关系、文件目录结构、系统工作方式等电子数据相关信息的；

（六）其他网络在线提取时需要进一步查明有关情况的情形。

第二十八条 网络远程勘验由办理案件的县级公安机关负责。上级公安机关对下级公安机关刑事案件网络远程勘验提供技术支援。对于案情重大、现场复杂的案件,上级公安机关认为有必要时,可以直接组织指挥网络远程勘验。

第二十九条 网络远程勘验应当统一指挥,周密组织,明确分工,落实责任。

第三十条 网络远程勘验应当由符合条件的人员作为见证人。由于客观原因无法由符合条件的人员担任见证人的,应当在《远程勘验笔录》中注明情况,并按照本规则第二十五条的规定录像,录像可以采用屏幕录像或者录像机录像等方式,录像文件应当计算完整性校验值并记入笔录。

第三十一条 远程勘验结束后,应当及时制作《远程勘验笔录》,详细记录远程勘验有关情况以及勘验照片、截获的屏幕截图等内容。由侦查人员和见证人签名或者盖章。

远程勘验并且提取电子数据的,应当按照本规则第二十六条的规定,在《远程勘验笔录》注明有关情况,并附《电子数据提取固定清单》。

第三十二条 《远程勘验笔录》应当客观、全面、详细、准确、规范,能够作为还原远程计算机信息系统原始情况的依据,符合法定的证据要求。

对计算机信息系统进行多次远程勘验的,在制作首次《远程勘验笔录》后,逐次制作补充《远程勘验笔录》。

第三十三条 网络在线提取或者网络远程勘验时,应当使用电子数据持有人、网络服务提供者提供的用户名、密码等远程计算机信息系统访问权限。

采用技术侦查措施收集电子数据的,应当严格依照有关规定办理批准手续。收集的电子数据在诉讼中作为证据使用时,应当依照刑事诉讼法第一百五十四条规定执行。

第三十四条 对以下犯罪案件,网络在线提取、远程勘验过程应当全程同步录像:

(一)严重危害国家安全、公共安全的案件;

(二)电子数据是罪与非罪、是否判处无期徒刑、死刑等定罪量刑关键证据的案件;

(三)社会影响较大的案件;

(四)犯罪嫌疑人可能被判处五年有期徒刑以上刑罚的案件;

(五)其他需要全程同步录像的重大案件。

第三十五条 网络在线提取、远程勘验使用代理服务器、点对点传输软件、下载加速软件等网络工具的,应当在《网络在线提取笔录》或者《远程勘验笔录》中注明采用的相关软件名称和版本号。

第五节 冻结电子数据

第三十六条 具有下列情形之一的，可以对电子数据进行冻结：
（一）数据量大，无法或者不便提取的；
（二）提取时间长，可能造成电子数据被篡改或者灭失的；
（三）通过网络应用可以更为直观地展示电子数据的；
（四）其他需要冻结的情形。

第三十七条 冻结电子数据，应当经县级以上公安机关负责人批准，制作《协助冻结电子数据通知书》，注明冻结电子数据的网络应用账号等信息，送交电子数据持有人、网络服务提供者或者有关部门协助办理。

第三十八条 不需要继续冻结电子数据时，应当经县级以上公安机关负责人批准，在三日以内制作《解除冻结电子数据通知书》，通知电子数据持有人、网络服务提供者或者有关部门执行。

第三十九条 冻结电子数据的期限为六个月。有特殊原因需要延长期限的，公安机关应当在冻结期限届满前办理继续冻结手续。每次续冻期限最长不得超过六个月。继续冻结的，应当按照本规则第三十七条的规定重新办理冻结手续。逾期不办理继续冻结手续的，视为自动解除。

第四十条 冻结电子数据，应当采取以下一种或者几种方法：
（一）计算电子数据的完整性校验值；
（二）锁定网络应用账号；
（三）采取写保护措施；
（四）其他防止增加、删除、修改电子数据的措施。

第六节 调取电子数据

第四十一条 公安机关向有关单位和个人调取电子数据，应当经办案部门负责人批准，开具《调取证据通知书》，注明需要调取电子数据的相关信息，通知电子数据持有人、网络服务提供者或者有关部门执行。被调取单位、个人应当在通知书回执上签名或者盖章，并附完整性校验值等保护电子数据完整性方法的说明，被调取单位、个人拒绝盖章、签名或附说明的，公安机关应当注明。必要时，应当采用录音或者录像等方式固定证据内容及取证过程。

公安机关应当协助因客观条件限制无法保护电子数据完整性的被调取单位、个人进行电子数据完整性的保护。

第四十二条 公安机关跨地域调查取证的,可以将《办案协作函》和相关法律文书及凭证传真或者通过公安机关信息化系统传输至协作地公安机关。协作地办案部门经审查确认后,在传来的法律文书上加盖本地办案部门印章后,代为调查取证。

协作地办案部门代为调查取证后,可以将相关法律文书回执或者笔录邮寄至办案地公安机关,将电子数据或者电子数据的获取、查看工具和方法说明通过公安机关信息化系统传输至办案地公安机关。

办案地公安机关应当审查调取电子数据的完整性,对保证电子数据的完整性有疑问的,协作地办案部门应当重新代为调取。

第三章 电子数据的检查和侦查实验

第一节 电子数据检查

第四十三条 对扣押的原始存储介质或者提取的电子数据,需要通过数据恢复、破解、搜索、仿真、关联、统计、比对等方式,以进一步发现和提取与案件相关的线索和证据时,可以进行电子数据检查。

第四十四条 电子数据检查,应当由二名以上具有专业技术的侦查人员进行。必要时,可以指派或者聘请有专门知识的人参加。

第四十五条 电子数据检查应当符合相关技术标准。

第四十六条 电子数据检查应当保护在公安机关内部移交过程中电子数据的完整性。移交时,应当办理移交手续,并按照以下方式核对电子数据:

(一) 核对其完整性校验值是否正确;

(二) 核对封存的照片与当前封存的状态是否一致。

对于移交时电子数据完整性校验值不正确、原始存储介质封存状态不一致或者未封存可能影响证据真实性、完整性的,检查人员应当在有关笔录中注明。

第四十七条 检查电子数据应当遵循以下原则:

(一) 通过写保护设备接入到检查设备进行检查,或者制作电子数据备份、对备份进行检查;

(二) 无法使用写保护设备且无法制作备份的,应当注明原因,并全程录像;

(三) 检查前解除封存、检查后重新封存前后应当拍摄被封存原始存储介质的照片,清晰反映封口或者张贴封条处的状况;

（四）检查具有无线通信功能的原始存储介质，应当采取信号屏蔽、信号阻断或者切断电源等措施保护电子数据的完整性。

第四十八条 检查电子数据，应当制作《电子数据检查笔录》，记录以下内容：

（一）基本情况。包括检查的起止时间，指挥人员、检查人员的姓名、职务，检查的对象，检查的目的等；

（二）检查过程。包括检查过程使用的工具，检查的方法与步骤等；

（三）检查结果。包括通过检查发现的案件线索、电子数据等相关信息。

（四）其他需要记录的内容。

第四十九条 电子数据检查时需要提取电子数据的，应当制作《电子数据提取固定清单》，记录该电子数据的来源、提取方法和完整性校验值。

第二节 电子数据侦查实验

第五十条 为了查明案情，必要时，经县级以上公安机关负责人批准可以进行电子数据侦查实验。

第五十一条 电子数据侦查实验的任务包括：

（一）验证一定条件下电子设备发生的某种异常或者电子数据发生的某种变化；

（二）验证在一定时间内能否完成对电子数据的某种操作行为；

（三）验证在某种条件下使用特定软件、硬件能否完成某种特定行为、造成特定后果；

（四）确定一定条件下某种计算机信息系统应用或者网络行为能否修改、删除特定的电子数据；

（五）其他需要验证的情况。

第五十二条 电子数据侦查实验应当符合以下要求：

（一）应当采取技术措施保护原始存储介质数据的完整性；

（二）有条件的，电子数据侦查实验应当进行二次以上；

（三）侦查实验使用的电子设备、网络环境等应当与发案现场一致或者基本一致；必要时，可以采用相关技术方法对相关环境进行模拟或者进行对照实验；

（四）禁止可能泄露公民信息或者影响非实验环境计算机信息系统正常运行的行为。

第五十三条 进行电子数据侦查实验，应当使用拍照、录像、录音、通信数据采集等一种或多种方式客观记录实验过程。

第五十四条　进行电子数据侦查实验，应当制作《电子数据侦查实验笔录》，记录侦查实验的条件、过程和结果，并由参加侦查实验的人员签名或者盖章。

第四章　电子数据委托检验与鉴定

第五十五条　为了查明案情，解决案件中某些专门性问题，应当指派、聘请有专门知识的人进行鉴定，或者委托公安部指定的机构出具报告。

需要聘请有专门知识的人进行鉴定，或者委托公安部指定的机构出具报告的，应当经县级以上公安机关负责人批准。

第五十六条　侦查人员送检时，应当封存原始存储介质、采取相应措施保护电子数据完整性，并提供必要的案件相关信息。

第五十七条　公安部指定的机构及其承担检验工作的人员应当独立开展业务并承担相应责任，不受其他机构和个人影响。

第五十八条　公安部指定的机构应当按照法律规定和司法审判机关要求承担回避、保密、出庭作证等义务，并对报告的真实性、合法性负责。

公安部指定的机构应当运用科学方法进行检验、检测，并出具报告。

第五十九条　公安部指定的机构应当具备必需的仪器、设备并且依法通过资质认定或者实验室认可。

第六十条　委托公安部指定的机构出具报告的其他事宜，参照《公安机关鉴定规则》等有关规定执行。

第五章　附　　则

第六十一条　本规则自2019年2月1日起施行。公安部之前发布的文件与本规则不一致的，以本规则为准。

附录4 国家工商行政管理总局关于工商行政管理机关电子数据证据取证工作的指导意见
（工商市字〔2011〕248号）

各省、自治区、直辖市及计划单列市、副省级市工商行政管理局、市场监督管理局：

为规范工商行政管理机关电子数据证据取证工作，加强网络商品交易及有关服务违法行为查处工作，根据《中华人民共和国行政诉讼法》、《中华人民共和国电子签名法》、《最高人民法院关于行政诉讼证据若干问题的规定》以及《工商行政管理机关行政处罚程序规定》，现就工商行政管理机关电子数据证据（以下简称电子数据）取证工作提出如下指导意见：

一、电子数据取证是指工商行政管理执法人员在查处网络商品交易及有关服务违法行为时，运用技术手段收集、调取违法行为的电子数据证明材料或者与违法行为有关的其他电子数据材料。

二、本意见所称电子数据是指以电子数据的形式存在于计算机存储器或外部存储介质中，能够证明案件真实情况的电子数据证明材料或与案件有关的其他电子数据材料。

三、电子数据取证应当严格遵守国家法律、法规、规章的有关规定，除与案件有关联的电子数据外，不得随意复制、泄露案件当事人储存在计算机系统中的私人材料和商业秘密。

四、电子数据取证工作任务应当至少有2名执法人员参与进行，其中至少有1名人员应当熟练掌握计算机操作知识。

五、执法人员应当收集电子数据的原始载体。收集原始载体有困难的，可以采用以下四种方式取证，取证时应当注明制作方法、制作时间、制作人和证明对象等。

（一）书式固定。对于计算机系统中的文字、符号、图画等有证据效力的文件，可以将有关内容直接进行打印，按书面证据进行固定。书式固定应注明证据来源并保持其完整性。

（二）拍照摄像。如果电子数据中含有动态文字、图像、声音、视频或者需要专门软件才能显示的内容，可以采用拍照、录音或摄像方法，将其转化为视听资料证据。

（三）拷贝复制。执法人员可以将涉嫌违法的计算机文件拷贝到U盘或刻录到光盘等计算机存储设备，也可以对整个硬盘进行镜像备份。在复制之前，应当检验确认所准备的计算机存储设备完好且没有数据。在复制之后，应当及时检查复制的质量，防止因保存方式不当等导致复制不成功或被病毒感染，同时要现场封存好复制件。

案件当事人拒绝对打印的相关书证和转化的视听证据进行核对确认，执法人员应当注明原因，必要时可邀请与案件无关的第三方人员进行见证。

（四）委托分析。对于较为复杂的电子数据或者遇到数据被删除、篡改等执法人员难以解决的情况，可以委托具有资质的第三方电子数据鉴定机构或司法部门进行检验分析。

委托专业机构或司法部门分析时，执法人员应填写委托书，同时提交封存的计算机存储设备或相关设备清单。专业机构按规定程序和要求分析设备中包含的电子数据，提取与案件相关的电子数据，并制作鉴定结论。

六、在计算机终端设备中进行电子数据取证时，应当了解掌握提供证据单位的计算机的密码设置、应用软件安装、资料存放位置等情况。

七、在网络交易平台中进行电子数据取证时，按照《网络商品交易有及有关服务行为管理暂行办法》、《互联网信息服务管理办法》有关规定，网络服务经营者应提供有关数据，并在输出的电子数据书件上加盖公章予以确认。

八、工商行政管理机关查处违法案件涉及电子数据时，执法人员在案件现场应制作现场检查记录，现场检查记录应客观、详细、真实地记录计算机系统中显示与违法事实相关的内容和储存位置。

在案件调查阶段制作询问笔录中，对于现场检查记录、打印书证、拷贝复制文件时已经取得的电子数据内容，应专门询问案件当事人，并详细记载回答内容，使询问笔录与其他证据相互印证。

九、根据法律、法规的规定，执法人员对于专门用于违法经营的计算机系统中发现涉及违法经营的证据材料，经报请批准，可以直接对计算机及相关设备进行查封或扣押，防止案件当事人损毁、破坏数据。

十、对现场计算机设备实施行政强制措施进行查封时，其查封方法应当保证在不解除查封状态的情况下，无法使用被查封的设备。查封前后应当拍摄被查封计算机设备的照片，清晰反映封口或张贴封条处的状况。

请各地按照此文件精神，进一步规范电子数据取证工作。在实际工作中遇到的新情况新问题,请及时通报总局市场规范管理司。

国家工商行政管理总局
二〇一一年十二月十二日

附录5 中华全国律师协会律师办理电子数据证据业务操作指引（2012年）（节选）

第二章 电子数据证据的取证

第一节 电子数据证据的取证方式与流程

第7条 律师开展电子数据证据取证工作的方式及要求

7.1 律师在办理案件过程中，可以根据案件需要采取如下方式开展电子数据证据取证工作：

（一）指导当事人开展电子数据证据取证工作；

（二）自行开展电子数据证据取证工作；

（三）聘请鉴定机构开展电子数据证据鉴定工作；

（四）申请公证机关进行电子数据证据保全；

（五）申请人民法院、人民检察院、仲裁委员会等有权机关进行电子数据证据的收集和保全；

（六）请求网络运营服务商等第三方进行电子数据证据的固定与保管。

7.2 律师采取第（一）、（二）、（三）、（六）种方式开展电子数据证据取证的，可以申请公证机关进行全程录像公证、全程文字记录公证或者提存镜像报告公证等。

7.3 律师采取第（一）、（二）、（四）种方式开展电子数据证据取证的，可以借助专业的电子数据取证设备或软件，或者寻求鉴定机构等专业技术服务机构提供的电子数据证据收集、固定等相关技术服务。

7.4 律师采取第（三）、（四）、（六）种方式开展电子数据证据取证的，可以协助鉴定机构、公证机关或者第三方确定电子数据证据的取证范围和制定方案。

第8条 律师配合公安司法机关进行电子数据证据取证

律师办理刑事案件涉及电子数据证据的，应当依法向公安司法机关报案或者报告，并根据本指引配合开展电子数据证据取证工作。

第9条 律师配合行政执法机关进行电子数据证据取证

律师办理行政案件涉及电子数据证据的，可以向行政执法机关报案或者报告，并根据本指引配合开展电子数据证据取证工作。

第 10 条 律师申请公证机关进行电子数据证据公证

10.1 电子数据证据公证主要包括电子数据证据的内容公证（包括网页公证、电子邮件公证、聊天记录公证、手机数据公证等）、电子数据证据的存储位置以及软硬件环境公证、电子数据证据的文本公证、电子取证行为公证、镜像复制的行为公证、电子数据证据及取证报告的提存公证等。

10.2 律师根据诉讼需要申请进行电子数据证据公证的，可以与公证机构商定公证项目。

第 11 条 律师申请鉴定机构进行电子数据司法鉴定

11.1 电子数据司法鉴定是一种提取、保全、检验分析电子数据证据的专门措施，也是一种审查和判断电子数据证据的专门措施。它主要包括电子数据证据内容一致性的认定、对各类电子设备或存储介质所存储数据内容的认定、对各类电子设备或存储介质已删除数据内容的认定、加密文件数据内容的认定、计算机程序功能或系统状况的认定、电子数据证据的真伪及形成过程的认定等。

11.2 律师根据诉讼需要委托鉴定机构进行电子数据证据司法鉴定的，可以与鉴定机构商定鉴定项目。

第 12 条 律师开展电子数据证据取证工作的流程

律师自行开展或者协助、配合开展电子数据证据的取证工作，主要包括临场保护、外围调查、电子数据证据等的收集与固定以及电子数据证据的检验分析、审查判断等环节。

第 13 条 律师开展电子数据证据取证工作的记录

律师自行开展或者协助、配合开展电子数据证据的取证工作，应当对取证过程进行记录，并签字和注明时间。

第二节 临场保护与外围调查

第 14 条 律师对电子设备的场所与环境进行临场保护的任务

律师发现电子设备中可能存在涉案电子数据证据的，应当视不同情况及时采取或者协助、配合采取相关措施，对电子设备所在的场所、所接入的网络环境进行控制与保护。

第 15 条 律师对电子设备的场所与环境进行临场保护的要求

进行临场控制与保护时，律师可以采取措施避免或者防止任何人采取可能导致原始电子数据证据发生改变的任何操作。

第 16 条 律师对电子设备的场所与环境进行外围调查

16.1 进行临场控制与保护时，律师可以及时开展或者协助、配合开展外围调查，对有关的当事人陈述、证人证言、书证等进行收集、固定；必要时还可以对电子设备的购买记录、领用记录、归还记录及使用情况等进行收集、固定，并制作相关笔录，请有关人员签字确认。

16.2 律师发现电子设备正在运行、且继续运行可能会导致涉案电子数据证据灭失或受损的，应当根据具体情况采取或者协助、配合采取切断电源、断开网络、屏蔽信号等相应的应急措施。必要时，律师可自行或者协助、配合对易丢失电子数据证据进行紧急收集与固定。

16.3 律师发现电子设备正在显示或生成涉案电子数据证据的，应当采取或者协助、配合采取拍照、录像等方式，对屏幕显示的内容进行记录，并在记录中签字和注明时间。

第三节　电子数据证据等的收集与固定

第 17 条 律师制定电子数据证据收集与固定的方案与计划

17.1 律师自行开展或者协助、配合开展电子数据证据的取证工作，必要时可以在具有专门知识的人的协助下，制定电子数据证据收集与固定的方案与计划。

17.2 上述电子数据证据收集与固定的方案与计划主要包括：

（一）现场获取的目的和范围；

（二）锁定目标设备及其范围；

（三）现场获取人员的分工与责任；

（四）进行电子数据证据现场获取所需携带的取证设备、取证软件；

（五）现场获取采用的技术规范；

（六）电子数据证据现场获取的具体方案；

（七）电子数据证据现场获取的应急措施或替代方案。

第 18 条 律师制定电子数据证据收集与固定方案与计划的合法性要求

律师制定电子数据证据收集与固定的方案与计划时应当注意取证手段和方式的合法性，不得通过窃取、入侵等非法方法取证。

第 19 条 律师开展电子数据证据取证的先行取证要求

律师自行开展或者协助、配合开展电子数据证据的取证工作，必要时可以自行或者建议先行提取电子设备上的指纹信息，采集汗液、毛发等生物样本。

第 20 条 律师开展电子数据证据取证的镜像复制要求

20.1 律师自行开展或者协助、配合开展电子数据证据的取证工作,具备条件的应当制作原始存储介质的镜像复制件,并对原始存储介质进行封存,避免或者防止原始电子数据证据发生任何改变。制作镜像复制件的,以一式两份为宜。

20.2 因客观原因不能封存原始存储介质或制作镜像复制件的,可以采取写保护方法对电子数据证据进行收集与固定,并妥善保管原始存储介质。

第 21 条 律师制作镜像复制件的安全性与完整性要求

21.1 律师制作或者协助、配合制作原始存储介质的镜像复制件,应当确保原始存储介质的安全及其中数据的完整性。

21.2 因客观原因不能封存原始存储介质或者不能保证电子数据证据的完整性的,应当向当事人说明事由及可能产生的影响,并征得当事人的书面同意。

第 22 条 律师封存电子设备、存储介质的注意事项

律师封存或者协助、配合封存电子设备、存储介质的,应当注意记录反映其特定性的标识信息(包括序列号、识别码、用户标识、品牌、厂商、型号、容量等),并注明或者告知妥善保管的注意事项。

第 23 条 律师制作镜像复制件的注意事项

23.1 律师制作或者协助、配合制作镜像复制件,可以交由或者聘请具有相关资质或能力的专业人员实施,并记录反映其中电子数据证据完整性的校验信息。

23.2 必要时,律师可以将含有校验信息的镜像复制报告提交公证处,进行提存公证。

23.3 因客观原因无法产生校验信息的,律师可以及时采取适当的措施对原始存储介质进行封存以保证其数据完整性。

第 24 条 律师对附属信息、关联痕迹、系统环境信息数据的收集与固定要求

24.1 律师自行开展或者协助、配合开展电子数据证据的取证工作,可以一并收集与固定与电子数据有关的附属信息、关联痕迹、系统环境信息数据。

24.2 这些附属信息、关联痕迹、系统环境信息数据主要包括:

(一)存储介质的状态,确认是否存在异常状况等;

(二)电子设备中正在运行的进程;

(三)用户操作产生的临时文件;

（四）日志文件；

（五）操作系统信息，包括系统版本号、注册所有者、安装日期、管理员与用户账号、登录次数、最后一次关机时间等；

（六）尚未永久存储的电子数据；

（七）共享的网络驱动器、文件夹信息和共享设置选项信息；

（八）网络连接信息，包括拨号信息、VPN、无线网络连接及其连接的名称、网络映射信息等；

（九）保证数据独立于电子数据存储介质的软硬件信息；

（十）备份数据以及所有者、备份时间等相关信息。

第 25 条 律师对互联网上电子数据证据的收集与固定

25.1 对于来源于互联网上的电子数据证据，律师可以申请公证机关进行公证保全，或者申请人民法院进行诉前或仲裁前证据保全。

25.2 依照本章申请保全的，应当遵守民事诉讼法的相关规定，同时注意参照中国公证协会《办理保全互联网电子数据公证的指导意见》以及本节 A "电子数据证据的公证保全"的有关规定。

第 26 条 律师对利害关系人没有争议的、档案部门正常保管的电子数据证据的收集与固定

26.1 对于利害关系人没有争议的或者档案部门正常保管的电子数据证据，律师可以采用打印、拍照等方式转化为纸质文档，并注明打印、拍照的时间、地点，邀请当事人或者证据持有人在纸质文档上签章确认，必要时邀请见证人见证、进行全程录音录像或者通过第三方制作提取笔录。

26.2 对于转化得来的纸质文档，可以按照对待书证的方法予以保管。

第 27 条 律师对交互式设备中电子数据证据的收集与固定

27.1 对于交互式电子设备中电子数据证据，律师可以固定和保全本方电子设备的电子数据证据，也可以固定和保全对方当事人、第三方（如通讯网络服务商等）电子设备中的电子数据证据。

27.2 固定和保全对方当事人、第三方持有的电子数据证据的，可以采取以下两种途径：

（一）通过对方当事人、第三方查询并固定相关的电子数据证据，必要时申请公证机关对取证过程进行公证；

（二）通过向人民法院申请调查令或诉前证据保全的方式，向对方当事人、第三方调取相关的电子数据证据。

27.3 律师向人民法院申请调查令或诉前证据保全的，可以向法院提交存

储电子数据证据的电子设备或者存储介质的准确地点。

第 28 条 律师运输、保管、转移、使用电子设备、存储介质及电子数据证据的注意事项

28.1 电子设备、存储介质及其电子数据证据的运输、保管应当做好防磁、防震、防热、防潮等措施，避免造成设备、介质损坏或者数据变化。除以上一般保护措施外，对于有网络连接的移动通讯设备还可以采取信号屏蔽等特殊保护措施。

28.2 律师在保管、转移或使用电子数据证据及其上述载体时，可以同步制作相应的保管记录、转移记录和使用记录。

第三节 A 电子数据证据的公证保全

第 29 条 律师可以申请电子数据证据公证保全

律师申请电子数据证据公证保全的，可以要求公证机关采用录屏软件或者录像进行记录。在对网页进行保全时，除了涉案网页外，可以申请一并对有关的网页快照或者转载进行公证保全。

第 30 条 电子数据证据公证保全的操作者

30.1 律师申请电子数据证据公证保全的，证明法律行为的公证可以由当事人或其委托的代理人进行行为操作，证明法律事件的公证应当由公证人员亲自进行行为操作。

30.2 在条件允许的情况下，应当由公证机构作为电子数据证据收集与固定的主体，律师仅对相关工作的目标、方法、步骤进行指导和要求。

第 31 条 电子数据证据公证保全的技术方案与计划

对电子数据证据进行收集与固定时，应当由具有专门知识的人或者公证人员按事先拟定的技术方案与计划进行操作。对公证的过程中的违法操作行为，律师应当及时向公证机构或者公证人员提出。

第 32 条 电子数据证据公证保全的场所

律师申请电子数据证据公证保全的，应当在公证机构或者专业技术服务机构的工作场所进行。由于技术条件的限制等客观原因需要在本方当事人工作场所进行的，律师可以建议公证人员对所公证的网络环境、电子设备进行清洁性检查。

第 33 条 电子数据证据公证保全的使用设备

律师申请电子数据证据公证保全的，原则上应当使用公证机构或者专业技术服务机构提供的设备。由于技术条件的限制等客观原因需要使用本方当事人

提供的设备的，律师可以建议公证人员对公证所用的电脑或其他设备、网络环境进行清洁性检查。

第 34 条 电子数据证据公证保全的一般要求

律师申请电子数据证据公证保全的，可以建议公证人员保证电子数据证据的完整性，保证电脑系统、辅助软件和分析方法必须安全可信；提醒公证人员详细如实记录整个公证的过程，记录的内容应当真实、客观、准确、完整、清晰，记录的文本或者音像应当妥善保存。

第 35 条 电子数据证据公证保全的特别措施

对于下列电子数据证据申请公证保全的，律师可以建议公证人员采取特别措施：

（一）对于设置了限制打印等技术障碍的电子数据证据，详细记录破解障碍、完整打印的过程；

（二）对于需要下载的电子数据证据，注意是否被限制下载，若被限制则通过全程录像进行保全；

（三）对于电话录音、电子音频聊天记录等包含言词内容的电子数据证据，审查、核实陈述该言词的特定人的身份。

第 36 条 电子数据证据公证保全的合法性要求

电子数据证据的保全公证，律师可以建议公证人员注意获取证据手段的合法性，审查核实操作人的权限，以防止侵犯他人隐私权和个人信息权等合法权益。

第 37 条 电子数据证据公证书的审查

公证机关出具公证书后，律师应当及时审查其形式和内容。对不符合形式要求、记载错误的，应当及时要求公证人员补正。

第四节 电子数据证据的检验分析

第 38 条 律师可以对电子数据证据进行检验分析

为了查明案件事实的需要，律师可以对电子设备或存储介质中的电子数据证据进行检验分析。需要采取技术手段的，律师可以邀请并协助、配合具有专门知识的人开展工作，共同制定电子数据证据检验分析方案。必要时，律师可自行委托或者申请有权机关委托司法鉴定。

第 39 条 律师对电子数据证据检验分析的原则

律师开展电子数据证据检验分析工作，原则上应当在复制件上进行或者采取写保护方式进行。

第 40 条 律师对电子数据证据检验分析的方法

律师开展电子数据证据检验分析工作,可以按照涉案人员、时间顺序、争议事实等要素进行,必要时可以聘请具有专门知识的人采取数据搜索、数据恢复、数据修复等方法进行技术辅助。

第 41 条 律师对电子数据证据检验分析的目的

律师开展电子数据证据检验分析工作,应当注意全面调取数据内容、附属信息、关联痕迹以及系统环境信息,进行综合评断。

第 42 条 律师对电子数据证据检验分析的技巧

律师开展电子数据证据检验分析工作时发现涉案电子数据证据的,可以此为线索扩大查找其他涉案的电子数据证据和传统证据,以重建虚拟空间的案件事实。

第 43 条 律师对电子数据证据检验分析可以借助司法鉴定等

43.1 对于电子设备或存储介质中涉案电子数据证据的真实性等专业性问题存在疑问的,律师可以自行委托或者申请有权机关委托司法鉴定或者专业性审查,也可以收集、固定有关的传统证据或者来自第三方的电子数据证据等进行佐证。

43.2 依照本章进行司法鉴定的,应当参照本节 A "电子数据司法鉴定"的专门规定。

第四节 A 电子数据司法鉴定

第 44 条 电子数据司法鉴定的主要项目

根据国家发改委和司法部发布的《司法鉴定收费管理办法》的相关规定,电子数据司法鉴定的主要项目包括硬盘检验、服务器检验、手机机身检验、注册表检验鉴定、软件一致性检验鉴定、软件功能检验、文件一致性检验鉴定、数据库数据恢复、密码破解、电子数据鉴定文证复审等。

第 45 条 律师对电子数据司法鉴定主体的审查

律师申请电子数据司法鉴定的,应当注意审查判断有关的司法鉴定机构及其鉴定人员是否具备相应的资质以及专业的软硬件设备。

第 46 条 律师对电子数据司法鉴定工作的配合

律师申请电子数据司法鉴定的,可以保持与鉴定机构的联系,对电子数据固定提取的过程及详细情况向相关鉴定人员及时做出陈述及说明。

第 47 条 律师对电子数据司法鉴定文书的审查

律师在收到司法鉴定机构出具的鉴定文书后,应当进行审查。发现鉴定文书不符合相关内容和形式要求的,应当向司法鉴定机构要求补正;对于鉴定过程和鉴定意见存在疑问的,律师应当及时要求司法鉴定人员给予解释和说明。

第五节 电子数据证据的审查判断

第48条 律师审查判断电子数据证据的原则

律师对于电子数据证据进行审查判断,应遵循非歧视原则。不得仅以该种证据系电子形式为由而限制或者剥夺其证据能力和证明力。

第49条 律师审查判断电子数据证据的内容

律师对电子数据证据的证据能力与证明力进行审查判断,应当重点审查电子数据证据的合法性、关联性、原始性、真实性、完整性与充分性。

第50条 律师对电子数据证据合法性的审查判断

律师对于本方以非法手段或方式收集的电子数据证据或者严重侵犯他人合法权益取得的电子数据证据,应当避免提交法庭;对于本方收集但存在手续欠缺、程序瑕疵等问题的电子数据证据,应当采取适当方法予以补强或者转化。

第51条 律师对电子数据证据关联性的审查判断

律师审查电子数据证据的关联性,应当结合待证事实进行审查,必要时可以通过技术手段加以辅助审查。

第52条 律师对电子数据证据完整性与真实性的审查判断

52.1 律师审查电子数据证据的完整性与真实性,可以就以下各方面进行考察:

(一)电子数据证据的收集、保管主体;

(二)电子数据证据是否由电子设备正常运行而产生;

(三)电子数据证据是否由电子设备自动生成;

(四)电子数据证据的内容是否得到完整提取和精确复制;

(五)收集的有关外围信息是否全面;

(六)收集、保管的记录等是否构成完整的证据保管链;

(七)收集、保管的方法能否确保原始介质及其中的电子数据证据至提交时不发生实质性的变化。

52.2 必要时,律师可以聘请具有专门知识的人对电子数据证据的内容及取证措施进行技术性审查,判断是否存在技术问题。

第53条 律师对电子数据证据充分性的审查判断

律师审查判断电子数据证据的充分性,应当考察电子数据证据之间、电子数据证据与传统证据之间是否构成完整的证据体系。

第 54 条 律师对电子数据证据审查判断后的特殊处置

54.1 律师对电子数据证据进行审查判断后发现在网络服务商、网站等第三方另存有电子数据证据的,可以自行调查或者申请有权机关进行调取。

54.2 律师对电子数据证据进行审查判断后发现对方当事人藏匿电子数据证据的,可以申请办案部门责令对方当事人提交。

附录6 电子数据司法鉴定通用实施规范

目次
前言
引言
1 范围
2 规范性引用文件
3 术语和定义
4 电子数据鉴定基本原则
5 电子数据鉴定通用程序
6 电子数据鉴定通用要求
参考文献

前　言

本技术规范按照 GB/T 1.1-2009 的规则起草。

本技术规范由司法部司法鉴定管理局提出并归口。

本技术规范由国家信息中心电子数据司法鉴定中心联合司法部司法鉴定科学技术研究所、上海辰星电子数据司法鉴定中心共同起草。

本技术规范主要起草人：叶红、王笑强、张羽、魏连、施少培、杨旭、李岩、金波、郭弘、黄道丽、徐隽。

本技术规范为首次发布。

引　言

本规范主要解决电子数据司法鉴定的基本定位、法律要求、程序规范和通用性技术要求，依据 CNAS、ISO/IEC 中检测实验室的相关标准及行业政策法规，结合电子数据司法鉴定的实际工作，对鉴定活动中所涉及的操作行为、工具设备、鉴定方法以及实施环境提出规范性要求，对鉴定各环节进行任务分解和权责划分，为电子数据司法鉴定的统一规范提供标准依据。

1　范围

本技术规范规定了电子数据司法鉴定的通用实施程序和通用要求，包括鉴定实施中必要环节的程序规范以及技术管理要求。

本技术规范适用于指导电子数据司法鉴定机构和鉴定人员从事司法鉴定业务。

2　规范性引用文件

下列文件对于本文件的应用是必不可少的。凡是注日期的引用文件，仅注日期的版本适用于本文件。凡是不注日期的引用文件，其最新版本（包括所有的修改单）适用于本文件。

3　术语和定义

3.1　电子数据 Electronic Data

基于计算机应用和通信等电子化技术手段形成的信息数据，包括以电子形式存储、处理、传输、表达的静态数据和动态数据。

3.2　存储介质 Storage Medium

承载电子数据的各类载体或设备。

示例：常见存储介质包括硬盘、光盘、闪存等。

3.3　检材 Material for Examination

电子数据鉴定中的检验对象。

3.4　样本 Material for Comparison

电子数据鉴定中用于同检材进行比对检验的电子数据。

3.5　原始电子数据 Original Electronic Data

委托鉴定时送检的检材或样本中包含的电子数据。

3.6　电子数据副本 Duplication of Electronic Data

通过逐比特复制，获得的与被复制数据完全一致的数据。

3.7　完整性校验 Integrity Check

确保数据复制结果与被复制数据完全一致的校验性比对过程。

3.8　散列值 Hash Value

又称哈希值或校验码，是通过特定的散列算法把任意长度的输入数据变换成固定长度的输出值，用于标识电子数据的唯一性或完整性。

示例：常用散列算法包括 MD5、SHA1 和 SHA256 等。

4　电子数据鉴定基本原则

4.1　原始性原则

电子数据鉴定应以保证检材/样本的原始性为首要原则，禁止任何不当操作对检材/样本原始状态的更改。

4.2　完整性原则

条件允许情况下，电子数据鉴定应首先对原始电子数据制作电子数据副本，并进行完整性校验，确保电子数据副本与原始电子数据的一致性。

4.3 安全性原则

电子数据鉴定原则上以电子数据副本为操作对象，检材/样本应封存妥善保管以确保安全。整个检验鉴定过程应在安全可控的环境中进行。

4.4 可靠性原则

电子数据鉴定所使用的技术方法、检验环境、软硬件设备应经过检测和验证，确保鉴定过程、鉴定结果的准确可靠。

4.5 可重现原则

电子数据鉴定应通过及时记录、数据备份等方式，保证鉴定结果的可重现性。

4.6 可追溯原则

电子数据鉴定过程应受到监督和控制，通过责任划分、记录标识和过程监督等方式，满足追溯性要求。

4.7 及时性原则

对委托鉴定的动态、时效性电子数据，应及时进行数据固定与保存，防止数据改变和丢失。

5 电子数据鉴定通用程序

5.1 案件受理

5.1.1 受理方式

案件受理实行程序审核与技术审核相结合的方式，对确认符合受理规定的应予以受理。

5.1.2 程序审核

审核委托方提供的委托书、身份证明、检材等委托材料，对手续齐全的予以确认。

5.1.3 技术审核

5.1.3.1 审核检材/样本的送检状态，使用拍照、录像等方式记录其外观和标识，并确认委托方要求鉴定的电子数据。

5.1.3.2 审核委托方的鉴定要求，通过相互沟通，引导其提出科学、合理、明确的鉴定要求。

5.1.3.3 审核鉴定要求与检材/样本的技术关联性，从技术层面确认委托鉴定要求的有效性和可行性。

5.1.4 受理规则

5.1.4.1 如有以下情况不予受理：

a）经审核委托材料不齐全、委托鉴定要求不具备有效性和可行性，同时无法补充完善的；

b）《司法鉴定程序通则》中第十六条规定的不得受理的情况。

5.1.4.2 对不能当场决定是否受理的，可先行接收进行检验，并向委托方出具送检材料收领单。检验应在七个工作日内完成，确认是否受理并告知委托方。

5.1.4.3 经审核决定受理的，应与委托方签订司法鉴定委托协议书。否则，应完整退还委托方提供的所有委托材料。

5.2 检验/鉴定

5.2.1 方案制定

5.2.1.1 案件受理后，应成立由两名以上鉴定人（含两人）组成的鉴定组共同实施鉴定。

5.2.1.2 根据委托要求、检材及样本的情况，鉴定组讨论确定鉴定方案，鉴定方案主要包括技术路线、使用方法、设备软件、鉴定进度计划等。

5.2.1.3 根据鉴定要求如需补充材料，应及时书面告知委托方，并调整鉴定方案。委托方提供补充材料所需时间不计算在鉴定时限内。

5.2.2 鉴定实施

5.2.2.1 电子数据检验鉴定原则上以电子数据副本作为操作对象，对可制作电子数据副本的检材应先制作电子数据副本，并计算散列值进行完整性校验，制作完成后检材应妥善保管。

5.2.2.2 对不能制作电子数据副本的，应在操作过程中采取可能的写保护措施，并采用拍照、录像等方式记录所有对检材的操作行为。

5.2.2.3 如遇特殊情况，需要以检材作为操作对象并可能对其造成修改时，必须经委托人书面同意，并记录说明所有对检材的具体操作及结果。

5.2.2.4 检验鉴定的操作过程应严格遵守方案所选择的鉴定方法，合理使用设备仪器进行电子数据司法鉴定工作。

5.2.2.5 检验鉴定应详细记录鉴定操作的每个步骤以及阶段性结论。

5.3 文书出具

5.3.1 文书起草

5.3.1.1 鉴定文书应依据《司法鉴定程序通则》和《司法鉴定文书规范》中要求的规范格式进行制作。

5.3.1.2 鉴定文书应如实按照鉴定组讨论形成的意见进行起草，真实客观的反映整个检验鉴定过程。

5.3.2 文书发放

5.3.2.1 鉴定文书制作完成后，应进行内容核对和文字校对，并经相关负责人复核和签发后方可出具。

5.3.2.2 鉴定文书应按约定的方式及时送达委托方，并留存送达回证。

5.4 出庭作证

5.4.1 出庭

5.4.1.1 依法出庭质证是鉴定人应当履行的法律义务。接到审判机关的出庭通知后，鉴定人如无正当理由应准时参加庭审，并客观忠实回答有关鉴定文书的各项问题。

5.4.1.2 鉴定人出庭前应全面掌握鉴定文书的相关情况，包括送检材料、鉴定要求、检验过程和方法、鉴定结论和主要依据等，并准备必要的计算机设备和软硬件环境以便进行鉴定结论展示。

5.4.2 质证

5.4.2.1 鉴定人在庭审中回答问题应简练准确，尽量使用通俗、规范的语言进行解释说明。

5.4.2.2 鉴定人接受当庭询问只限于回答与鉴定文书相关的内容，对涉及国家秘密、个人隐私、技术保密以及与鉴定无关的内容，鉴定人可以向法庭说明理由并拒绝回答。

6 电子数据鉴定通用要求

6.1 鉴定人员

6.1.1 从事电子数据鉴定人员必须取得鉴定执业资格。

6.1.2 新入职的检验鉴定人员必须经过培训才可上岗。鉴定人员应定期接受专业培训，培训可采用在职、脱产或其他适当形式。

6.1.2.1 当检验标准、检验方法、人员岗位和鉴定设备发生变化时，应及时对在岗人员进行培训。

6.2 设备环境

6.2.1 应配备合理的实验室环境，设置门禁管理系统，铺设防静电地板。有手机检验项目的，还应配备必要的手机信号屏蔽设施。

6.2.2 应配备计算机系统及信息网络安全防护措施，及时对防入侵、防病毒软件设备进行升级。

6.2.3 应配置满足电子数据鉴定所必需的工具设备，具体可参照《司法鉴定机构仪器设备配置标准》文件执行。

6.2.4 应对工具设备进行定期维护，并记录仪器设备的使用状态。

6.3 鉴定材料流转和保存

6.3.1 标识

6.3.1.1 在不影响读取的前提下，应在检材/样本上粘贴唯一性标识。

6.3.1.2 无法直接粘贴标识的，可在检材/样本的外包装上进行标识。

6.3.2 交接

6.3.2.1 检材/样本在流转过程中应办理交接手续。

6.3.2.2 在检验鉴定过程中，应妥善保存送检材料，防止其损坏或遗失。

6.3.3 保存

6.3.3.1 同一案件的送检材料应集中放置于一处，放置处应标明案件唯一性标识等信息。

6.3.3.2 应在专门防磁、防静电的存储环境中保存送检材料。

6.4 鉴定方法

6.4.1 应优先使用以国家标准、行业标准或地方标准发布的方法。

6.4.2 当没有以国家、行业、地方标准发布的方法时，可根据具体鉴定要求，参照权威组织、有关科学书籍、期刊公布的方法，自行设计制定适用的鉴定方法。自行制定的鉴定方法，在使用前应通过司法主管部门组织的专家确认。

6.5 检验记录

6.5.1 检验鉴定过程中，与鉴定活动有关的情况应及时、客观、全面地记录，记录方式包括文字、拍照、截图、录像等。

6.5.2 检验记录应包括以下主要内容：

a）案件编号、检材编号、鉴定要求、检材的基本属性及状态描述；

b）使用的鉴定方法、仪器设备、软件及软件版本号；

c）鉴定步骤、操作结果、鉴定对象特征、鉴定发现；

d）鉴定人员签名、时间记录；

6.5.3 检验记录中的文字表述应准确、无歧义，拍照、录像等材料应清晰可辨识。

6.6 档案管理

6.6.1 应将司法鉴定文书以及在鉴定过程中形成的有关材料整理立卷，归档保存。

6.6.2 应在鉴定完成后及时完成立卷归档工作，并作好档案材料移交记录。

6.6.3 刑事案件档案保管期限为永久保管，其他案件档案保管期限不少于 5 年。保管期限从该鉴定事项办结后的下一年度起算。

6.6.4 应定期对档案进行检查和清点，防止档案受损。

参考文献

［1］GA/T754-2008 电子数据存储介质复制工具要求及检测方法

［2］GA/T755-2008 电子数据存储介质写保护设备要求及检测方法

［3］GA/T756-2008 数字化设备证据数据发现提取固定方法

［4］GA/T757-2008 程序功能检验方法

［5］GA/T976-2012 电子数据法庭科学鉴定通用方法

［6］SF/ZJD0300001-2010 声像资料鉴定通用规范

［7］CNAS-CL01 检测和校准实验室能力认可准则

［8］CNAS-CL27 检测和校准实验室能力认可准则在电子物证检验领域的应用说明

［9］司法鉴定程序通则，2007 年 10 月 1 日

［10］司法鉴定文书规范，2007 年 10 月 1 日

［11］司法鉴定机构仪器设备配置标准，2012 年 3 月 1 日

后　　记

《可信电子数据取证及规则运用研究》一书是由我们承担的 2017 年年度教育部人文社会科学青年基金项目《电子数据的相关性问题研究》的阶段性成果。提笔书写后记之际，回看本书的撰写过程，其间数次纠结于构思和行文的困顿，深感学术之路的不易，但也深感这是一个自我沉淀和锻炼成长的过程。

如今，《可信电子数据取证及规则运用研究》得以付梓之际，可以视为笔者以电子数据取证为切入点开展电子数据的法学和信息科学交叉研究之延续。选取以电子数据取证为突破口研究电子数据的可信性问题一方面是期待我们能够立足于现有的基础，在电子数据领域的教学、研究和实务之路上越走越远，也是立项的教育部人文社会科学青年基金项目的研究目的和研究任务之要求所在。另一方面取证、举证、质证和认证，一向被视为司法证明的四个环节，电子数据取证是电子数据司法运用的第一环，也是在电子数据司法实践中最重要的一环。《可信电子数据取证及规则运用研究》一书分析了可信电子数据取证的前沿理论和实务难题，提出了可操作层面的取证指导建议，以期推动可信电子数据理论创新和电子数据司法实践应用。

近些年来，笔者选取电子数据作为学术研究点，系统地研究了国内外电子数据的技术和一些法律规范、实务问题，先后主持过关于电子数据的教育部人文社会科学研究项目、公安部应用创新项目、湖北省自然科学基金项目等若干项，发表了与电子数据相关的论文 20 余篇。需要特别声明的是，本书研究成果的取得完全是基于学术团队的力量，离不开诸多专家、教授的真知灼见，以及实务部门的领导和奋斗在一线的取证人员的鼎力相助。感谢武汉大学张焕国教授，海军工程大学周学广教授，中船 709 所徐明迪研究员，中国地质大学杨帆副教授，湖北警官学院黄凤林教授、龚德中副教授等，在和诸位老师的交流中，他们对我们的课题研究和此书的写作给予了中肯的指导意见，笔者从中受益良多，并深深感受到了学术道路上的温暖和关爱。

感谢湖北省汉川市公安局的姚洁、何正勇、吴华东、徐振华等警官，在我们课题调研和网络犯罪案例的追踪调查中，他们不仅为我们课题研究、此书的写作提供了资料和数据，与我们一起分析案例，探讨电子数据在当前法庭中被采纳和应用还存在着的诸多问题，而且针对当前的司法实践给出了取证技术、取证规则的诸多建议。

感谢湖北三真司法鉴定中心主任吴启主任、湖北警官学院电子取证重点实验室主任麦永浩教授、湖北警官学院裴煜副教授、商红云老师等给笔者提供的一些案件鉴定机会，使得笔者有幸结识了一些公安实务部门中的一线侦查人员，并与之一起愉快地探讨了电子数据侦查实务、电子数据司法鉴定的行业时讯和最新发展。

感谢可信电子取证湖北省协同创新中心主任张天长教授、协创中心的赵德正副教授、李佟鸿副教授、危荣副教授、吴燕波老师、张鹏老师，诸位老师的关切不仅令笔者更加坚定了开展此书写作的意义和方向，而且与他们的交流使此书内容写作获得了更多的有启发性的思路。

感谢在校的和已离校的学生周鑫、曾志华、瞿联豪、蒲国城，黄斐凌等，和他们在一起进行课题调研和讨论的时刻总是充满快乐和深受启发的。

本书的出版受到了武汉大学出版社胡荣编辑等的大力支持，感谢她为此书出版的辛勤付出、包容厚爱、批评和建议。

笔者会在所有人的期盼和支持下继续在电子数据学术之路上远航！

刘志军
2020年3月